개정판

평생교육
프로그램개발론

The Theory & Practice of Lifelong Education Program Development

이복희 · 유인숙 공저

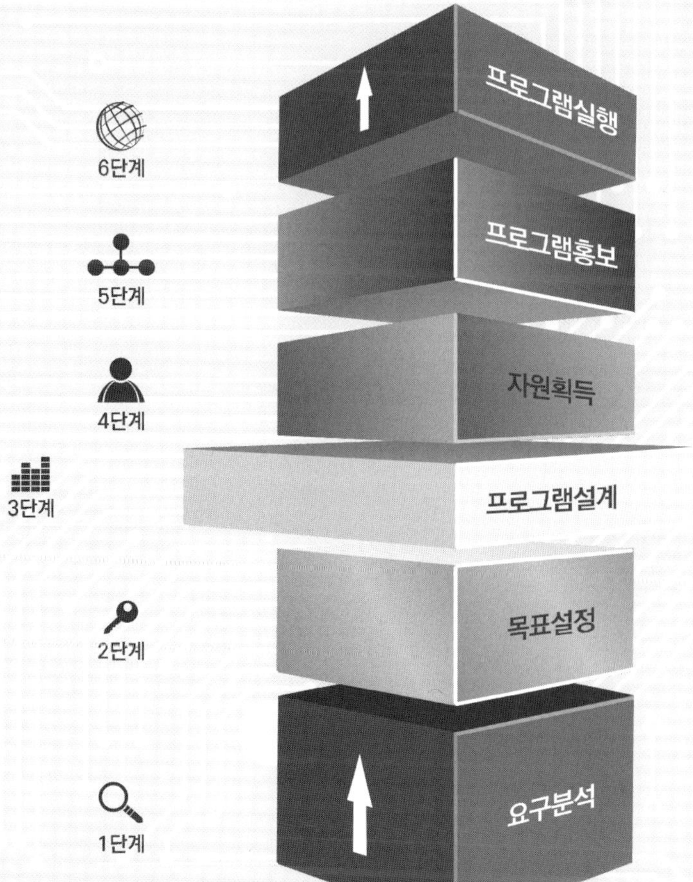

양 성 원

머리말

4차 산업혁명 시대의 도래와 사회패러다임의 변화는 평생교육 현장에도 더욱 전문적이고 유연성 있는 프로그램개발 능력을 요구하고 있다.

따라서 그동안 대학과 현장에서 이론과 실천의 풍부한 경험을 갖고 있는 평생교육 전공의 저자들은 실천적 경험을 토대로 현장에서 프로그램을 개발하는 평생교육 관계자나 앞으로 프로그램개발을 하여야 하는 학습자들의 현장 적용성과 실천 가능성이 높도록 본 서를 집필하고자 하였다.

특히, 현재 평생교육을 전공하고 있는 평생교육 학도들에게 평생교육 프로그램개발에 관한 이론과 실제를 습득할 수 있는 열린 마당을 제공하고, 또한 각종 평생교육 기관에서 평생교육 실천가로 활동하고 있는 분들에게 현장에서 직접 활용할 수 있는 내용들을 제시하고자 하였으며, 아울러 평생교육 프로그램개발에 관심이 있는 그 밖의 모든 분들에게도 안내의 역할을 하여 스스로 프로그램개발의 절차와 방법을 터득할 수 있도록 내용을 조직하였다.

이 책은 프로그램개발의 기초적 이론과 접근방법을 토대로 하여 ADDIE(Analysis, Design, Development, Implementation, Evaluation)모형에 따라 분석, 설계, 개발, 실행, 평가 단계로 구분하여 제시하고자 한다.

① 분석(Analysis)단계는 프로그램개발 추진을 위하여 타당성 분석, 상황분석, 요구분석 및 학습요구의 우선순위 결정이 포함된다.

② 설계(Design)단계는 분석된 내용을 바탕으로 목표설정 및 기술, 학습내용 · 교육방법 · 학습매체 · 평가방법 등을 선정하고 조직한다.

③ 개발(Development)단계는 설계안에 기초한 교재와 강의지침서를 개발하는 단계로 학습자용 교재개발, 교수자용, 매뉴얼개발, 매체개발 등의 교수학습자료 개

발 등이 포함된다.

④ 실행(Implementation)단계는 프로그램운영을 위한 운영계획과 교육을 실시하는 단계로 자원 확보 및 배분, 마케팅 및 홍보, 강사 섭외, 장소 선정, 프로그램 실행 등이 포함된다.

⑤ 평가(Evaluation)단계는 프로그램을 실행한 후에 성과를 판단하여 개선하는 단계로 평가과정 설계, 평가방법 선정 및 도구개발, 평가자료 수집 및 분석, 평가결과보고 및 활용 등이 포함된다.

이 책의 특징은 프로그램개발 경험이 전혀 없는 학습자도 프로그램을 개발할 수 있도록 각 단계별로 가이드를 제시하여 실제 프로그램개발에 활용할 수 있도록 구성하였다.

또한 프로그램개발 경험이 있는 학습자들은 프로그램개발에 대한 체계적인 정립과 이론으로 보다 심화된 프로그램을 개발할 수 있도록 집필되었다.

그러나 아직도 부족한 내용을 다 채우지 못한 채 이 책을 평생교육인들 앞에 내놓게 되어 마음이 무거울 뿐이다. 모자라고 잘못된 점에 대해서는 평생교육인들이 면밀히 분석하여 아낌없는 충고와 조언을 해 줄 것을 진솔한 마음으로 기대한다.

마지막으로 이 책의 출간에 특별한 애정을 주신 양성원의 관계자 여러분께 감사의 말씀을 드린다. 아울러 이 책의 출간 과정을 사랑의 기도로 지켜 준 저자의 온 가족들에게도 고마움을 드린다.

2023년 8월

이복희 · 유인숙

차 례

■ 머리말 / 3

Part 01 평생교육 프로그램개발 기초

chapter 01 프로그램개발의 개념과 특성 / 13

1. 프로그램 개념과 의미 ···················· 14
2. 프로그램개발의 개념과 특성 ···················· 18
3. 프로그램의 유형 ···················· 24
4. 프로그램 참여동기 유형과 장애요인 ···················· 29

chapter 02 프로그램개발 이론적 접근방법과 모형 / 37

1. 프로그램개발의 접근방법 ···················· 38
2. 프로그램개발 모형 ···················· 43

Part 02 프로그램개발을 위한 분석

chapter 03 기획 및 타당성 분석 / 51

Step 1 프로그램개발 타당성 분석 ···················· 51
1. 평생교육 프로그램기획 ···················· 52
2. 프로그램개발 타당성 분석(필요성 검토 및 추진 여부) ···················· 54
3. 프로그램개발팀 및 자문위원회 구성 ···················· 57

Step 1 활동지: 프로그램개발 타당성 분석 ···················· 61

chapter 04 상황분석 / 63

Step 2 기관분석/환경분석/잠재적 학습자 분석 ········· 63
1. 기관분석/환경분석/잠재적 학습자 분석 ········· 64
Step 2 활동지: 상황분석 ········· 71

chapter 05 프로그램 요구분석 및 요구우선순위 결정 / 73

Step 3 프로그램 요구분석 및 요구우선순위 결정 ········· 73
1. 요구분석의 개념 및 특성 ········· 74
2. 요구분석의 계획 ········· 77
3. 요구의 우선순위 결정 ········· 91
Step 3 활동지: 요구분석 및 요구의 우선순위 결정 ········· 96

Part 03 프로그램설계

chapter 06 프로그램설계의 구성과 목표 설정 / 99

Step 4 목표, 프로그램 내용, 교육방법, 매체, 평가방법 선정 ········· 99
1. 프로그램설계의 구성 ········· 100
2. 목표의 정의와 역할 및 분류 ········· 101
3. 목표 기술 방법 ········· 104

chapter 07 학습내용 · 교육방법 · 학습매체 · 평가방법 선정 / 107

1. 프로그램 내용 선정 및 조직 ········· 108
2. 교수·학습 방법 선정 ········· 111
3. 학습매체 선정 ········· 116
4. 평가방법 선정 ········· 120
Step 4 활동지: 프로그램 설계 ········· 127

Part 04 프로그램운영 자료개발

chapter 08 교재 및 학습자료 개발 / 131

Step 5 학습자용 교재 및 자료개발 ··· 131
1. 학습자용 교재 ··· 132
2. 교수자용 매뉴얼 ··· 134
3. 학습매체 개발 ··· 146
Step 5 활동지 : 학습자 교재, 워크북 및 교수자 매뉴얼 개발 ··· 152

Part 05 개발 프로그램 실행

chapter 09 자원확보 및 배분 / 155

Step 6 자원확보 및 배분 ··· 155
1. 자원확보 및 배분 ··· 156
2. 인적자원의 선정과 관리 ··· 157
3. 물적 자원의 선정과 관리 ··· 175
4. 금전적 자원의 확보 및 관리 ··· 182
Step 6 활동지: 자원배분 ··· 195

chapter 10 프로그램 마케팅과 홍보 / 197

Step 7 프로그램 마케팅과 홍보 ··· 197
1. 프로그램 마케팅의 이해 ··· 198
2. 프로그램 마케팅의 전략체계 ··· 202
3. 프로그램 마케팅 전략수립 ··· 207
4. 평생교육 프로그램 홍보 ··· 211
Step 7 활동지: 마케팅과 홍보 ··· 221

chapter 11 평생교육 프로그램의 운영 / 223

Step 8 프로그램 운영 223
1. 평생교육 프로그램 실행 224
2. 프로그램 운영담당자의 역할 233
Step 8 활동지: 프로그램 운영 236

Part 06 프로그램 평가

chapter 12 프로그램 평가 개요 / 239

Step 9 평가 및 보고서 작성 239
1. 프로그램 평가의 목적과 항목결정 240
2. 프로그램 평가모형 242

chapter 13 프로그램 평가계획 수립 및 평가결과 보고 / 249

1. 프로그램 평가의 방법 및 절차 250
2. 질문지의 작성 방법 256
Step 9 활동지: 평가 및 보고서 작성 274

chapter 부록 프로그램개발의 실습 / 275

참고문헌 / 288
찾아보기 / 291

이 책의 활용 TIP

1. 책의 구성이 1장, 2장은 프로그램개발 기초이론에 해당하며 1~2장은 강의와 토론으로 진행

2. 3~13장은 프로그램개발 단계과정에서 미니강의 후 워크숍 진행
   - 미니강의란 워크숍 전 프로그램개발 각 단계에서 학습자가 이해할 내용을 교수자가 설명하는 것을 의미

3. 워크숍은 총 9단계(Step)로 진행한다.
   - 2차시나 3차시에 조를 편성하고 각 조별로 개발할 주제를 정하여 단계별로 진행한다.
   - 부록에 있는 프로그램개발의 실습지(워크시트)를 활용한다.
   - 개발단계의 내용에 따라 개발(워크숍)시간을 2주차로 진행할 수 있다. (예를 들면, 3단계 요구분석 및 요구우선순위 결성에서 한 수는 요구조사도구를 제작하고 한 주는 자료수집 및 분석과 우선순위 결정)
   - 상황(학습자특성, 수업시간 등)에 따라 프로그램개발의 각 단계 내용은 가상과 실제를 병행하여 개발을 진행할 수 있다.

developing programs in lifelong education | part

01

평생교육 프로그램개발 기초

developing programs in lifelong education | chapter 01

프로그램개발의 개념과 특성

[학습개요]

일상생활 속에서 프로그램이란 말이 자주 사용되고 있다. 평생교육에 있어서 프로그램이란 용어는 무엇을 의미하며, 일상생활 속에서 사용되는 프로그램이란 용어와는 어떠한 차이가 있는가?

프로그램개발의 의미는 무엇이고, 프로그램을 개발하는 목적과 프로그램개발이 지니고 있는 특성은 무엇인지를 살펴보는 것이 필요하다.

평생교육은 그 특성상 교육 대상이나 내용, 방법 등이 매우 다양하다. 다양한 평생교육 프로그램을 학자들은 어떻게 분류하고 유형으로 구분하는지를 탐색해 보고자 한다.

또한 평생교육 프로그램의 성공을 측정하는 요인 중의 하나는 학습자들의 참여율이다. 학습자들이 프로그램에 참여하는 동기와 참여를 장애하는 요인은 무엇인지를 살펴보고자 한다.

[학습목표]

1. 프로그램개발의 개념과 특성을 설명할 수 있다.
2. 평생교육 프로그램개발의 목적, 특성을 이해하고 프로그램개발과정에 활용할 수 있다.
3. 평생교육 프로그램 참여 학습자들의 참여동기, 참여 장애요인을 이해하고 프로그램개발과정에 활용할 수 있다.

1. 프로그램 개념과 의미

1) 프로그램 개념

원래 프로그램(Program)이란 용어의 어원은 라틴어의 'Pro'와 'Graphein'의 합성어로 미리(Before)와 써 놓은 것(to Write)의 의미가 결합된 것이다. 예정된 활동의 순서나 계획을 미리 짜놓은 것이라고 말할 수 있다. 프로그램이란 용어는 17세기부터 문헌에 등장하고 있으며, 처음에는 주로 운동회의 순서나 음악회의 연주곡목 순서 등을 미리 짜놓은 것의 의미로 사용되었다. 이후 1920년대에 라디오가 개발되면서 방송시간표를 일컫는 말로 사용되었으며, 컴퓨터가 발달하면서 컴퓨터가 수행하는 (순서에 따라 한 번에 하나씩 실행되는 명령어로 구성된) 절차를 나타내는 의미로 사용되기도 하였다.

프로그램에 대한 사전적 의미는 목록, 순서, 예정, 계획 등으로 요약될 수 있다. 프로그램은 앞으로 진행될 일에 대한 예정이나 계획을 체계적으로 정리한 목록이며, 진행순서와 실천이 포함된 개념이라고 볼 수 있다. 계획은 추상적인 상태로 존재하는 일을 의미 있게 실행하기 위하여 절차와 방법, 규모 등을 미리 구체적으로 설계하는 것을 의미한다. 목록은 이를 위하여 필요한 인력, 예산, 활동내용, 방법 등을 실체화할 수 있는 지침으로 구체화한 것으로 볼 수 있다. 순서는 목록에 포함된 활동내용들이 어떤 순서대로 전개되고 운영되어야 하는지를 나타낸 것이다.

따라서 교육 프로그램이란 특정한 교육목표를 달성하기 위하여 사전에 구체적으로 짜 놓은 효율적인 교육활동계획이라고 볼 수 있다. 보통의 경우 이러한 교육활동계획 속에는 교육목표, 교육내용, 교육방법, 교육활동, 교수자, 학습자, 교육시간, 장소, 교육매체, 교육평가 등이 포함되어 있다.

교육 프로그램이란 용어는 앞서 살펴본 사전적인 개념에 덧붙여, 4가지의 함축적인 의미를 내포하고 있다. 조직화된 지식의 모음, 학습경험, 의도적 계획, 학습결과라는 4가지 의미(이성호, 2009: 15-20)가 유기적으로 어우러져 만들어진 평생교육학의 고유한 개념이라고 볼 수 있다.

첫째, 교육 프로그램은 조직화된 지식의 모음을 의미한다. 교육 프로그램을 교수자의 입장에서 교육내용적 측면으로 접근하면, 학습자들이 배워야 할 내용으로 조직화된 지식을 모아 놓은 교재, 교과 개요, 교수자 지침서를 의미하는 것으로 규정할 수 있다. 이러한 입장은 교육 프로그램에 대한 가장 고전적인 정의로 보수적인 교육철학을 갖고 있는 사람들에게 보편적으로 받아들여져 왔다. 그러나 프로그램을 이렇게 지식의 완성된 형체로 생각하고 보니, 교육을 실제로 담당하는 사람이나 배우는 학습자들이 많은 혼란과 어려움을 느끼기 시작하였다. 지식은 폭발적으로 늘어나고 지식의 새로운 분야가 나타나기 시작하면서, 어떠한 지식이 참으로 필수적인 지식인가를 결정하기가 점점 어려워진 것이다. 또한 학습자보다는 전문가와 교수자의 입장을 지나치게 강조하여 규범적이고 폐쇄적인 특성이 부각된다.

둘째, 교육 프로그램은 학습경험을 의미한다. 학습자의 입장에서 교육내용적 측면으로 접근하는 학자들은 교수자의 입장에서만 교육 프로그램을 바라보려고 하는 전통적인 사고를 비판하고 있다. 즉, 학습자의 입장에서의 경험이 교육 프로그램의 실체적 내용이 되어야 한다고 주장한다. 교육 프로그램은 우리가 살고 있는 삶을 개척하고자 하는 의도로 선택되어야 하고, 지역사회에서 주민들의 삶의 요구에 부합되도록 구성되어야 한다고 보고 있다. 따라서 교육 프로그램이란 교수자와 전문가에 의하여 사전에 학습내용이 학습자에게 일방적으로 주어지는 내용이 아니라 학습활동 속에서 학습자 개인이 갖는 교육적 경험과 체험의 의미를 지닌다고 보고 있다.

셋째, 교육 프로그램은 의도적 계획을 의미한다. 교육 프로그램을 단순히 내용적인 측면에서만 생각할 것이 아니라, 그것을 실제로 어떻게 운용하느냐에 관심을 두고 접근하는 것이다. 즉, 학습자가 배워야 할 학습내용이나 학습자의 체험에 초점을 두는 것이 아니라 교수자의 입장에서 교육 프로그램의 사전 계획성을 강조한 것이다. 교육 프로그램을 학습을 위한 교수자들의 하나의 의도적인 활동계획으로 접근하면, 공식적인 문서로서의 의미를 지니게 된다. 다시 말하면, 교육 프로그램은 공공적 활동계획서로서, 이는 그것을 개발하여 제공하는 쪽과 그것을 받아들여서 소비하고 사용하는 쪽 간의 검증된 약속으로서의 특징을 지닌다.

넷째, 교육 프로그램은 학습결과를 의미한다. 교육 프로그램을 학습자의 입장에서 교육운용적 측면으로 접근하면, 학습자의 행동변화나 학습결과를 의미하는 것으로 규정할 수 있다. 일정한 기간 동안 학습활동을 전개한 결과로서 학습자 개인의 행동변화나 조직과 지역사회의 변화 등 기대하는 결과를 의미한다.

결국, 교육 프로그램을 이러한 4가지 의미(조직화된 지식의 모음, 학습경험, 의도적 계획, 학습결과)를 포함하는 것으로 상정할 때, 교육 프로그램이란 평생교육을 주도하는 기관이 체계적으로 개발하는 총체적인 학습내용의 사전계획과 기대하는 결과라고 정의할 수 있다.

2) 프로그램과 커리큘럼

평생교육에 있어서 프로그램은 학교교육의 커리큘럼(Curriculum)과 같은 의미로 받아들여진다. 프로그램의 개념을 분명히 하기 위하여 이들 간의 특성을 서로 비교해 보고자 한다.

교육과정의 영어표기인 커리큘럼이란 용어는 라틴어인 'Currere'에서 비롯된 것으로 경주로(Race Course)의 의미를 갖고 있다. 즉, 말이 달리며 경주하던 정해진 코스가 커리큘럼이다. 이러한 어원적 의미에 비추어 볼 때, 커리큘럼은 학교교육에서 학생이 입학해서 졸업할 때까지 달려가는 정해진 코스를 말한다. 전통적으로 커리큘럼은 교사나 전문가에 의하여 사전에 계획되고 교육내용이 선정되어 학생들에게 일방적으로 제시되는 형태로 운영된다. 이러한 점 때문에 커리큘럼은 지식이나 교과서, 교재라는 의미로 고착되는 경향이 있다. 반면에 프로그램은 기관이나 대상별로 융통성 있게 제시된다. 이러한 점에서 학교교육과 달리 평생교육에서는 커리큘럼이란 용어보다는 프로그램이란 용어를 즐겨 쓴다.

〈표 1-1〉 프로그램과 커리큘럼의 비교

구분	프로그램	커리큘럼
주요 관심	개인적 문제와 요구	교과목 위주
학 점	비학점화	학점화
설 계 자	학습자와 평생교육사	선정된 전문가와 자문위원
주 제	학습자의 특정한 요구나 문제해결에 도움이 되는 것	전문가에 의해 학습자에게 필요하다고 판단되는 지식·기술·태도·가치 등
초 점	문제·과제 중심	내용 중심
장 점	학습자의 개인적 경험을 최대한 이용하며 이를 통해 요구에 즉각 부응함.	학습목표나 활동이 명백히 제시되며, 학습내용이 체계적이고 조직화된 계열성을 지님

출처: 이화정 외(2003).

아울러 커리큘럼과 다른 프로그램의 특징은 3가지 측면으로 나누어서 살필 수 있다(허혜경, 2007: 79-80).

첫째, 커리큘럼은 융통성 측면에서 변화가 쉽지 않다. 그러나 프로그램은 커리큘럼에 비하여 순간적으로 상황에 맞추어 변화가 가능하다. 또한 커리큘럼은 이수하였을 때, 사회가 인정하는 졸업장이나 자격증을 수여하는 데 비하여 프로그램은 과정을 이수하여 이수증을 받았다 하더라도, 그것을 모든 사회구성원들이 인정하지 않는 경우가 많다. 물론 최근에는 평생교육 프로그램을 통하여 학점을 인정해 주고, 그것이 학점인정제로 누적되어 공교육과 같은 효력이 발생하기도 하지만 아직까지는 한계가 있다고 볼 수 있다.

둘째, 커리큘럼은 대상자 측면에서 교육과정 수준에 따라 대상자들이 한정되는 경향이 있지만, 프로그램은 어떠한 제한이 없으며 주로 성인인 경우가 많다. 커리큘럼은 확정된 교육목적이 있고, 다음 커리큘럼과 연계되어 교육목적이 설정되지만, 프로그램인 경우에는 실제로 성인들의 필요와 문제해결에 대한 다양한 목적들이 존재한다.

셋째, 프로그램은 교육환경적인 측면에서 프로그램에 참여한 자들의 다양한 욕구에 부응하기 위한 형태로 존재한다. 교육방법에 있어서 프로그램은 커리큘럼에 비하여 좀더 행동적 학습의 형태(Learning by Doing)로 전개된다고 볼 수 있다. 방송이나 언론사에서 제공되는 프로그램들을 살펴보면, "본 프로그램은 사정에 의하여 편성이 변경될 수도 있다."고 명시한 것은 이러한 특징을 대변하는 것이다.

2. 프로그램개발의 개념과 특성

1) 프로그램개발의 개념

프로그램을 '평생교육을 주도하는 기관이 체계적으로 개발하는 총체적인 학습내용의 사전계획과 기대하는 결과'라고 정의할 때, 학습내용의 선정과 순서를 어떻게 방향을 세울 것인가의 문제이다. 순서를 정해서 방향을 세우고 학습자에게 효과적으로 기능을 발휘할 수 있도록 구조화하는 과정이 프로그램개발이라고 볼 수 있다. 즉, 프로그램개발이란 교수·학습경험을 선정하고 순서를 정해서 조직하며, 여러 가지 관련요인(시간, 공간, 재료, 설비, 인적자원 등)과 교육환경을 구조화하여 학습자에게 제공하고, 그 효과를 평가하여 프로그램을 개정하는 일련의 과정을 의미한다.

흔히 프로그램개발은 좁은 의미에서 교수·학습경험을 선정하고 순서를 정해서 조직하는 프로그램 설계의 의미로 사용되지만, 넓은 의미에서 프로그램개발은 종합적인 개념으로서, 프로그램의 기획, 설계, 개발, 홍보 및 마케팅, 실행, 평가, 개정 모두를 포함하는 용어이다.

프로그래밍(Programing)이라는 말은 프로그램개발과 같은 의미로 사용되는데, 프로그래밍을 거쳐 만들어진 최종적인 산물이 곧 프로그램이다. 아울러, 프로그래머(Programer)는 평생교육 프로그램을 설계·교수·평가와 관련된 업무를 수행하는 사람을 말한다.

프로그램개발의 개념을 보다 구체적으로 이해하기 위하여 4가지 측면으로 나누어서 살펴보면 다음과 같다(김진화, 2001: 77-80).

① 구조적 측면: 협의적으로 프로그램 설계를 의미하지만, 광의적으로는 프로그램 기획, 설계, 개발, 홍보 및 마케팅, 실행, 평가, 개정을 포함하는 과정이다.

② 절차적 측면: 프로그램을 체계적이고 과학적으로 개발하기 위해서 프로그램개발 전문가가 행하는 일련의 활동 절차와 단계를 의미한다.

③ 행위적 측면: 프로그래머가 담당해야 할 역할과 그들이 당면한 문제를 해결해나가는 일련의 과정을 말하며, 개발과정에서 프로그램과 관련된 권력관계나 주체들 간의 협상, 개발자의 책임성 등이 고려될 수 있다.

④ 현상적 측면: 학습자와 교수자가 상호작용을 통해서 문제해결에 필요한 지식과 정보를 창출하고, 그것을 토대로 학습내용을 선정하고 조직하며, 매체화된 자료로 개발하는 행위를 말한다.

2) 프로그램개발의 목적

프로그램개발의 목적은 학습자들이 왜 프로그램에 참여하는지 궁극적인 이유를 밝히는 것이라고 볼 수 있다. 학습자들이 프로그램에 참여하는 이유는 개인적 차원의 이유도 있지만, 학습자가 속해 있는 조직이나 기관적 차원, 지역사회적 차원에서도 접근할 수 있다. 평생교육은 학교교육과는 달리 개인 학습자만을 대상으로 프로그램을 제공하는 것이 아니기 때문이다.

(1) 개인적 차원

개인적인 차원에서 접근할 때, 학습자들이 프로그램에 참여하는 이유는 새로운 지식과 기술을 습득하여 보다 나은 직업과 생활환경을 구축하는 데 있다. 또한 학습활동을 통하여 개인의 삶의 질을 향상시키고 자기 만족감을 높일 수 있기 때문이다. 따라서 개인적 차원에서 프로그램개발 목적은 개인 학습자의 성장과 발달을 통한 변화를 촉진시키는 것이다. 아울러 실제적인 생활문제나 당면과제를 해결하도록 보조하며 현재와 미래의 직업기회를 준비하도록 도와주는 데 초점을 두어야 한다. 예를 들면, 대학 평생교육원의 교양 프로그램, 컴퓨터 활용교육 프로그램, 퇴직자를 위한 재취업 프로그램이나 재직자를 위한 퇴직준비 프로그램 등이 여기에 해당된다.

(2) 조직 및 기관적 차원

조직 및 기관적 차원에서 접근할 때, 프로그램개발의 목적은 조직 및 기관의 목표성취, 당면한 문제의 해결, 조직이나 기관의 변화에 대한 적응 등에 초점이 맞추어진다. 조직이나 기관에 있어서 프로그램개발은 변화하는 사회에 대한 적극적인 적응기제인 동시에 변화창출의 전략으로서 중요한 의미를 갖는다. 예를 들면, 초일류기업 목표를 달성하기 위한 경영혁신 프로그램, 조직의 목표관리제 도입을 위한 관리자 프로그램이나 구조조정을 위한 관리자 프로그램 등이 여기에 해당된다.

(3) 지역사회적 차원

지역사회적 차원에서 접근할 때, 프로그램개발의 목적은 지역사회 공동체의 형성, 지역의 다양한 사회문제 해결, 지역개발이나 지역주민의 삶의 질 개선 등에 초점이 맞추어진다. 평생교육 프로그램을 통해서 지역사회의 변화를 유도하기 위해서는 지역주민들의 공동체 의식형성과 지역사회가 당면한 문제를 해결하기 위한 다양한 프로젝트의 추진에 역점을 두어야 한다. 예를 들면, 소비자 보호 프로그램이나 환경교육 지도자 양성 프로그램, 지역사회 자원봉사자 교육 프로그램 등이 여기에 해당된다.

한편, 실제로 운영되는 평생교육 프로그램은 단 하나의 목적으로 개발되기 보다는 다양한 목적을 추구하는 경우가 많다. 따라서 하나의 프로그램이 개인 학습자의 변화뿐만 아니라 학습자가 속해 있는 조직이나 기관의 변화, 더 나아가서는 지역사회 전체의 변화를 목적으로 개발될 수 있다는 점을 유념할 필요가 있다.

3) 프로그램개발의 특성

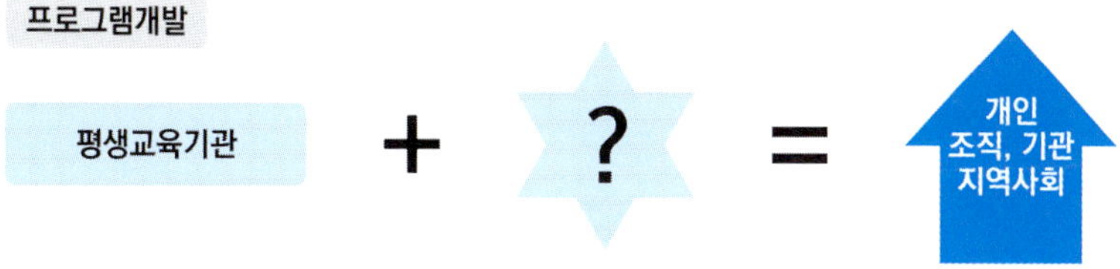

프로그램개발은 교육을 둘러싸고 있는 그 시대와 사회변화를 이끌고, 반영하며,
또 그 시대와 사회변화의 산물이다.

[그림 1-1] 프로그램개발의 기본성격

(1) 프로그램개발의 기본성격

① 프로그램개발은 사회변화에 대한 평생교육기관의 적응 기제이고, 변화창출 전략이다.

평생교육기관은 끊임없이 변화하는 사회변화와 학습자들의 요구에 적응해야 한다. 프로그램개발은 이러한 사회변화와 교육적 요구에 대하여 평생교육기관이 적응해 나가기 위한 필수불가결한 절차이다. 평생교육기관은 사회변화와 교육적 요구에 수동적으로 대응하기 보다는 적극적으로 새로운 변화를 창출하는 노력이 필요하다. 따라서 프로그램개발은 교육을 둘러싸고 있는 그 시대와 사회변화를 이끌고, 반영하며, 또 그 시대와 사회변화의 산물이라고 볼 수 있다. 프로그램개발자는 언제나 당대는 물론이고 과거나 미래의 사회변화를 검토하고 예측하면서, 교육에 작용하는 많은 요수들을 끊임없이 규명해 나가는 노력을 기울여야 한다.

② 프로그램개발은 개인학습자의 변화뿐만 아니라 조직이나 기관, 지역사회의 변화를 지향한다.

평생교육의 대상은 개인뿐만 아니라 조직이나 기관, 지역사회를 포함하고 있기 때문이다. 조직의 변화는 그 조직 속의 개인의 변화를 전제로 한다. 개인의 변화가 이루어질 때, 그로부터 자발적인 책무의식과 조직으로의 파급효과를 기대할 수 있다. 프로그램개발은 좁게는 개인 학습자의 지식(Knowledge)과 기능(Skill), 태도(Attitude)를 변화시키며, 넓게는 집단과 지역사회 리더의 신념과 태도를 변화시켜서 개혁과 발전을 이끄는 데 초점을 두어야 한다. 따라서 프로그램개발자는 개인학습자, 학습자집단, 지역사회의 3가지 체제를 변화시키는 데 노력을 기울여야 한다.

③ 프로그램개발은 여러 사람들의 협동적인 의사결정과정이다.

프로그램개발은 몇몇 사람들의 아이디어와 탁상 결정으로 만들어지는 것이 아니다. 프로그램개발과정에 참여하는 많은 사람들 간의 협동적인 노력과 참여로 이루어진다. 교수자뿐만 아니라 학습자, 프로그램을 지원하는 많은 사람들의 참여와 복잡한 의사결정과정을 통해서 지역사회 환경과 학습자들의 요구수준에 맞는 프로그램이 만들어진다. 프로그램개발은 다양한 가능성 속에서 가장 합리적이고 실천 가능성이 높은 것을 선택하는 협동적인 의사결정 과정이라고 볼 수 있다.

④ 프로그램개발은 학습에 필요한 모든 자원을 총체적으로 활용하여 계획하고 실시하며 평가하는 종합적인 과정이다.

프로그램개발은 단편적이고 부분적인 과정으로 이루어져서는 안되며, 학습에 필요한 모든 인적 자원과 물적 자원을 총체적으로 투입하여 개발되어야 한다. 투입된 자원은 통합적인 절차와 단계에 따라서 유기적으로 연계되고 최대의 효과를 기대할 수 있도록 개발되어야 한다.

⑤ 프로그램개발은 일시적인 과정이 아니라 끊임없이 계속되는 점진적 개혁과정이다.

프로그램개발은 최선과 최적, 최고를 향한 노력이다. 이러한 노력은 끊임없이 변하고 높아질 수밖에 없어서, 계속적인 평가와 개선, 피드백이 요구된다. 프로그램개발은 일시적으로 완성되는 과정이 아니라 부단히 계속되는 과정이다. 피드백을 통한 점진적 개혁은 학습자가 변화하고, 조직이 변화하며, 사회가 변화하는 토대를 형성한다.

결국 프로그램개발은 우리의 현실을 끊임없이 점검하고 피드백 하여 발전시켜나가는 원동력이라고 볼 수 있다.

(2) 프로그램개발 시 고려사항

프로그램개발과정에는 예측하지 못했던 많은 제한 요인들이 나타날 수 있으며, 이들 중에는 통제가 가능한 것도 있지만, 통제가 불가능한 요인들도 많다. 따라서 프로그램개발과정에서 나타날 수 있는 다양한 제한 요인들을 미리 확인하고 준비하는 세심한 배려가 필요하다. 프로그램개발의 고려사항으로 환경적 요인, 기관 및 조직체적 요인, 개발과정상의 요인으로 구분하여 살펴보면 다음과 같다(T. Kowalski, 1988;이화정 외, 2003: 23).

〈표 1-2〉 프로그램개발 시 고려사항

고려사항	내용
환경적 제한 요인	잠재적 학습자의 낮은 의식 수준
	평생교육 프로그램 제공자들 간의 네트워크 부족
	평생교육 기관 간 과도한 경쟁
	평생학습에 대한 학습자들의 부정적인 시각
평생교육 기관 내부의 제한 요인	평생교육기관의 속성(기관의 사명, 목표, 조직의 전통과 역사·문화적 요소)
	평생교육에 대한 기관내부의 인식 부족
	재정자원의 부족
	평생교육 수행을 위한 부적절한 시설
	평생교육 가치에 대한 좁은 시각
	프로그램 제공의 이기적인 동기
개발과정상의 제한 요인	예산부족
	프로그래머의 전문성 부족
	프로그램을 개발하기 위한 시간상의 제약
	개발과정 참여자들 간의 갈등

3. 프로그램의 유형

평생교육 프로그램의 유형은 학자들에 따라서 다양하게 분류되고 있다. 여기서는 프로그램의 개발주체, 목적, 용도, 구성범위에 따라서 분류하였다.

1) 개발주체에 따른 분류

프로그램개발의 주체가 누구인가에 따라서 학습목표나 내용, 대상 등 프로그램의 성격이 달라진다. 프로그램개발의 주체는 국가와 기관, 학습자 개인을 상정할 수 있다.

① 국가 프로그램

정부가 주체가 되어 국민들의 의식함양과 평생교육 활성화를 위하여 실행되는 것으로 정책적인 성격의 프로그램을 말한다. 국가사회 공동체의 단결이나 사회통합, 공민성의 계발 등, 집단의식화를 촉진시키는 프로그램 위주로 개발된다고 볼 수 있다.

② 기관이나 조직 프로그램

평생교육기관이나 기업체 등이 주체가 되어 기관의 이념이나 목적을 달성하기 위하여 실행되는 것으로 기관의 특성에 따라 다양한 프로그램이 개발된다. 공공기관이나, 직업훈련기관, 시민단체, 종교단체, 언론기관, 기업체 등에서 개발된 프로그램으로 대부분 내용중심으로 구성되어 있다.

③ 학습자 개인이나 개인과 기관에 의해 공동으로 개발된 프로그램

학습자 위주의 문제해결 프로그램을 말한다. 퇴직 후 노후문제를 해결하기 위한 퇴직준비교육이나, 자녀문제를 해결하기 위한 부모교육 프로그램 등, 특정한 문제를 해결하기 위해서 개인과 기관이 협력하여 개발된 프로그램을 의미한다.

〈표 1-3〉 개발주체에 따른 분류

주체	학습목표	내용	대상
국가, 지자체	국민들의 의식함양과 평생교육활성화	국가사회 공동체의 단결, 사회통합, 공민성 계발, 집단의식화 촉진	국민
기관	기관의 이념이나 목적달성	공공기관, 직업훈련기관, 시민단체, 종교단체, 언론기관, 기업체 등의 특성을 반영한 내용	조직구성원, 기관이용자
개인	학습자 위주의 문제해결	퇴직 후 노후문제, 퇴직 준비, 자녀문제, 부모교육 등	일반 학습자

2) 개발목적에 따른 분류

보일(P. Boyle)은 프로그램의 유형을 개발목적에 따라 3가지로 구분하였다(P. Boyle, 1982: 6-12). 프로그램의 개발 당시 목적에 따라 개발형 프로그램(Developmental Program), 기관형 프로그램(Institutional Program), 정보형 프로그램(Informational Program)으로 분류하였다.

① 개발형 프로그램

개인이나 지역사회의 중요한 문제가 무엇인지를 파악하고 그것을 해결하는 데 도움을 주기 위하여 개발된 프로그램을 말한다. 개발형 프로그램은 그 목적이 개인이나 지역사회의 현안문제를 해결하기 위한 것이기 때문에, 특정문제가 프로그램의 목표로 전환되고 프로그램개발 전 과정에 학습자의 참여가 중요시된다.

② 기관형 프로그램

평생교육기관에 의해서 제도적으로 만들어진 프로그램을 말한다. 학습자들의 교육참여를 제도화하는 데 목적이 있으며, 대부분 전일제로 운영되는 전문교육 프로그램으로 구성된다. 이 프로그램은 학습자들의 요구로부터 프로그램이 개발되는 것이 아니라 그 분야의 전문가나 기관에 의해서 제도적으로 만들어지기 때문에 학습자들의 역할은 수동적이고 그 내용도 지식전달에 초점을 두고 있다.

③ **정보형 프로그램**

특정한 사람들에게 정보를 제공하기 위해서 개발된 프로그램을 말한다. 정보형 프로그램은 새로운 연구결과나 법령 등에 대한 정보를 널리 파급시키기 위해서 개발된 프로그램으로, 개발된 내용은 즉시 사용되는 것이 특징이며, 단순한 정보전달이 목적이기 때문에 평가나 피드백이 없이 운영된다.

〈표 1-4〉 보일(P. Boyle)의 프로그램 유형 비교

구분요소	개발형 프로그램	기관형 프로그램	정보형 프로그램
프로그램 목적	개인, 집단, 지역사회의 문제해결	개인능력, 기술, 지식, 역량의 개발	정보교환
학습목표 개발	고객의 요구나 문제에 기초하여 개발	교육자나 전문적인 영역의 지식에 기초하여 개발	새로운 연구결과나 법령에 기초하여 개발
지식의 활용	문제해결의 수단으로 지식습득	학습내용 정복에 초점	즉시 사용할 수 있는 학습내용으로 전환
학습자의 참여	프로그램개발의 모든 과정에 참여	프로그램 실행(학습) 과정에만 참여	정보습득자로 참여
프로그램 개발자의 역할	요구조사, 평가, 홍보, 결과보고	교수과정을 통한 지식의 전달	정보제공
평가기준	개인, 진단, 지역사회의 문제해결의 질적 수준	학습자의 역량과 학습내용 정복	정보습득자의 수나 정보 확산의 정도

3) 개발용도에 따른 분류

개발된 프로그램의 쓰임새와 교육내용을 중심으로 직업교육 프로그램, 여가·취미 프로그램, 지역사회개발 프로그램 등으로 구분할 수도 있다.

① 직업교육 프로그램

재직자를 대상으로 한 직업전환교육이나 실직자를 대상으로 한 재취업교육 프로그램 등을 말한다. 프로그램을 이수한 후 직업전환이나 재취업을 목적으로 운영되기 때문에 실용적이고 실무중심 교육내용으로 개발되며, 자격증 과정으로 운영되는 경우가 많다. 대부분 고용보험이나 공공기관에서 지원을 받아서 운영된다.

② 여가 · 취미 프로그램

자격증 취득이나 취업을 목적으로 개발된 프로그램과는 달리 여가를 의미 있게 보내기 위해서 교육받는 자체에 목적을 두고 개발된 프로그램을 말한다. 주로 시간적이나 경제적으로 여유가 있는 학습자들을 대상으로 하고 있으며, 노인복지관의 노인대학 프로그램이나 가정주부들을 대상으로 한 문화센터 프로그램 등이 여기에 해당된다.

③ 지역사회개발 프로그램

농어촌지역이나 도시 저소득 지역의 소외계층을 대상으로 지역주민들의 삶의 질을 제고하기 위하여 개발된 프로그램을 말한다. 대도시 저소득 지역의 방과 후 교육 프로그램이나 지역주민들의 건강 · 복지 · 보육 프로그램 등으로 지방자치단체나 민간단체가 협력하여 공동으로 개발하고 운영하는 경우가 많다.

〈표 1-5〉 개발용도에 따른 분류

구분	직업교육프로그램	여가 · 취미 프로그램	지역사회개발 프로그램
프로그램 목적	직업전환이나 재취업	교육받는 자체	지역주민들의 삶의 질 제고
내용	실용적이고 실무중심 자격증 과정	노인대학 프로그램, 문화센터 프로그램	방과 후 교육 프로그램 건강 · 복지 · 보육 프로그램

4) 구성범위에 따른 분류

평생교육 프로그램을 구성범위에 따라 분류하면 단일 프로그램, 연속 프로그램, 통합 프로그램, 종합 프로그램 등으로 나눌 수 있다.

① 단일 프로그램

하나의 학습목표를 달성하기 위하여 개발된 프로그램으로 비교적 짧은 시간에 단순한 교육활동으로 구성된다. 1회적인 용도로 개발되어 운영되는 봉사활동 프로그램, 견학 프로그램, 레크레이션 활동 프로그램 등이 여기에 속한다.

② 연속 프로그램

큰 주제 하나를 여러 개의 내용으로 나누어서 여러 번 연속적으로 운영하도록 개발된 프로그램이다. 앞뒤의 프로그램이 서로 연관되어 있으며, 점차 심화되는 형태로 개발된다. 비교적 장기간에 걸쳐서 운영되며 전문적인 내용일 경우 적절하다고 볼 수 있다.

③ 통합 프로그램

한 주제에서 세분화된 비슷한 성격의 여러 활동을 하나로 묶어서 개발한 프로그램을 말한다. 각 활동의 기본적인 성격은 그대로 유지하면서 관련된 내용만 통합하는 형태로 개발된다. 이를 테면 환경오염과 관련된 프로그램을 개발 경우, 수질오염, 대기오염, 토양오염 등 서로 비슷한 성격의 학습활동을 하나로 묶어서 프로그램을 개발하게 된다. 학습자들의 경험 속에서 비슷한 성격의 여러 활동이 함께 어우러져서 학습목표가 달성되도록 프로그램이 개발된다.

④ 종합 프로그램

성격이 다른 여러 영역의 학습활동을 한데 모아서 종합적으로 전개되는 프로그램을 말한다. 성격이 다른 여러 악기가 함께 어우러진 교향악단의 협연과 같이 다양한 학습활동을 통해서 전인적인 인격형성이나 종합적인 기능발달을 목표로 한 프로그램을 개발할 때 적절하다고 볼 수 있다.

〈표 1-6〉 구성범위에 따른 분류

구분	특징
단일 프로그램	• 비교적 짧은 시간에 단순한 교육활동으로 구성 • 1회적인 용도로 개발 • 봉사활동 프로그램, 견학 프로그램, 레크레이션 활동 프로그램
연속 프로그램	• 큰 주제 하나를 여러 개의 내용으로 나누어서 여러 번 연속적으로 운영 • 앞뒤의 프로그램이 서로 연관되어 있으며, 점차 심화되는 형태 • 비교적 장기간에 걸쳐서 운영
통합 프로그램	• 한 주제에서 세분화된 비슷한 성격의 여러 활동을 하나로 묶어서 개발한 프로그램 • 각 활동의 기본적인 성격은 그대로 유지하면서 관련된 내용만 통합하는 형태
종합 프로그램	• 성격이 다른 여러 영역의 학습활동을 한데 모아서 종합적으로 전개되는 프로그램 • 전인적인 인격형성이나 종합적인 기능발달을 목표로 한 프로그램을 개발할 때 적절

4. 프로그램 참여동기 유형과 장애요인

1) 참여동기

평생교육 프로그램의 성공을 측정하는 요인 중의 하나는 학습자들의 교육참여율이다. 학습자들의 교육참여율은 시간과 비용 같은 상황적 요인에 의해서 결정되기도 하지만, 학습자들의 개인적 성향이나 참여동기에 의해서 좌우되는 경우가 많다. 학습자들이 프로그램(교육)에 참여하는 동기를 분석한 대표적인 학자로 호울(C. Houle)이 있다(허혜경, 2007: 145-148). 그는 성인학습자들이 학습에 참여하는 근본적인 동기를 밝히기 위해 능동적인 학습자들을 대상으로 심층면담을 실시하였고, 그 결과로 학습자들의 참여동기를 목표지향형(Goal-oriented) 동기, 활동지향형(Activity-oriented) 동기, 학습지향형(Learning-oriented) 동기로 유형화하였다.

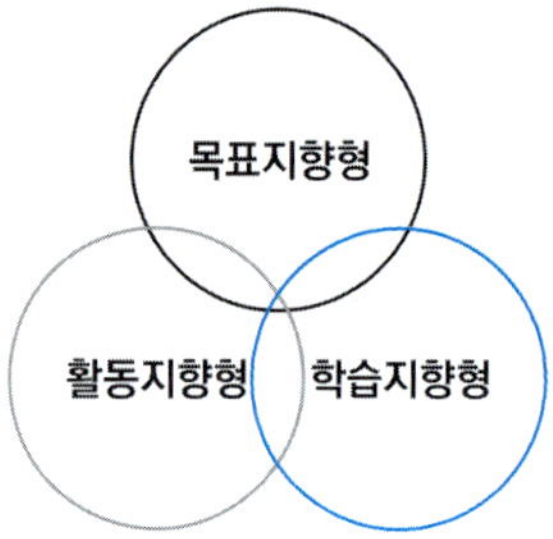

[그림 1-2] 호울(C. Houle)의 학습동기유형

첫째, 목표지향형 참여동기는 개인적으로 직업상의 향상, 전문적인 지식 및 기술의 습득 등을 목적으로 참여하는 유형으로 구체적이고 명백한 목표를 지닌다. 이러한 경우는 학습자의 참여동기가 가장 명백하게 노출되는 유형으로, 학습자들의 참여동기는 현실적인 필요나 이익, 이해관계에 더하여 이를 충족시키려는 욕구로부터 도출된다. 학습자들은 꾸준히 참여하는 것이 아니라 일단 원하는 학습목표가 달성되면 쉽게 학습을 중단한다.

둘째, 활동지향형 참여동기는 어떤 특정의 지식을 배우거나 특정의 기술을 익히기 위해 참여하는 것이 아니라 사회적인 관계의 형성, 소속감의 형성, 단조로운 일이나 상사로부터의 도피, 사회적 안정 및 참여, 가족이나 직장에서의 기대, 대인관계 증진 등을 목적으로 하는 유형이다. 이러한 유형의 학습자들은 학습 그 자체에서 만족을 구하며, 프로그램 참여를 통해서 얻게 되는 인간관계를 중요시한다. 대부분의 학습자들이 반복적인 일상생활의 단조로움이나 지루함, 고독감과 소외감 등으로부터 벗어나 변화를 추구하기 위하여 또는 가정이나 직장의 어려운 상황으로부터 잠시라도 도피하고자 프로그램에 참여한다. 즉, 배우자나 친구를 찾는 것이 프로그램 참여의 목적이 되기도 하고 가족이나 직장에서의 기대, 참여에 대한 요청에 부응하기 위하여 참여하기도 한다.

셋째, 학습지향형 참여동기는 이타적인 관심을 가지고 타인이나 지역사회의 발전을 위하여 봉사하기 위한 자신의 능력을 향상시키기 위하여 참여하는 유형이다. 무엇인가를 근본적으로 알고자 하는 욕구나 지적 호기심을 충족시키기 위하여 참여하며, 모든 학습활동이 그 자체의 목적과 의미를 지니고 참여동기를 형성한다.

이와 같은 호울의 참여동기 유형제시 이후 몰스테인과 스마트(B. Morstein & J. Smart,)는 보셔의 교육참여 척도를 토대로 6가지 교육참여 요인을 추출하였다. 이를 비교하여 제시하면 〈표 1-7〉과 같다(권두승, 2000: 42).

〈표 1-7〉 호울(C. Houle)과 몰스테인 · 스마트(B. Morstein & J. Smart)의 참여동기 유형비교

Houle의 유형	Morstein & Smart의 유형
목표지향형 동기	외부적 기대 • 다른 사람의 지시에 따르기 위해 • 형식적 권위를 지닌 사람의 기대사항들을 수행하기 위해 • 다른 권위자가 추천하는 것을 수행하기 위해
	직업적 진보(전문성 향상) • 직업에서 더 높은 지위를 차지하기 위해 • 직업적 진보를 보장하기 위해 • 경쟁에서 뒤떨어지지 않기 위해
활동지향형 동기	사회적 관계 • 개인적 교제와 우정에 관한 요구를 충족시키기 위해 • 새로운 친구를 사귀기 위해 • 이성 회원을 만나기 위해
	도피/자극 • 지루함으로부터 벗어나기 위해 • 가정이나 일로부터 휴식을 취하기 위해 • 남은 생애에서는 뚜렷한 차이를 내기 위해
	사회적 복지 • 인류에 봉사할 수 있는 능력향상을 위해 • 공동체에 대한 봉사를 준비하기 위해 • 공동체 작업에 참여할 수 있는 능력을 향상시키기 위해

Houle의 유형	Morstein & Smart의 유형
학습지향형 동기	인지적 흥미 • 단지 학습 자체를 위해 • 자신을 위하여 지식을 추구하기 위해 • 알고 싶어하는 마음을 충족시키기 위해

위와 같이 참여동기는 사람마다 다르고, 외적으로 유사한 참여동기를 가진 것처럼 보이는 학습자들도 내적으로 살펴보면 조금씩 다른 참여동기를 가지고 있는 경우가 많다. 학습자들의 참여동기에 따라서 프로그램에 요구하는 내용도 달라지기 때문에 프로그램개발에 있어서 적절한 참여전략을 모색하는 것이 중요하다.

2) 참여 장애요인

참여 장애요인은 학습자들이 평생교육 프로그램에 참여하는 데 방해가 되는 여러 가지 요인을 말한다. 평생교육 참여에 영향을 미치는 장애요인은 학자들마다 여러 가지로 제기하고 있으나 가장 대표적이고 포괄적인 요인으로 4가지를 제시할 수 있다(오혁진, 2003: 146-149).

첫째, 상황적 장애요인(Situational Barriers)이다. 이는 학습자 개인의 경제적인 여건, 시간부족, 주부인 경우 탁아시설의 부족과 같은 주로 사회경제적인 여건을 말한다.

둘째, 개인성향 장애요인(Dispositional Barriers)이다. 이는 학습자가 갖고 있는 심리적인 것으로 교육 프로그램에 대한 부정적이고 소극적인 태도나 신념 등을 말한다.

셋째, 기관 장애요인(Institutional Barriers)이다. 이는 평생교육기관 자체가 갖고 있는 단점으로 프로그램이 실시되는 시간, 기관의 위치, 통학시간, 대중교통을 통한 접근이나 주차시설, 등록방법 등이 학습자의 참여에 장애가 되는 경우를 말한다.

넷째, 정보 장애요인(Informational Barriers)이다. 이는 평생교육기관이 프로그램 관련 정보를 충분히 홍보하지 않는 것뿐만 아니라 학습자가 프로그램에 관련한 정보를 탐색하는데 실패하는 경우를 말한다.

이러한 4가지의 프로그램 참여 장애요인을 정리하면 〈표 1-8〉과 같다.

〈표 1-8〉 프로그램 참여 장애요인

종 류	내 용
상황적 장애요인	교육경비 부담, 가사, 직장 등 타 업무 병행 부담, 가정·직장의 이해 협조 부족
개인성향 장애요인	학습에 대한 열의 부족, 이전 학습경험에 대한 부정적 이미지, 부정적 자아감 등
기관 장애요인	프로그램의 길이, 수강 자격조건, 시간표의 구성, 시설여건, 교수요원의 능력과 태도, 프로그램 운영방식 등의 부적합성, 기관에 대한 부정적인 이미지 등
정보 장애요인	홍보 및 광고 소홀, 정보매체의 제한, 정보내용 이행의 어려움, 정보전달 범위의 한계

프로그램 참여 장애요인 중 일반적으로 시간 및 비용과 같은 상황적인 장애요인이 참여여부를 결정하는 데 가장 큰 영향을 미치는 요인이라고 지적되고 있다. 그러나 학습자에 따라서 핵심적인 참여 장애요인이 달라질 수 있기 때문에 프로그램개발에 있어서는 학습자들의 참여 장애요인을 이해하는 것이 필수적으로 요구된다.

평생교육 프로그램개발에 있어서 우선적으로 해결해야 할 장애요인은 기관 장애요인과 정보 장애요인이다. 이 두 가지의 장애요인은 주로 기관이 야기하는 것으로 이를 최소화하는 전략이 필요하다. 학습자들의 참여동기와 참여 장애요인을 고려한 프로그램 운영전략을 제시하면 〈표 1-9〉와 같다.

〈표 1-9〉 학습자들의 참여동기와 참여 장애요인을 고려한 프로그램 운영전략

참여동기 / 참여 장애요인	사회적 관계	외부기대 부응	사회봉사 참여	직업적 향상	일상생활 탈출	지적 흥미
자신감 부족 두려움	• 인간관계 예비훈련 프로그램 실시 • 꾸준한 관심과 격려	• 외부기대에 대한 정확한 인식 • 학습자의 현 수준에 대한 평가 및 학습안내	• 선행 학습자의 체험담 소개	• 기초과정부터의 착실한 학습 안내	• 삶에 대한 성찰 기회 제공	• 학습의 즐거움에 대한 인식 제고
프로그램 및 기관에 대한 반감	• 참여자들에 대한 긍정적 소개 • 성공적인 사회적 관계에 대한 사례 소개	• 외부 기대자 추천, 홍보	• 사회저명활동의 추천 • 사회봉사활동에 대한 현황 소개	• 성공적인 선행학습자의 추천이나 홍보	• 프로그램의 흥미와 유익에 대한 홍보	• 프로그램의 질적 우수성에 대한 홍보
시간적 제약	• 가능한 시간대별로 학습자 집단 구성 • 지역별 네트워크 구성	• 외부 기대자에 대한 협조 요청(유급 교육 휴가)	• 참여자의 시간대에 맞춘 학습 활동 전개	• 직무교육의 활동 • 직장내 학습조직 활용 • 직장단위 프로그램 유도	• 가족단위, 직장단위 프로그램 개발	• 교육방송, 통신매체 활용 • 자기주도 학습에 대한 안내
경제적 제약	• 경비가 적게 드는 사회활동 실시 • 자체기금 조성 유도 • 무료 이용시설에 대한 안내	• 외부기대자에 대해 재정적 지원 요청	• 봉사기관의 재정 지원 요구 • 공적기금재단에 지원요청	• 직장의 재정적 지원 유도 • 대규모 학습집단 구성으로 단가를 낮춤	• 자원봉사 강사 섭외 • 저렴한 기관이나 프로그램에 대한 안내	• 교육방송, 도서관, 박물관 등의 저렴한 교양 프로그램 활용 • 소그룹 구성

연구문제

1. 프로그램개발의 넓은 의미와 좁은 의미를 비교하여 설명하시오.

2. 평생교육 프로그램개발의 목적과 특성을 기술하시오.

3. 평생교육 프로그램에 참여하는 학습자들의 참여동기와 참여 장애요인을 설명하시오.

developing programs in lifelong education | chapter 02

프로그램개발 이론적 접근방법과 모형

[학습개요]

평생교육 프로그램개발에 있어서 일반적으로 사용되고 있는 접근방법은 어떠한 것들이 있는가? 각각의 접근방법은 어떠한 차이점과 장·단점이 있는지 살펴본다. 또한 프로그램개발의 모형인 DACUM과 CBCD, IMPACT, ADDIE 모형을 살펴봄으로써 프로그램개발에서 필요한 모형과 이론적 접근방법을 효과적으로 활용할 수 있다.

[학습목표]

1. 평생교육 프로그램개발의 접근방법의 차이점을 설명할 수 있다.
2. DACUM과 CBCD, IMPACT, ADDIE 모형의 차이점에 대하여 설명할 수 있다.
3. 평생교육 프로그램개발의 통합적 절차를 이해하고, 단계별로 구분하여 설명할 수 있다.

1. 프로그램개발의 접근방법

프로그램개발의 접근방법이란 프로그램개발자가 프로그램을 개발하고자 할 때, 어떤 절차에 의해서 실시해야 하는지를 설명해 주는 형식과 전략을 말한다. 이러한 접근방법은 프로그램을 개발할 때 고려해야 할 구성요소들을 빠짐없이 검토할 수 있게 해 준다는 점에서 유용하다. 프로그램개발의 접근방법으로 선형적 접근방법, 비선형적 접근방법, 통합적 접근방법, 비통합적 접근방법, 체제분석적 접근방법을 살펴보고자 한다.

1) 선형적 접근방법(Linear Approach)

선형적 접근방법은 프로그램의 개발과정을 단계별로 세분화하여, 세분화된 단계를 실행하면 하나의 프로그램개발을 완성할 수 있는 방법이다. 테일러(R. Tyler)의 전통적 합리성 이론을 바탕으로 하고 있으며, 가장 보편적으로 사용되는 방법이다. 프로그램개발의 단계와 방향성을 분명하게 제시하고 있으며, 단순하고 합리적이라는 점에서 인기를 얻어 왔다. 선형적 접근방법의 일반적인 절차는 [그림 2-1]과 같다.

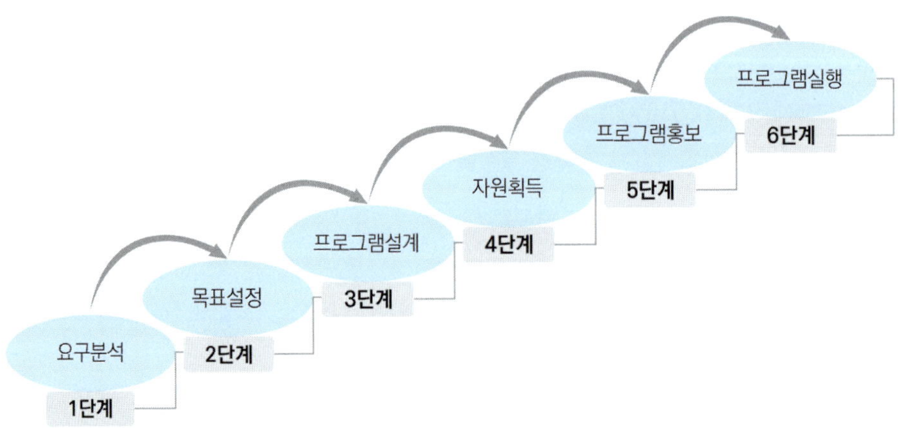

[그림 2-1] 프로그램개발의 선형적 접근방법

선형적 접근방법의 절차는 먼저 학습자와 기관, 지역사회의 교육적 요구를 분석하고, 분석된 요구를 바탕으로 프로그램의 학습목표를 설정하며, 학습목표를 달성하기 위하여 필요한 학습내용과 방법을 선정하고 조직하는 설계과정을 거친다. 그 후 프로그램을 실행하는 데 필요한 자원과 예산을 확보하며, 프로그램을 홍보하고 실행하는 일련의 과정으로 구성되어 있다.

선형적 접근방법의 장점은 프로그램개발의 경험이 없는 교수자들도 단계별 절차를 따르면 쉽게 프로그램을 개발할 수 있다는 점이다. 반면에 급변하는 사회환경 속에서 환경변화에 능동적으로 대처할 수 없어서 융통성과 유연성이 떨어진다는 단점을 지니고 있다.

2) 비선형적 접근방법(Non-linear Approach)

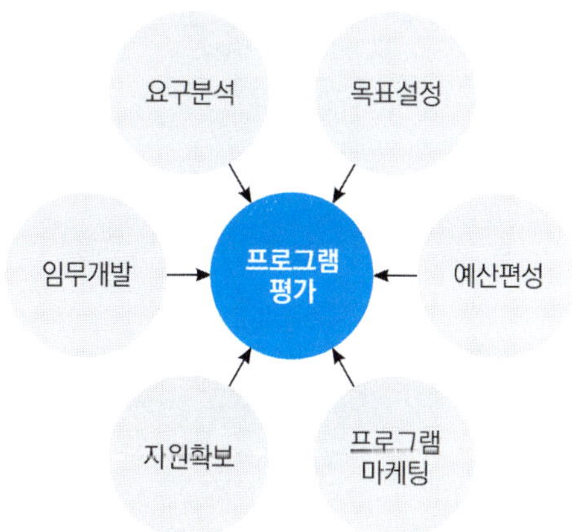

[그림 2-2] 프로그램개발의 비선형적 접근방법

비선형적 접근방법은 선형적 접근방법에서 살펴본 바와 같이 프로그램개발 과정이 획일적인 단계로 이루어지는 것이 아니라 프로그램개발자에 의하여 상황에 따라 융통성 있게 추진된다. 역동적 상황이론에 기초한 것으로 프로그램개발자의 판단에 따라서 어떤 단계의 활동은 생략되기도 하고, 동시에 몇 개의 절차가 함께 수행되기도 한다. 이러한 접근 방법은 [그림 2-2]와 같이 프로그램 평가가 중심되어 프로그램개발자가 각 단계마다 적절한 평가를 되풀이하며 개발이 진행된다. 따라서 선형적 접근에 비하여 활용이 어렵고 숙련된 프로그램개발자에게 보다 적합한 방법이라고 볼 수 있다.

3) 통합적 접근방법(Integrated Approach)

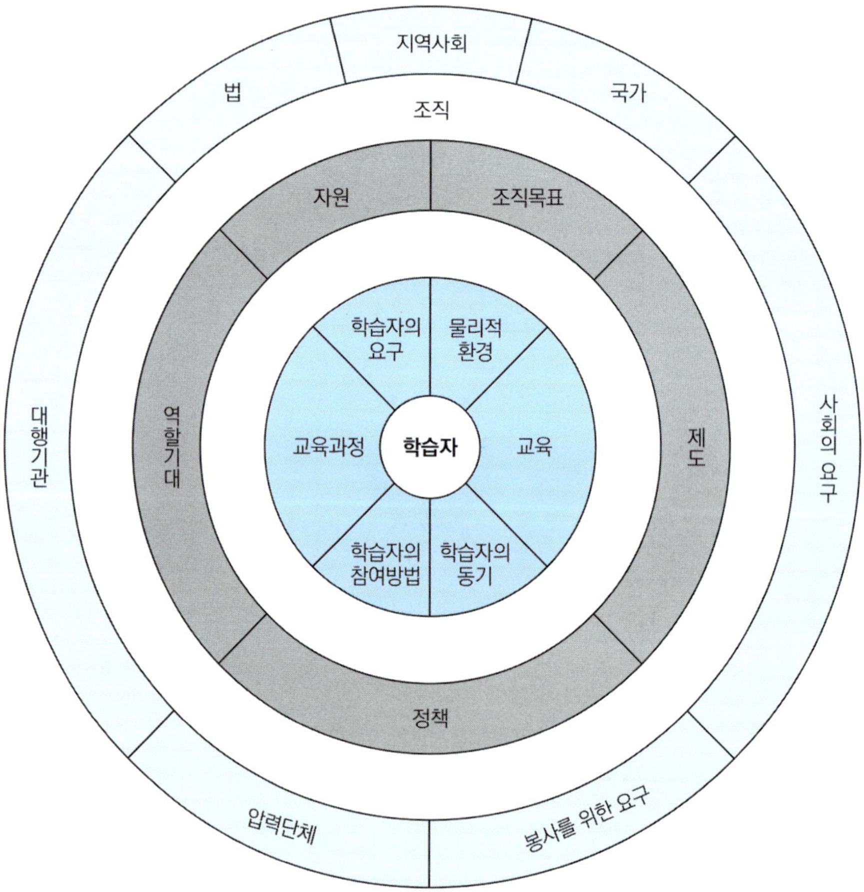

[그림 2-3] 프로그램개발의 통합적 접근방법

통합적 접근방법은 프로그램개발에 영향을 미치는 다양한 요인을 종합적으로 고려하는 방법이다. [그림 2-3]에서 보는 바와 같이 프로그램을 개발하는 데 있어서 학습자를 중심으로 하여 그들과 관련된 다양한 요인(학습자의 요구, 물리적 환경, 학습자의 동기 등)을 고려함과 동시에 프로그램을 사용하는 기관의 조직 목표와 지원, 정책 등도 함께 반영한다. 이 방법은 접근방법이 총체적이고 분석적이기 때문에 개발의 과정이 복잡하고 개발자의 전문적인 능력이 요구된다. 그러나 다른 방법에 비하여 개발의 오차를 최소화할 수 있다는 장점을 갖고 있다(이해주 외, 2002: 58-59).

4) 비통합적 접근방법(Non-integrated Approach)

비통합적 접근방법은 프로그램을 새롭게 개발하기보다는 유사기관에서 이미 사용하고 있는 프로그램을 모방하여 개발하는 방법이다. 따라서 이 방법은 프로그램개발자로서 특별한 능력이 없어도 가능하며, 프로그램개발과정에 학습자들을 참여시키지 않는다. 잠재적인 학습자들의 교육적 요구나 의견을 수렴하지 않고 평생교육기관에서 일방적으로 학습내용과 방법을 결정하여 프로그램을 개발한다.

비통합적 접근방법은 비전문가도 쉽게 프로그램을 개발할 수 있다는 장점이 있으며, 프로그램개발에 따른 시간과 비용을 절감할 수 있고, 지역사회 여건과 학습자들의 특성이 유사한 경우에는 모방한 프로그램과 비슷한 효과를 기대할 수 있다.

그러나 학습자들이 교육적 요구를 분석하지 않음으로써 프로그램의 효과와 성공여부를 장담할 수 없으며, 장기간 운영되는 프로그램이나 전문성을 요구하는 경우에는 적용하는 데 한계가 있다.

5) 체제분석적 접근방법(System Analysis Approach)

체제분석적 접근방법은 평생교육기관을 하나의 사회체제로 간주하고 프로그램개발자가 학습자, 평생교육기관, 환경 등과 상호작용을 통해서 개발하는 것을 중요시 한다. 체제분석적 접근방법은 [그림 2-4]와 같이 투입 - 과정(교육활동) - 산출이라는 기본적인 체제로 구성되어 있다(김진화, 2001: 127). 프로그램개발과정에서 환경과 조직, 그리고 학습자의 개인적 가치와 욕구를 동시에 고려하고, 프로그램개발과정에 나타나는 여러 가지 상황을 체계적으로 반영하는 것이 특징이다. 체제분석적 접근방법은 교육 프로그램개발이 미시적인 관점에서 학습목표 설정이나 학습내용 및 방법의 선정에 관심을 두기보다는 거시적인 관점에서 평생교육기관을 둘러싼 사회・문화적 맥락을 고려하여 다양한 요소들이 체계적으로 분석되고 효율적인 대안들이 신중하게 결정되어야 한다는 것을 보여 준다.

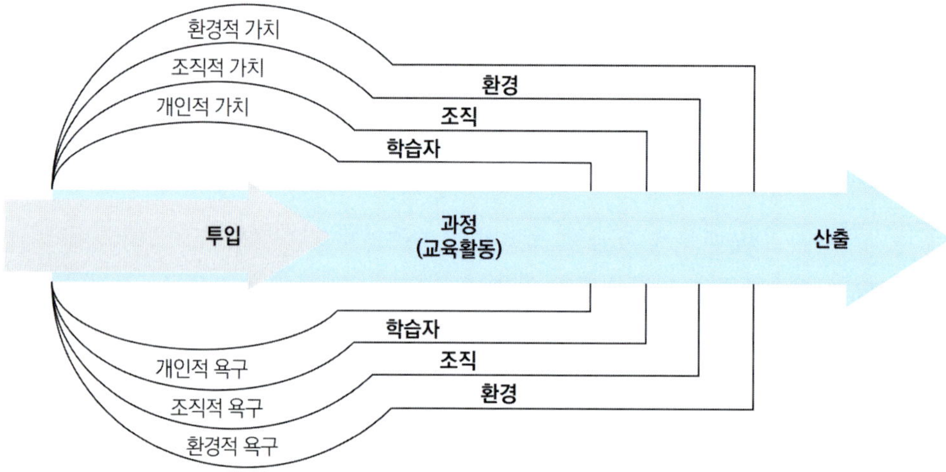

[그림 2-4] 프로그램개발의 체제분석적 접근방법

2. 프로그램개발 모형

1) DACUM(Developing A Curriculum) 모형

DACUM은 직무분석을 통해 교육 프로그램을 개발하는 것이 특징이다. 특정한 직무(Job)를 업무(duty)와 과제(task)로 정의하고 분석하는 것으로 교육 프로그램개발이 시작된다. 직무분석을 통해 교육에 필요한 과제가 선정되고 그 과제를 수행하는 데 요구되는 지식·기능·태도를 도출해 낸다. 이때 기존 교육과정의 목표나 내용을 확인한다. 각 과정을 목록화하여 구성된 과제와 지식·기능·태도를 비교하여 교육과정을 구성하고 특정 직무의 동료 수행자들의 검증 작업을 거친다. 그 다음 요구되는 스킬에 알맞은 교육과정을 선정한다. 이상과 같은 과정을 거쳐 선정된 일련의 교육과정들이 모여 특정 직무수행에 필요한 교육의 체계도(roadmap)를 완성하게 된다.

CBCD 역량중심교육 프로그램개발방법과 DACUM을 통한 교육 프로그램개발방법의 가장 큰 차이점은 역량중심의 경우 특정 업무를 수행할 때 그 기능을 수행함으로써 달성해야 되는 성과나 산출물 혹은 기대되는 비즈니스 결과로부터 시작된다는 점이다. 반면 DACUM의 경우 현재의 직무분석을 통하여 현재의 업무 수행상 문제를 기반으로 한다는 점이다. DACUM과 CBCD와 차이를 그림으로 제시하면 다음 [그림 2-5]와 같다.

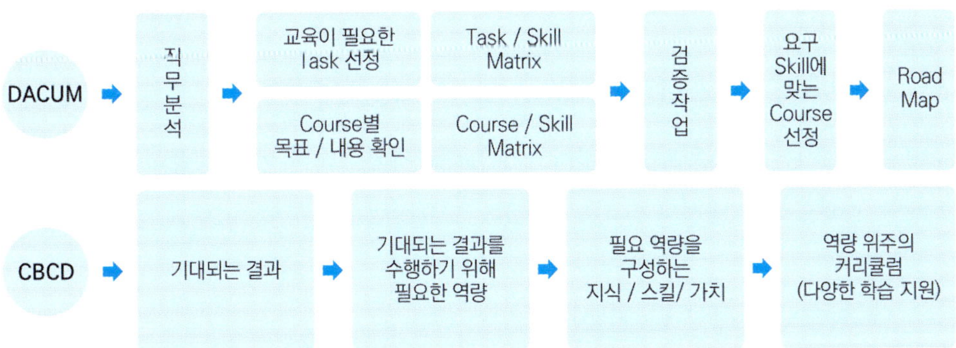

[그림 2-5] DACUM과 CBCD와 차이

2) IMPACT 훈련 모형

이 모형은 교육요구를 충실히 파악하고(Identify: I), 바람직한 접근방식을 선택하고(Map: M), 적합한 학습도구를 제작하며(Product: P), 적절한 교육기법을 적용하고(Apply: A), 교육결과를 측정하고(Calculate: C), 교육효과를 지속시켜야(Track: T) 하는 단계로 구분된다. 상세한 내용은 〈표 2-1〉과 같다.

〈표 2-1〉 창(Chang)의 High-IMPACT 모형

I-M-P-A-C-T 단계		설 명
Identify	교육요구 파악	업무수행의 개선을 위해 교육 필요성 파악
Map	교육접근방식 선정	업무목표 달성과 업무수행 개선을 위한 최적의 교육방식 선정
Product	학습도구 제작	훈련생용 교육도구 제작
Apply	교육기법 적용	성공적 결과를 위해 설계된 대로 교육 실시
Calculate	교육결과 측정	교육의 실제 수행개선 여부 평가, 결과 공지
Track	교육효과 지속	교육효과가 소멸되지 않게 개인과 조직의 방법을 강구

(1) 교육요구 파악 단계(Identify)

이 단계에서는 현재 상황을 사정하고, 미래의 비전을 가지고, 정보를 수집하고 분류하며, 결과를 공유한 뒤, 다음 조치를 결정한다. 즉, 교육 필요점을 찾아내는 단계이다.

(2) 교육접근방식 선정 단계(Map)

이 단계에서는 교육목표를 설정하고 교육대상자를 고려하여 교육방식을 설계한다. 파악된 교육요구를 해결하기 위해 적절한 교육방법을 선정하는 단계이다.

(3) 학습도구 제작 단계(Product)

이 단계에서는 프로그램 자료를 선정하고, 내용을 결정하며, 개발과정에 초점을 둔

다. 교육을 하기 위해 필요한 각종 자료를 개발하고 제작하는 단계이다.

(4) 교육기법 적용 단계(Apply)

이 단계에서는 개발된 교육 자료를 효과적으로 사용하며 실제 현장에서 적용해 보는 단계이다.

(5) 교육결과 측정 단계(Calculate)

이 단계에서는 프로그램의 반응을 평가하고, 직무수행상의 행동을 평가하고, 경영상의 결과를 분석하며, 조직에 미치는 영향력을 추적한다.

(6) 교육효과 지속 단계(Track)

이 단계에서는 교육효과를 지속적으로 발휘하기 위하여 노력하는 단계이다.

3) ADDIE: ISD일반모형

교수체제설계(Instructional System Design: ISD)의 일반모형인 ADDIE모형은 전형적인 수업설계 모형이다. 이 모형은 분석(Analysis: A), 설계(Design: D), 개발(Development: D), 실행(Implementation: I), 평가(Evaluation: E) 다섯 단계를 포함하고 있다.

프로그램개발의 절차는 단계적인 여러 과정의 체계적인 접근하에 이루어지며, 일관적이고 순환적인 과정을 거치게 된다. 기획하고 분석하는 단계부터 평가단계에 이르기까지 상호일관성을 유지해야 하며, 평가결과는 다음 번 프로그램개발과 운영과정에 환류(Feedback)되는 통합적 시스템을 이루어야 한다.

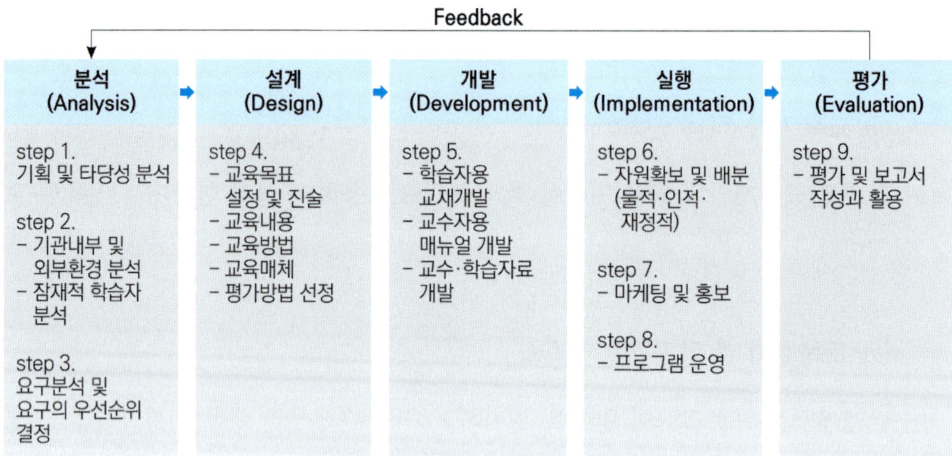

[그림 2-6] ADDIE: ISD일반모형

분석(Analysis)
Step 1. 기획 및 타당성 분석
Step 2. 기관내부/외부 환경 분석/잠재적 학습자 분석
Step 3. 요구분석 및 요구의 우선순위 결정

설계(Design)
Step 4. 교육목표의 설정 및 진술/교육내용 · 방법 · 매체 · 평가방법 선정

개발(Development)
Step 5. 학습교재/교수매뉴얼/교수 · 학습자료개발

실행(Implementation)
Step 6. 자원확보 및 배분(물적 · 인적 · 재정적)
Step 7. 마케팅과 홍보
Step 8. 프로그램운영

평가(Evaluation)
Step 9. 평가 및 보고서 작성과 활용

---

(1) 분석(Analysis)단계

프로그램개발을 추진하기 위하여 필요로 하는 다양한 요소들을 확인하고 도출하는 단계로 개발의 필요성 검토 및 추진여부 결정, 개발팀 및 자문위원회 구성, 기관내부 및 외부 환경 분석, 잠재적 훈련생 분석, 학습요구 및 직무분석, 학습요구의 우선순위 결정이 포함된다.

(2) 설계(Design)단계

분석된 내용을 바탕으로 교수자와 학습자의 교수학습활동과 관련된 교육내용을 구체화시키는 단계로 교육목표 설정 및 진술, 학습내용 선정 및 조직, 교수방법 선정, 교수매체 선정, 평가방법 계획 등이 포함된다.

(3) 개발(Development)단계

설계안에 기초한 교재와 강의지침서를 개발하는 단계로 학습자용 교재 개발, 교수자용 매뉴얼 개발, 학습자료 개발 등이 포함된다.

(4) 실행(Implementation)단계

프로그램을 운영하기 위한 운영계획과 교육을 실시하는 단계로 자원 확보 및 배분, 마케팅 및 홍보, 강사섭외, 장소선정, 프로그램 실행 등이 포함된다.

(5) 평가(Evaluation)단계

프로그램을 실행한 후에 성과를 판단하여 개선하는 단계로 평가과정 설계, 평가방법선정 및 도구개발, 평가자료 수집 및 분석, 평가결과보고 및 활용 등이 포함된다.

연구문제

1. 프로그램개발의 접근방법으로 선형적 접근방법, 비선형적 접근방법, 통합적 접근방법, 비통합적 접근방법, 체제분석적 접근방법의 차이점을 설명하시오.

2. DACUM, CBCD, IMPACT, ADDIE모형 중 2개를 골라 두 모형의 차이점을 서술하시오.

3. 프로그램개발의 통합적 절차를 ADDIE(Analysis, Design, Development, Implementation, Evaluation)모형에 따라 5단계로 구분하여 기술하시오.

developing programs in lifelong education | part

02

프로그램개발을 위한 분석

developing programs in lifelong education | chapter 03

기획 및 타당성 분석

Step 1 프로그램개발 타당성 분석

[학습개요]

프로그램기획은 프로그램개발과정에서 구체적인 형태를 결정하기 위한 기초적인 창조과정으로 프로그램의 전반적인 틀을 위해 커다란 그림을 그리는 것으로 말할 수 있다.

즉, 프로그램개발을 통해서 무엇을 만들 것인가에 대한 프로그램의 구체적인 형태를 결정하는 것이다.

이 장에서는 기획의 목적과 성격에 대해서 살펴보고 기획단계 중 프로그램개발 여부(타당성 분석)와 프로그램개발팀 구성 및 자문위원회 구성에 대해 살펴본다.

[학습목표]

1. 기획의 개념과 목적, 특징에 대하여 설명할 수 있다.
2. 평생교육 프로그램개발의 필요성검토 및 추진여부에 대한 절차를 확인하여 프로그램개발의 여부를 결정할 수 있다
3. 자문위원회의 역할과 이점에 대해 설명할 수 있다.

1. 평생교육 프로그램기획

1) 프로그램기획의 개념

기획(Planning)의 사전적 의미는 '일을 꾀하여 계획함' 또는 '기발한 계획'이다.

김진화(2001: 176)는 "기획이란 창조성, 현실성, 논리성 모두를 겸비하고 있는 상태를 말한다. 즉 새롭고 혁신적인 사상을 현실적 여건을 고려하여 체계적으로 만들어나가는 행위를 의미한다"고 하였다. 또 기획은 신중하고 계속적인 활동의 연속관계로서 "통찰력, 계획적인 사고, 조사를 통해서 문제를 해결하고 앞으로 발생할 문제를 해결하기 위한 의도적인 시도이며, 다양한 행동 노선 중에서 어떤 노선을 취할 것인가에 대한 가치선호를 행사하는 것"이라고 볼 수 있다.

기획 개념을 프로그램기획의 합성어 의미로 프로그램개발에 적용하여 프로그램기획의 개념을 다음과 같이 규정할 수 있다.

프로그램기획이란 프로그램개발과정의 첫 번째 단계로, 프로그램의 목표를 달성하기 위한 미래지향적 준비활동으로 프로그램개발의 기본방향을 설정하는 체계화된 계획과정으로 볼 수 있다.

특히, 평생교육 프로그램기획은 '격동적인' 환경 변화에 둘러싸여 프로그램을 수행하는 관계로 특별한 중요성을 갖는다. 또한 프로그램의 효과성과 효율성, 책임성으로 표현되는 사회적인 요구들에 대응해서, 프로그램 수행의 정당성을 제시하기 위해서는 특히 합리적인 성격을 띤 프로그램기획이 매우 필요하다.

코왈스키(Kowalski, 1988)는 평생교육 프로그램개발에서 기획은 마스터플랜으로서 미래지향적 평생교육의 목표나 목적수립에 필요한 근거를 제공해 줄 수 있으며, 다른 조직의 기능과 발생 가능한 갈등의 소지를 줄여 줄 수 있고, 교육기관 경영 시 필요한 판단의 잣대와 자료 역할을 해 줄 수 있다고 지적하였다(이해주 외, 2010: 67). 따라서 기획 단계에서는 프로그램을 왜 개발해야 하는가에 관심을 기울여야 하며, 프로그램개발을 통해 내놓을 구체적인 결과물이 무엇인지를 결정해야 하는 것이다. 이러한 의미에서 평생교육 프로그램기획은 프로그램개발의 기본 방향 설정 단계에 해당된다.

프로그램기획에는 ① 프로그램개발 여부(타당성 분석) ② 프로그램개발팀 구성 및 자문위원회 구성 등이 포함된다.

2) 프로그램기획의 목적

기획은 프로그램을 왜 개발해야 하는가? 프로그램개발을 통해서 무엇을 만들 것인가 하는 프로그램의 구체적인 형태를 결정하는 것을 의미한다. 따라서 프로그램개발의 기본방향 설정 단계에 해당된다고 볼 수 있는데 기획의 목적은 다음과 같다.

- 보유하고 있는 자원의 효율적인 활용
- 팀워크의 강화 및 증진
- 관리를 위한 기초 자료의 수집 및 활용
- 발전된 프로그램의 개발
- 실행계획(Action Plan)의 수립을 통한 쉽고 편리한 성과관리

3) 프로그램기획의 성격

평생교육 프로그램기획이 가지고 있는 기본적인 성격은 다음과 같다(김진화, 2001: 178).

(1) 미래지향적인 활동

기관의 목적과 이념을 실천해 나가기 위한 교육프로그램을 사전에 준비하는 것으로 평생교육 기관이 실행하고 운영하는 모든 조치들은 기획을 통해서 가능하며, 사전에 준비하는 과정을 통해 미래의 불확실성을 줄일 수 있기 때문이다.

(2) 적극적이고 능동적인 행위

평생교육 기관의 생존과 발전을 위해 적극적으로 취하는 조치가 프로그램기획이다.

(3) 평생교육기관의 효율성 증대 기능 수행

자원 배분과 운영의 합리화를 통해 평생교육 기관의 운영과 관리측면에서 효율성을 증대시킬 수 있다.

(4) 관련 정보를 수집 · 분석 · 요구확인 · 사정 · 분석하는 연속적이며 단계적인 과정

학습자에게 제공될 교육 프로그램이 단순히 몇몇 사람의 머리 속에서 고안된 것이 아니라 많은 관련 정보와 학습자의 요구가 단계적으로 반영되는 과정을 반드시 거쳐야 질 좋은 프로그램을 개발할 수 있다.

(5) 협동적인 활동

프로그램개발 과정에 영향을 끼치는 많은 사람들의 참여가 이루어져야 바람직하다.

2. 프로그램개발 타당성 분석(필요성 검토 및 추진 여부)

프로그램개발을 위해서는 먼저 개발하고자 하는 프로그램에 대한 필요성 검토, 즉 개발할 필요성에 대한 확인이 먼저 이루어져야 한다. 어떠한 이유에서 프로그램을 개발하게 되었는가에 대한 타당성 확인이다. 담당자의 필요성이나 조직 상사의 요구, 또는 외부(지역사회주민, 정부정책)의 요구에 의한 것이라도 프로그램개발의 필요성에 대한 명확한 확인 과정이 반드시 필요하다.

우선 실시하고자 하는 프로그램의 필요성을 확인하기 위하여 개발하고자 하는 프로그램의 주제, 목적 등을 명료화시키는 과정이 필요하다. 또한 이와 유사한 프로그램이 타 기관에서 현재 어떤 형태로 진행되고 있는지 그 특성을 분석하는 작업이 선행되어야 한다. 따라서 이와 관련하여 우선적으로 고려해야 하는 사항들은 기존의 프로그램과 기관의 상황 등이다. 특히 기존 프로그램에 대한 분석은 프로그램개발의 타당성을 확인하는 기초 작업이 될 것이다. 즉, 기관에서 현재 운영되고 있는 프로그램의 실태를 검토함으로써 차기 개발하고자 하는 프로그램의 필요성을 확인할 수 있으며, 타 기관에서 이루어지고 있는 유사프로그램과의 차별성을 분석하여 프로그램개발이나 개선의 필요성에 대한 타당성을 고려할 수 있기 때문이다.

이 단계에서는 프로그램개발을 하는 데 있어서 왜 이 프로그램이 개발되는지에 대한 필요성 검토 후 개발의 추진 여부를 결정하는 단계이다.

이 단계에서는 유사프로그램의 유무를 확인 후 차이점을 분석하는 것, 개발하는 과정에 있어 장애요인은 무엇이며, 프로그램이 개발된 후에 나타나는 기대효과는 무엇인지에 대해 분석한다.

〈표 3-1〉 프로그램개발 필요성 검토를 위한 활동지

<table>
<tr><th>구분</th><th colspan="2">내용</th></tr>
<tr><td>프로그램의 주제</td><td colspan="2"></td></tr>
<tr><td rowspan="3">프로그램 필요성</td><td>사회적요구</td><td></td></tr>
<tr><td>기관(조직)의 요구</td><td></td></tr>
<tr><td>개발자의 요구</td><td></td></tr>
<tr><td>프로그램개발의
궁극적 목적</td><td colspan="2"></td></tr>
<tr><td rowspan="3">기존 유사프로그램의
존재 여부와 차이점,
차별화 방안</td><td>유사프로그램 존재 여부</td><td></td></tr>
<tr><td>유사프로그램과의 차이점</td><td></td></tr>
<tr><td>차별화 방안</td><td></td></tr>
<tr><td rowspan="2">프로그램의
장애요인과
기대효과</td><td>장애요인</td><td></td></tr>
<tr><td>기대효과</td><td></td></tr>
</table>

3. 프로그램개발팀 및 자문위원회 구성

1) 프로그램개발팀 구성 및 역할 분담

새로운 프로그램개발의 필요성으로 추진여부가 결정되면 가장 먼저 프로그램개발팀(Program Development Team)을 구성하여 체계적으로 프로그램개발이 이루어져야 한다. 프로그램개발은 협동적, 집단적인 노력에 의해 완성되기 때문이다. 프로그램개발팀은 과정전문가, 현장전문가, 개발하고자 하는 내용전문가, 대외적 협상전문가로 의서의 자질과 능력을 갖춘 사람들로 구성되어야 프로그램개발 과정이 순조롭게 진행되며 좋은 프로그램이 개발될 수 있다.

프로그램개발팀 구성원은 주제에 따라 다소 차이가 있을 수 있지만 5~7인 정도가 가장 적당하다고 볼 수 있다. 구성원이 많다고 하여 더 가치 있는 프로그램이 개발되는 것은 아니다. 프로그램개발은 개발하기로 한 프로그램과 관련된 아이디어를 창출하여야 하는데 프로그램개발팀이 결성되면 워크숍(Workshop), 브레인스토밍(Brainstorming) 등을 통하여 프로그램 아이디어를 창출할 수 있다.

(1) 프로그램개발 운영팀 구성

(2) 책임자 임명

(3) 역할 분담

⑷ 추진일정관리

프로그램개발은 개발팀의 공동 활동이기 때문에 주요활동(진행상황)에 대한 일정관리가 필요하다. 다음 〈표 3-2〉는 주요활동에 대한 추진일정표이다.

〈표 3-2〉 추진일정표

주 요 활 동	기간											
월 / 활동	1월	2월	3월	4월	5월	6월	7월	8월	9월	10월	11월	12월
프로그램개발팀 구성 및 역할분담												
상황분석												
요구분석												
설계												
자원배분(교수자 섭외, 교육장소 결정, 수강료 책정)												
마케팅, 홍보												
프로그램 실행												
평가												
보고서 제출												

2) 자문위원회 구성 및 역할

프로그램개발은 협동적 의사결정과정이다. 프로그램개발팀 이외에도 프로그램개발에 관심을 갖는 사람들의 도움이 절실히 요구된다. 따라서 자문위원회는 좋은 프로그램개발을 위해 다양한 영역의 전문가와 프로그램개발과정에 도움을 줄 수 있도록 다양한 배경을 가진 사람들로 구성되어야 한다.

자문위원회를 조직할 때에는 기관에 대해 열정적이고 상징적인 이미지를 갖는 사람들로 구성하는 것이 필요하다.

또한, 자문내용의 내실화를 위해서는 형식적인 자문위원회가 되지 않도록 정례적인 모임을 갖도록 하는 것이 바람직하다. 특히, 자문위원회 구성에서는 개발하고자 하는 프로그램의 잠재적 학습자를 자문위원으로 참여시키는 것이 필요하다. 예를 들어, 노인 관련 프로그램개발이라면 노인을 자문위원으로, 청소년 관련 프로그램개발이라면 청소년을 자문위원으로, 직장인 관련 프로그램개발이면 직장인을 참여시켜 그들의 이야기를 들으면서 개발을 진행하는 것이 필요하다(이화정 외, 2003: 89).

다음은 자문위원회를 통해 얻을 수 있는 이점이다.

첫째, 자문위원회는 지역사회의 다양한 집단의 이익과 의견을 대표하며, 지역사회의 요구와 문제를 확인해 준다. 때로는 프로그램에 내포된 갈등을 예측한다. 둘째, 자문위원회가 프로그램개발에 참여함으로써 주민들은 자문위원회를 통해 자신들의 의사가 프로그램에 반영되었다는 생각을 갖게 되어 프로그램에 대해 신뢰성을 갖게 된다. 셋째, 때로는 프로그램에 필요한 편의시설정보 및 인적 자원의 목록도 제공한다. 넷째, 프로그램 계획에 참신하고 창의적인 아이디어를 제공한다. 다섯째, 자문위원회는 개발 프로그램에 대하여 종합적으로 평가하고, 일반인에게 프로그램을 홍보한다.

연구문제

1. 프로그램기획의 개념을 설명하시오.

2. 프로그램개발 필요성 검토단계에서 분석해야 할 내용을 설명하시오.

3. 프로그램개발을 위해 구성하게 되는 자문위원회를 통해 얻을 수 있는 이점을 설명하시오.

Step 1 활동지: 프로그램개발 타당성 분석-개발 필요성 검토 및 추진여부 결정

1단계에서는 프로그램개발을 하는 데 있어서 왜 이 프로그램이 개발되는지에 대한 필요성 검토 후 개발의 추진 여부를 결정하는 단계이다.

이 단계에서는 유사프로그램의 유무를 확인 후 차이점을 분석하는것, 개발하는 과정에 있어 장애요인은 무엇이며, 프로그램이 개발된 후에 나타나는 예상효과는 무엇인지에 대해 분석을 하여 본다.

- 프로그램의 주제: 조를 구성한 후 토의를 통해 관심주제를 선정한다.

  프로그램개발의 전 과정을 실습하기 위해 각 조는 반드시 프로그램으로 개발될 수 있는 주제를 정하도록 한다.

프로그램 필요성	사회적 요구	
	기관(조직)의 요구	
	개발자의 요구	
프로그램개발의 궁극적 목적		
기존 유사 프로그램의 존재 여부와 차이점, 차별화 방안	유사프로그램 존재 여부	
	유사프로그램과의 차이점	
	차별화 방안	
프로그램의 장애요인과 기대효과	장애요인	
	기대효과	

developing programs in lifelong education | chapter 04

상황분석

Step 2 기관분석/환경분석/잠재적 학습자 분석

[학습개요]

프로그램개발은 상황을 어떻게 인지하는가에 따라 프로그램의 유형을 결정짓는다. 따라서 프로그램과 관련된 모든 상황 즉, 기관환경, 외부환경, 잠재적 학습자를 파악하는 일은 매우 중요하다. 이러한 의미에서 기관의 내·외부 환경에 관한 SWOT분석 및 잠재적 학습자에 대한 분석은 그 해석 및 판단 또한 프로그램개발의 핵심적인 요소가 된다.

[학습목표]

1. 상황분석의 요소와 의미를 설명할 수 있다.
2. SWOT분석을 통하여 프로그램개발에 필요한 외부환경·내부자원 환경을 파악할 수 있다.
3. 잠재적 학습자에 대한 분석을 할 수 있다.

1. 기관분석/환경분석/잠재적 학습자 분석

이 단계에서는 프로그램개발 실시기관 분석과 환경분석(SWOT)을 파악하는 일이 필요하다. SWOT분석기법을 통하여 기관내부의 강점(S: Strength)과 약점(W: Weakness)을 파악하고 외부환경의 기회요인(O: Opportunity)과 위협요인(T: Threat)을 파악하며, 잠재적 학습자 분석을 통하여 상황분석이 가능하다.

1) 프로그램 실시기관 분석

기관분석이란 프로그램의 개발을 의뢰한 기관에 대한 분석이다. 즉, 프로그램을 개발하여 운영할 기관을 의미한다. 따라서 기관의 비전, 미션, 경영전략, 경영방침, 주요사업내용, 시설현황 등에 대한 분석이 반드시 필요하다. 거시적 관점에서 그 기관에 대한 분석뿐만 아니라 미시적 관점에서 개발 의뢰한 기관 내의 특정 본부나 특정 부서의 업무내용 등과 관련된 내용을 분석해야 한다.

〈표 4-1〉 기관분석 예시(수원시 평생학습관)

구분	내용
기관의 사명과 목표	• 사명: 누구나 살아가는 동안에 배움의 기쁨을 느끼고 나누며 그 배움으로부터 자신의 삶을 당당하게 만들고, 자신이 속한 지역사회의 변화를 도모할 수 있도록 다양한 학습 기회와 자원을 제공한다. • 목표: 당당한 삶을 지원하는 배움과 실천의 플랫폼
기관의 주요사업	• 강좌 기획 및 실행 • 학습 플랫폼 • 지역평생학습 네트워킹 • 조사 및 연구개발

<table>
<tr><th>구분</th><th colspan="6">내용</th></tr>
<tr><td rowspan="9">시설현황</td><th colspan="2">구분</th><th>좌석 수(석)</th><th>빔프로젝터</th><th>음향시설</th></tr>
<tr><td colspan="2">강당</td><td>254</td><td>○</td><td>○</td></tr>
<tr><td colspan="2">세미나실</td><td>40</td><td>○</td><td>○</td></tr>
<tr><td rowspan="2">중강의실(호)</td><td>201</td><td>34</td><td>○</td><td>×</td></tr>
<tr><td>301</td><td>30</td><td>○</td><td>×</td></tr>
<tr><td rowspan="3">소강의실(호)</td><td>202</td><td>16</td><td>프로젝션 TV</td><td>×</td></tr>
<tr><td>205</td><td>16</td><td>×</td><td>×</td></tr>
<tr><td>303</td><td>16</td><td>×</td><td>×</td></tr>
</table>

출처: 수원시 평생학습관 홈페이지.

2) 환경분석(SWOT분석)

환경분석이란 프로그램개발 과정에 대한 여러 가지 환경상황분석을 말하며, 환경분석의 경우에 SWOT분석을 통하여 외부/내부 환경을 파악할 수 있다.

SWOT기법은 기관의 내부환경과 외부환경으로 크게 둘로 나눈다. 그런 후 내부환경의 요인과 외부환경에 대하여 우리 조직에게 중요하게 영향을 미칠 수 있는 것을 선정한 후 현재와 미래에 어떻게 변화할 것인지를 예측해 본다. 그런 후 이 환경요인들이 우리에게 기회요인이 되는 것과 위협요인이 되는 것을 확인해 본다. 기회요인과 위협요인을 추출한 다음 대응전략을 세워 보고 기대효과는 어떤 것인지를 파악해 보면 내부환경과 외부환경을 분석하는 동시에 이에 대한 적절한 대응책도 수립할 수 있다(윤옥한, 2017).

〈표 4-2〉 SWOT 분석의 예

구분		내부환경	
		강점(Strengths)	약점(Weakness)
외부환경	기회 (Opportunities)	강점이면서 기회전략(Ⅰ: SO) 기회를 활용하기 위해 강점을 사용하는 전략 (aggressive strategy)	약점이면서 기회전략(Ⅱ: WO) 약점을 극복함으로써 기회를 활용하는 전략 (trrn around-oriented strategy)
	위협 (Threats)	강점이면서 위협전략(Ⅲ: ST) 위협을 회피하기 위해 강점을 사용하는 전략 (diversification strategy)	약점이면서 위협전략(Ⅳ: WT) 위협을 회피하고 약점을 최소화하는 전략 (defensive stategy)

(1) 조직내부분석

〈표 4-3〉 ○○기관 내부 환경분석 사례

영역	강 점(S: Strength)	약 점(W: Weakness)	해결방안
행 정	• 소수 인원으로 의사 결정이 용이하여 신속한 업무처리 가능	• 한사람에게 과도한 업무 편중됨 • 개개인에 높은 전문적 능력 요구	• 자원봉사자 활용 • 복지 실습생 활용
조 직	• 조직의 구성원의 전문성이 강함(평생교육사 및 사회복지사 자격 소지자) • 회원제로 체계적이고 소속감 있는 관리	• 건강상의 이유 등 개인적인 사정으로 중도에 포기하는 경우가 생김	• 교육생 선발 시 신중하게 검토 • 가족적인 분위기 조성을 위해 모임 지원
재 정	• 정부의 지원금 보조	• 관련기관의 증가로 지원금의 수혜폭 감소 우려 • 지원금만으로 운영예산 충당 부족	• 기업체 및 개인의 후원금 유치하여 극복 • 중산층의 교육생에게는 회비를 받아 예산 확보
프로그램	• 전문지식을 갖춘 조직원이 많음으로 맞춤 프로그램개발 용이 • 전문적인 교수자 보유 • 취업 전 실습으로 인한 자신감 고취	• 노인들이 새로운 교육에 대한 두려움으로 원활한 프로그램 운영이 어려움 • 실력 있는 교수자는 높은 인건비를 지급해야 함	• 노인들의 자신감 고취 • 지속적인 상담 관리 • 차량 운행 • 복지 마인드가 있는 전문적인 교수자 섭외

〈조직내부분석 활동지〉

영역	강 점(S: Strength)	약 점(W: Weakness)	해결방안
행 정			
조 직			
재 정			
프 로 그 램			

(2) 외부 환경분석

〈표 4-4〉 ○○기관 외부 환경평가 사례

환경변화 요인	기회 (O: Opportunity)	위 협 (T: Threat)	대응방안
지역적 요인	• 아파트 밀집지역 • 교통이 편리 • 인근지역과의 접근성 용이 • 정부대전청사, 특허 법원, 시청 등 행정의 중심지	• 교통이 편리하여 프로그램 수강을 위해 인근 인지도 높은 기관으로 유출 우려	• 질 높은 프로그램개발 • 홍보 강화 • 주말 프로그램개발
환경적 요인	• 중산층이 많음 • 유아교육기관이 많음	• 문화센터 등 유사기관 많음 • 다른 기관의 노인 참여 프로그램이 많음	• 취업 위주의 프로그램임을 강조한 홍보
사회·문화적 요인	• 노인의 경제적 자립욕구 증가 • 개인의 자아실현 욕구 증가 • 종합복지관, 노인복지회관 등 노인시설, 경로당 등 206개소(다양한 교수자 섭외 가능)	• 맞벌이 부부가 많아서 자신의 손자를 돌보느라 노인들의 참여 기회가 제한될 수 있음	• 취업 유아교육기관에 자신의 손자도 같이 돌볼 수 있도록 배려
재정적 요인	• 정부의 정책적 지원으로 재정 확보 용이 • 대전시의 다른 구에 비해 서구의 경우 재정이 풍부	• 관련기관이 많아서 큰 기관에 대한 재정의 편중이 있을 수 있음	• 지역기업의 후원 유도 • 관련기관과의 긴밀한 연계를 위한 적극적 노력 • 타 지역의 성공사례를 들어 교육의 효과성 피력
타 기관과의 연계	• 취업이 연계될 유아교육기관과의 맞춤교육 용이 • 노인기관 간 교류가 활발하므로 정보공유 용이	• 아직 노인취업에 대한 인식 부족으로 취업할 곳 부족 • 각 기관의 운영에도 바쁘기 때문에 타 기관 프로그램에 무관심	• 상호 도움을 줄 수 있도록 각 기관과의 활발한 교류 노력

〈외부환경분석 활동지〉

환경변화 요인	기 회(O: Opportunity)	위 협(T: Threat)	대응방안
지역적 요인			
환경적 요인			
사회·문화적 요인			
재정적 요인			
타 기관과의 연계			

3) 잠재적 학습자 분석

(1) 잠재적 학습자 분석의 필요성

평생교육 프로그램의 참여대상은 학교교육과 달리 매우 다양하고 교육 참여에 강제성이 거의 없다. 따라서 학습자들에게 도움이 되는 프로그램이 제공되더라도 이들의 적극적인 참여를 장담할 수 없다. 그러므로 프로그램개발단계에서는 누구를 위한, 누구를 대상으로 하는 프로그램인지를 명확히 해야 한다. 또 개발할 프로그램에 참여가 예상되는 잠재적 학습자들의 학력, 소득, 연령, 성별, 거주지역 등과 같은 다양한 특성을 분석함으로써 프로그램의 홍보, 편성 및 운영 등을 좀 더 효과적으로 수행할 수 있다.

(2) 잠재적 학습자 분석 시 고려사항

잠재적 학습자 분석은 프로그램을 개발하기로 상황분석 단계에서 결정하고 난 다음에 진행하는 요구분석 단계와는 차이가 있다. 즉, 잠재적 학습자 분석은 프로그램을 개발할 것인지에 대한 여부를 결정하는 데 필요한 자료수집 차원에서 이루어진다는 점에서 프로그램개발에 직접적으로 필요한 학습자들의 요구를 분석하는 요구분석단계와 구분된다.

평생교육 프로그램의 참여대상이 정해지면 이들의 특성을 분석해야 한다. 잠재적 학습자를 분석할 때에 고려해야 할 사항들은 다음과 같다

첫째, 학습자의 연령, 성별과 같은 생물학적 특성을 분석해야 한다. 평생교육은 다양한 연령층의 학습자들을 대상으로 하는데, 이들이 살아오면서 경험한 것은 중요한 학습자원으로 다루어진다. 또 학습자의 지각 및 운동적 특성도 분석해야 한다. 자연스러운 노화의 과정뿐만 아니라 여러 이유로 장애가 있는 학습자들의 특성을 파악하여 이들에게 적합한 수업방법이나 자료를 제시할 수 있다.

둘째, 학습자의 교육수준, 선행지식, 선행경험 등과 같은 교육적 배경뿐만 아니라 다양한 사회·경제적 특성을 분석해야 한다. 이를 통하여 학습자에게 적합한 교육내용과 방법을 선정하여 학습의 효과를 높일 수 있다.

셋째, 학습자의 학습동기, 선호하는 학습유형, 학습에서의 불안감 등과 관련되어 있는 태도, 가치관, 신념, 흥미, 학습선호도 등과 같은 정의적 특성을 분석함으로써 이를 통하여 학습자의 성향에 맞는 학습유형을 제시할 수 있고 학습동기도 유발할 수 있다.

(3) 잠재적 학습자 분석을 위한 매핑(mapping)

매핑의 사전적 의미는 '경계를 잘라 정하다'로 구체적이며 일정한 기준에 의해 경계를 정하여 구획하는 것을 말한다. 잠재적 학습자집단을 분석하는 것은 평생교육기관이나 평생교육 실무자가 앞으로 개발할 평생교육 프로그램에 참여가 예상되는 잠재적 학습자집단의 특성을 파악하여 대체적인 윤곽을 결정하는 것을 말한다. 프로그램개발과정에서 잠재적 학습자집단을 분석하기 위한 매핑의 방법에는 사회체제분석(social system analysis), 사회계층화(social stratification), 사회적 차별화(social differentiation), 문화분석(cultural analysis) 등이 있다(Boone, 1985: 94-102; 김진화, 2001: 189 재인용).

이 가운데 사회적 차별화 매핑기법은 평생교육에서 잠재적 학습자를 분석할 때 많이 사용되는데, 주로 연령, 성별, 사회적 역할, 사회경제적 상태, 교육경험 등과 같이 사회구성원이 가진 고유한 특성에 의해 구분한다(김진화, 2001: 190-191).

잠재적 학습자의 특성은 나이, 교육수준 등의 일반적 특성과 가르치고자 하는 교수내용에 대한 지식정도, 선수학습능력 정도, 학습동기 유형 등 구체적 특성으로 파악한다.

Step 2 활동지: 상황분석

2단계에서는 프로그램개발에 필요한 기관환경분석/외부환경(지역사회)/ 잠재적 학습자 분석을 파악하는 일이 필요한 것이다. 예를 들면, SWOT분석기법을 통하여 기관내부의 강점(S: Strength)과 약점(W: Weakness)을 파악하고 외부환경의 기회요인(O: Opportunity)과 위협요인(T: Threat)을 파악함으로써 기관의 내부/외부의 상황분석을 할 수 있다.

1. 프로그램 실시 기관의 조직 분석

여기에서는 기관의 설립 및 운영 목적, 기관의 주요사업, 시설 현황 및 강점과 약점 등을 분석할 수 있다.

영역	강 점(S: Strength)	약 점(W: Weakness)	해결방안
행 정			
조 직			
재 정			
프 로 그 램			

2 기관 외부환경분석

여기에서는 기관외부의 환경변화에 대하여 기회와 위협 등을 분석할 수 있다.

환경변화 요인	기 회(O: Opportunity)	위 협(T: Threat)	대응방안
지역적 요인			
환경적 요인			
사회 · 문화적요인			
재정적 요인			

환경변화 요인	기 회(O: Opportunity)	위 협(T: Threat)	대응방안
타 기관과의 연계			

3. 잠재적 학습자 집단 분석

여기에서는 잠재적 학습자 집단에 대한 기본적 특성을 분석한다.

목표집단의 특성	분석 내용
연령층	
참여 예상 인원 수	
성 별	남: 여:
교육수준	중졸: 고졸: 대졸: 대학원졸:
잠재적 학습자 간의 유사점 및 차이점	• 직업 • 연령 • 학력 • 성별 • 사회적 역할 • 사회경제적 수준
프로그램 참여목적(동기)	
목표집단의 과거 유사한 교육경험 여부	

developing programs in lifelong education | chapter 05

프로그램 요구분석 및 요구우선순위 결정

Step 3 프로그램 요구분석 및 요구우선순위 결정

[학습개요]

프로그램개발자는 수요자들의 요구(Needs)에 대한 사전 조사와 분석을 통해 학습자들의 관심사를 프로그램에 적극 반영하여야 좋은 프로그램을 만들 수 있다.

그러나 모든 요구를 프로그램에 반영할 수 없기 때문에 분석된 요구를 프로그램으로 편성하기 위해서는 요구의 우선순위 결정 방법에 대한 이해도 필요하다.

[학습목표]

1. 요구분석의 필요성 및 유형에 대하여 설명할 수 있다.
2. 요구 사정의 절차에 의하여 요구 사정을 실시할 수 있다.
3. 설문지, 면접지, 관찰법, 핵심집단토의법의 도구를 제작할 수 있다.
4. 요구의 우선순위를 결정하여 프로그램에 필요한 요구를 선정할 수 있다.

1. 요구분석의 개념 및 특성

1) 요구분석의 개념 및 필요성

요구는 평생교육 프로그램을 개발하기 위한 시작 단계이다. 평생교육 상황분석을 실시한 후 이에 기초하여 보다 상세하게 학습자의 평생교육의 필요사항을 탐색하는 것이 요구분석이다.

요구(Needs)는 일반적으로 현재 상태(What It Is)와 바람직한 상태(What Should Be) 간의 격차로 정의한다. 어떤 의미에서 요구는 문제(Problems)와 동일한 의미로 해석되며, 요구분석은 요구사정, 차이분석, 전단분석, 격차분석 등의 다양한 이름으로 사용된다. 이는 프로그램개발의 초기 단계에서 목표를 설정하고, 교육내용을 결정하기 위하여 필수적으로 수행해야 하는 활동이다. 그리고 요구분석은 교육프로그램을 개발하기 전에 문제를 확인하는 방법이다. 즉, “요구”란 현재 상태와 바람직한 상태 간에 격차가 있는 경우를 말하는 것으로서, 그러한 격차를 결정하고 그것의 본질과 원인을 점검하고, 문제의 우선순위를 찾는 체계적인 행위이다. 이러한 요구는 현재 피상적으로 감지된 요구일 수도 있고, 실제로 발생하여 곤란을 야기하는 것일 수도 있으며, 장차 일어날 조짐이 보이는 것일 수도 있다. 문제가 무엇이든 간에 불확실한 문제의 본질을 규명하고, 그 문제를 해결할 수 있는 가장 적절한 방안을 모색하고자 하는 활동이 바로 요구분석이다(윤관식, 2008: 64).

요구를 그림으로 표시하면 **[그림 5-1]**과 같다.

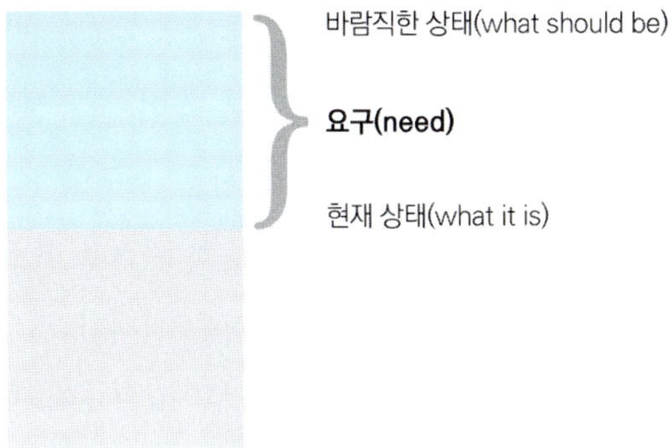

[그림 5-1] 요구의 정의

요구조사는 잠재적 학습자의 평생교육 프로그램에 대한 필요점을 조사·분석하는 과정이다. 또한 요구조사는 평생교육사의 전문성에 기초하여 이루어지는 전문 영역의 활동이다. 하지만 평생교육사는 잠재적 학습자가 요청하는 사항을 요구로 보고 평생교육 프로그램에 반영하지 않는다. 왜냐하면 잠재적 학습자가 요청하는 사항은 중요하지만 그 자체가 요구는 아니다. 잠재적 학습자가 요청하는 사항은 평생교육에 대한 '바람(Wants)'이다. 잠재적 학습자가 바라는 것이 반드시 학습자에게 필요한 것은 아니다(권대봉, 2017). 따라서 평생교육사는 잠재적 학습자가 원하는 사항을 조사하고 분석하지만 요구의 개념과 분석의 방법을 활용하여 교육 필요점을 찾는 것이 필요하다(현영섭, 2011).

따라서 평생교육 요구분석과 관련된 전문적 역할과 역량을 평생교육사가 갖추어야 하고, 이를 토대로 요구분석에서의 전문적 활동을 전개해야 한다.

2) 요구조사의 대상과 범위 선정

요구조사 기획은 누구를 대상으로 실시할 것인지와 요구조사의 범위는 어느 수준까지 할 것인지를 정하는 것에서 출발한다.

(1) 요구조사의 대상

요구의 네 가지 관점 중에서 어떤 것을 적용할 것인지를 정하고 나면 그에 따라 1차 요구조사 대상을 선정한다. 1차 요구조사 대상은 요구의 관점 중에서 어떤 관점을 갖는가에 따라서 결정된다. 결핍의 관점과 민주적 관점은 프로그램의 잠재적 학습자가 주요 요구조사 대상이다. 이전에 유사한 과정을 실시한 경우에는 그 프로그램에 참여했던 학습자도 요구조사의 대상이 된다. 이 경우 요구조사가 평가의 성격을 갖게 된다. 진단적 관점은 직무의 수행 원칙이나 과정, 조직의 운영 원리 등에서의 문제가 발생될 때, 이를 진단하고 필요한 교육을 계획할 것을 요청한다. 따라서 누구에게 요구조사를 할 것인지는 진단과 분석을 맡아서 하게 될 전문가에게 결정하도록 한다. 대부분의 경우 직무수행자, 조직운영자 등이 요구조사의 1차 대상이 된다. 평가적 관점은 분야 전문가의 의견에 기초하기 때문에 요구조사 1차 대상은 분야 전문가이다(현영섭, 2011).

(2) 요구조사의 범위

요구조사의 범위는 평생교육기관의 전체 프로그램과 단위 프로그램으로 구분된다. 일반적으로 요구조사라고 하면 전체 프로그램을 범위로 한다. 전체 프로그램을 범위로 하는 것은 다수의 프로그램 또는 프로그램과 관련된 내용들에 대한 요구조사를 실시하는 것이다. 단위 프로그램 범위에서 조사하는 것은 하나의 프로그램을 정하고 그 프로그램에 교육내용으로 포함된 항목에 대한 요구를 조사하는 것이다.

대부분의 요구분석에서는 전체 프로그램의 범위에서 요구조사를 실시한다. 예를 들어, 평생교육기관에서 기존에 실시하던 프로그램 전체에 대한 요구조사를 실시한다. 그러나 이런 방식은 새로운 프로그램에 대한 요구조사를 실시하지 못한다는 한계점이 있다. 그래서 상황분석 등을 통하여 새롭게 추가하려는 프로그램의 목록을 요구조사지에 추가한다. 즉, 기존의 프로그램에 새롭게 추가할 것으로 계획하는 프로그램 등을 함께 넣어서 요구조사를 실시한다.

2. 요구분석의 계획

1) 요구분석에 필요한 정보의 출처 선정

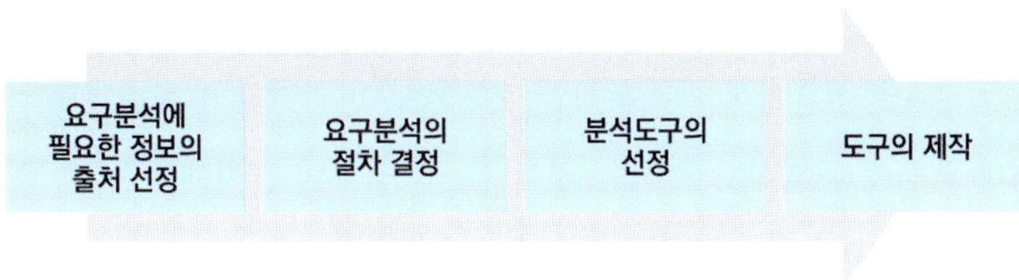

[그림 5-2] 요구분석의 계획 절차

일단 요구분석의 상황과 목적이 결정되면, 누가 필요한 정보를 가지고 있는지 정보의 출처를 확인해야 한다. 즉, 어디에 그 정보가 있는가, 그 자료를 얻는 데 장애요인은 무엇인가 등에 관한 사항을 결정할 필요가 있다. 정보의 출처는 요구분석 상황에 따라 달라진다. 예를 들면, 고객에 대한 서비스 개선과 관련된 요구를 분석할 때 면담을 실시한다고 하면, 누구를 대상으로 면담을 할 것인가에 대해 계획을 세워야 한다. 물론, 모든 사람을 면담하면 좋겠지만 그것은 시간과 여건상 불가능한 일이므로 가장 정확한 정보를 얻을 수 있는 대상을 선정해야 한다. 또한, 요구분석으로 얻은 결과를 실행하는 데 협조가 필요한 대상이 있다면, 그 대상들을 요구분석 과정에 포함시킴으로써 요구분석 과정을 알릴 필요가 있다(오인경, 2005: 41-42).

일반적으로 요구 사정의 출처는 교육 대상자 본인뿐만 아니라 교육대상자의 상사, 그 프로그램을 운영하는 데 비용을 부담하는 스폰서 등이 포함되어야 한다. 또한 교육대상자의 후배, 부하도 포함될 수 있다.

2) 요구분석의 절차결정

효과적인 요구분석을 위해서는 여러 출처들에게 반복적으로 질문을 던질 수 있어야 한다. 대부분의 경우 단 한 번에 대규모적 방법을 이용하여 문제나 상황을 파악하려 하는데 이는 잘못이다. 효과적인 방법은 다양한 요구사정 도구(면담, 관찰, 소집단회의, 설문지 등)를 이용하여 출처들과 반복적으로 만남으로써 매번 만날 때마다 조금씩 사건의 핵심에 근접하도록 하는 것이다. 즉, 정보의 출처에게 어떤 도구를 사용해서 요구사정을 할 것인가를 결정하는 것이다.

3) 분석도구의 선정

요구분석의 도구에는 다음과 같이 여러 가지가 있는데, 각각의 요구분석의 도구가 가지고 있는 특성 및 장·단점을 파악하여 요구분석을 하는 데 적합한 도구를 선정하여야 한다.

(1) 설문조사법(Questionnaire)

설문조사의 방법은 구체적인 목적을 가지고 정보를 얻기 위해, 질문지를 출처들에게 배포한 후 작성이 끝난 질문지를 수거하여 그 자료를 분석하는 방법이다. 설문조사는 다수의 사람들이 문제나 상황에 대해 어떻게 생각하고 받아들여지고 있는지를 알아내고자 할 때 자주 쓰이는 요구분석 도구이다. 설문조사는 무기명으로 이루어질 수 있고 솔직한 의견을 알아내는 데 유용하게 쓰일 수 있으므로, 원인, 느낌, 해결의 요구분석 목적에 관한 정보를 탐색하는 데 효율적인 도구가 될 수 있다. 또한, 비용이 비교적 적게 들며, 조사자의 특별한 도구사용 능력 없이 이용될 수 있고, 양적인 데이터를 끌어내는 데 용이하므로 널리 이용되고 있는 도구이다. 반면, 효과적인 질문을 만드는 데 어려움이 있으며, 회수율이 낮거나 답변이 성의 없이 이루어졌을 때는 결과 분석 시 정확도가 떨어질 수 있으므로 주의해야 한다.

(2) 면담법(Interview)

면담은 모든 요구분석의 목적에 관한 정보를 수집하는 데 적절하므로, 요구 분석 시 가장 일반적으로 사용될 수 있는 도구이다. 면담은 융통적이고, 상호작용적이며, 동시적인 특성을 가지고 있다. 따라서 면담을 수행하는 동안 관련자들과 직접 접촉하여 문제를 공유할 수 있고, 문제해결을 위한 대화의 기회를 가질 수 있다. 또한, 면담이 일어나는 동안 예상하지 못했던 정보를 얻을 수 있으며, 질적으로 깊이 있는 자료를 수집할 수 있다. 하지만 정보를 양적으로 측정하는 데는 어려움이 있으며 조사자의 편견이 삽입되지 않도록 주의하여야 한다.

[그림 5-3] 요구분석을 위한 면담

(3) 관찰법(Observation)

'최적'의 작업수행을 탐색하고, 작업에 관한 자세한 자료를 얻고, 더 나아가서 문제의 '원인'을 추론하고자 할 때 관찰을 시행할 수 있다. 관찰의 특성은 첫째, 융통성이 있다. 관찰을 수행하기 전에 얻고자 하는 정보의 양보다, 좀 더 많은 정보를 습득할 수 있다. 둘째, 작업에 대해 좀 더 직접적으로 느끼고 배울 수 있다. 말로만 들어 왔던 사실들을 확인함과 동시에, 관련자들이 느끼는 상황을 직접 체험할 수 있으므로 깊은 정보를 찾을 수 있다.

(4) 핵심집단 회의법(Focus Group Discussion)

핵심집단 회의란 3~4명 이상의 사람들이 목적을 가지고 모여서 서로 상호작용을 하는 것이다. 핵심집단 회의는 문제에 대해 서로 다른 관점에서 종합적인 견해와 동의를 이끌어내는데 용이하다. 또한, 참여자를 통해서 정보를 얻고, 공유하고, 문제에 대한 공감대를 형성시킬 수 있다. 이러한 도구의 특징은 '최적' '실제' '원인' '느낌' '해결'의 요구분석 목적 전반에 관한 의견을 수렴할 수 있다는 것이다. 주제 관련 전문가들이 참석한 회의에서는 '최적'에 관한 전반적인 그림을 도출하고, 문제의 다양한 대안들을 살피고, 대안에 대한 범위와 중요도에 따른 우선순위를 결정할 수 있다. 반면, 현장에서 작업을 담당하고 있는 참석자들 간의 시간을 조정하는 문제 그리고 핵심집단 회의를 이끄는 데 필요한 기술적인 문제가 도구 선택 시 고려되어야 한다.

요구분석 도구의 선정 시 다음 〈표 5-1〉을 참고로 하여 선정할 수 있다.

〈표 5-1〉 분석도구 가이드

목 적	분석도구
많은 사람의 여론이나 정보수집 분석을 위한 계수적 자료 준비	설문조사법
대상에 대한 심도 있는 정보수집	설문조사 및 관찰법
의논하기가 어렵고, 복잡하며, 감성적인 주제	면담 및 핵심집단 회의법
반항적이거나 무관심한 사람들의 지지 확보 대상 집단과 그들의 관리자를 알기 위함	면담법
프로그램용 문서, 역할연기 대본, 사례수집	면담/관찰/핵심집단 회의법
대상의 실제 직무 인식 대상자들에게 필요한 특정 학습의 높은 정확도 확인	관찰법

4) 도구의 제작

(1) 설문조사법(Questionnaire)

문항을 작성할 때는 문항의 유형, 문제가 무엇인지 증거를 제시하는 문항, 문제의 원인 및 원인에 대한 자세한 세부상황, 느낌과 동기, 응답자에 관해서 질문의 내용을 작성한다. 설문지의 형태는 선택형, 체크리스트형, 평정척도형, 개방형 설문지 등의 형태로 구분할 수 있는데 조사의 목적 및 상황에 맞게 선정하여 설문지를 개발한다.

설문지를 작성할 때 다음의 원칙을 적용하여 작성한다.

① 누구로부터 어떤 정보를 필요로 하는지 밝힌다.

② 효과적인 문항을 작성한다.

③ 지시사항을 알기 쉽게 작성한다. 문장이 짧고 간략하게 작성한다.

④ 인사말을 작성한다. 인사말은 짧게 사실적으로 표현한다.

⑤ 질문지 작성자를 위한 체크리스트 등을 활용한다. 체크리스트를 활용하여 질문지가 잘 작성 되었는가를 확인한다.

⑥ 타당성을 검증한다.

〈선택형 설문지 예시 1〉

지역 주민들께:

안녕하십니까. 여러분들은 천안에 위치하고 있는 ○○대학교 평생교육원을 알고 계십니까. 이곳에서는 이미 여러분을 위한 다양한 프로그램들을 기획하고 제공해 왔습니다. 더욱 좋은 프로그램으로 여러분을 모시기 위해 여러분의 좋은 의견들을 기다리고 있습니다. 다음의 질문들에 성의껏 답해 주시면 감사하겠습니다.

1. 당신이 참여했던 백석대학교의 평생교육원 프로그램에 관심을 가지고 있습니까.
   □ 예　　□ 아니오.

2. 과거 여러분은 대학 캠퍼스 내의 프로그램에 참여한 적이 있었습니까.
   □ 예　　□ 아니오.

3. 당신이 가장 흥미를 가지고 있는 주제는 어떤 것입니까. (문학, 시사, 음악, 미술, 과학 등) 당신의 관심 영역을 써 주시기 바랍니다.
( )

4. 저희 프로그램의 기획에 있어서 도움이 될 만한 충고를 해 주신다면 감사하겠습니다.
( )

〈체크 리스트형 설문지 예시 2〉

당신이 배우기를 원하는 항목에 모두 체크하시오.
- 치매에 걸린 노환자의 일상적인 관리방법에 대해 알고 싶다. ( )
- 학력이 다른 노인 학습자들을 다루는 방법에 대해 알고 싶다. ( )

〈평정척도형 설문지 예시 3〉

1. 다음의 척도를 기준으로 여가활동에 대한 여러분의 참여도를 평가하고자 합니다. 해당되는 번호에 ○표를 해 주시기 바랍니다.

매우 가끔 한다. 1 가끔 한다. 2 보통이다. 3 자주한다. 4 매우 자주한다. 5

여가활동 유형	여가활동 참여도
1) 장기, 바둑, 화투	1 - 2 - 3 - 4 - 5
2) 서예, 독서, 학습	1 - 2 - 3 - 4 - 5
3) 탁구, 당구, 테니스 등 스포츠 활동	1 - 2 - 3 - 4 - 5
4) 수영, 낚시, 등산	1 - 2 - 3 - 4 - 5
5) 음악, 미술, 연극 감상	1 - 2 - 3 - 4 - 5
6) 사진촬영, 우표 및 고전수집	1 - 2 - 3 - 4 - 5
7) 산책, 조깅	1 - 2 - 3 - 4 - 5
8) 다도, 꽃꽂이	1 - 2 - 3 - 4 - 5
9) 동창회, 친목회, 향우회	1 - 2 - 3 - 4 - 5
10) 소풍, 관광여행	1 - 2 - 3 - 4 - 5
11) 정치 활동, 종교 활동	1 - 2 - 3 - 4 - 5

〈개방형 설문지 예시 4〉

1. 더 필요한 요구는 무엇입니까?
   (   )

2. 기타로 하고 싶은 이야기는 무엇입니까?
   (   )

〈질문지 작성 체크리스트〉

인사말
- ◇ 목적
- ◇ 보낼 주소
- ◇ 대상에 적합한 말
- ◇ 질문 대상자로 뽑힌 이유
- ◇ 응답해야 할 이유
- ◇ 언제 어떻게 보내는 방법
- ◇ 감사

지시사항
- ◇ 간단
- ◇ 명료
- ◇ 대상에 적합
- ◇(필요하면)정의 내림
- ◇(필요하면)"예시" 제시

문항
- ◇ 한 문항에 한 개의 목적
- ◇ 각 문항은 다른 문항과 연계됨
- ◇ 우선적으로 선택형 질문 형태
- ◇ 개방 응답 유도하기 위한 절충형 질문

사용
- ◇ 강조법, 밑줄, 여백의 적절한 사용
- ◇ 척도와 질문 유형의 일관성
- ◇ 직무나 과제의 의미에 따른 문항 집단화
- ◇ 번호(문항과 페이지)붙이기
- ◇ 대상의 교육수준과 흥미에 적합한 말 사용
- ◇ 가능하면 자료처리 담당자와 상의
- ◇ 지문의 충분한 검토, 테스트

〈설문지 작성 예〉

〈청소년 비전 프로그램 설문지〉

저희 ○○ 하자센터에서는 고등학생을 대상으로 하는 청소년 비전체험 프로그램개발을 위해 고등학생을 둔 학부모님들을 대상으로 설문조사를 통해 의견을 반영하고자 합니다.

여러 업무로 바쁘시겠지만, 5~10분 정도의 시간을 내시어 설문지에 답을 해 주시면 프로그램개발에 있어서 큰 도움이 될 것이라고 생각합니다. 본 설문의 결과는 연구목적 이외에는 사용되지 않을 것을 약속드립니다.

기 간	~
장 소	○○하자센터
대 상	고등학생을 둔 학부모
방 법	- 고등학생을 둔 학부모를 대상으로 한다. - 기본조사항목 외 5항목 이상 내용을 정한다.

- 성별: (남 / 여)
- 귀하의 현재 나이는? (　　　세)　　　　- 귀하의 자녀의 나이는? (　　　세)

1. 귀하는 자녀가 어떠한 직업을 원하는지 알고 계십니까?
   ① Yes　　② No
   ※어떠한 직업을 원하는지 기재 바랍니다. (　　　　　　　　)

2. 귀하는 자녀가 하고 싶어 하는 직업에 동의하십니까?
   ① Yes　　② No

3. 동의하지 않으신다면, 부모님은 어떠한 직업을 원하십니까?
   -

4. 귀하는 자녀가 직업체험 프로그램에 참여하는 것을 찬성하십니까?
   ① Yes　　② No

5. 직업체험 프로그램 참여에 반대하신다면 그 이유는 무엇입니까?
   -

6. 귀하는 유망 직업에 대하여 어느 정도 알고 계십니까?
   ① 잘 알고 있음　　② 잘 알지 못함
   ※잘 알고 있다면, 그 직업과/이유는 무엇입니까? (　　　　　　　　)

7. 귀하의 자녀가 청소년 직업체험 프로그램과 유사한 경험을 한 적이 있습니까?
   ① 있음　　② 없음

- 설문에 응해 주셔서 감사합니다 -

(2) 면담법(Interview)

① **면담의 단계**

단계1: 면담을 위한 준비

가. 면담의 목적을 파악한다.

나. 안건 (Agenda) 또는 면담지침을 작성한다.

〈면담 양식〉

면담자:
응답자: 직책: 경력:
면담일시: 시작: 끝:
프로그램명:

Ⅰ. 소개
- 본인 소개
- 프로그램 소개와 면담 목적

Ⅱ. 면담 내용

목적	핵심단어/문장	응답

Ⅲ. 면담 마무리
- 응답자의 질문이나 요구사항은 없는지
- 오늘의 면담으로 교육과정 개발에 많은 도움이 될 것임을 밝힌다.
- 혹시 필요하다면 다음 약속은 언제가 좋은지 연락처
- 바쁘신데 시간... 감사

다. 주제 또는 과제연구

면담 주제 또는 과제에 대하여 연구한다.

라. 사려 깊게 스케줄을 작성

응답자가 편하게 면담할 수 있는 장소, 시간을 정한다.

단계2: 면담의 시작

신뢰를 구축하면서 시작한다.

단계3: 면담의 수행

가. 질문

질문의 형식에는 개방형 질문, 구조화된 질문, 거울방식 질문(feedback 질문)이 있다.

나. 기록

단계4: 면담의 마무리

- 응답자에게 말할 기회를 주며
- 말한 것에 대하여 요약하며
- 면담의 내용의 유용성에 대하여 이야기하며
- 미래의 일에 대하여 약속하며
- 면담에 대한 감사의 표시를 한다.

〈면담법의 예시〉

• 대상: ○○고등학교 1학년 여학생 학부모님
안녕하십니까? 저희는 이번에 청소년들의 성교육을 위해서 "시흥시 청소년 수련관" 에 부설로 생기게 된 "성교육 센터"입니다. 이번 저희 센터가 생기면서 성교육 프로그램을 기획하고 있습니다. 바쁘시더라도 잠깐 시간을 내 주셔서 면접에 응해 주셨으면 감사하겠습니다. Q: 학부모님께서는 청소년 시절 학교나 부모님에게 성교육을 받아 보신 적이 있습니까?   Q: 성교육을 받으셨다면 어떤 내용에 대한 성교육을 받으셨습니까?

Q: 학부모님께서는 귀하의 자녀와 성에 대해서 이야기해 보신 적이 있으십니까? 있으시다면 어떤 내용에 대해서 이야기하셨습니까?

Q: 특별히 저희 프로그램개발에 있어서 다루어 줬으면 하는 내용이 있으시다면 이야기해 주시겠습니까?

(3) 핵심집단 회의법(Focus Group Discussion)

① 핵심집단 회의의 단계

단계1: 회의를 준비한다.

가. 소집의 목적이 무엇인지를 분명히 한다.

나. 목적달성을 위한 아젠다(Agenda)를 작성한다.

<아젠다(Agenda)에 포함할 사항>

- 참가자와 그들의 역할
- 회의의 목적과 내용, 회의의 결과 활용
- 진행의 규칙
- 회의의 시간, 장소

다. 참가자를 선정하고 역할을 나눈다.

- 누가 참여하고 몇 명의 참가자가 필요한가를 결정한다.
- 누가 리너사 될 것인가?
- 누가 서기가 될 것인가?

라. 회의 장소와 도구를 준비한다.

단계2: 집단회의를 시작한다.

- 교육전문가 소개, 회의 진행자 및 진행요원 소개
- 참석자의 본인 소개

• 참석자의 역할, 회의의 목적, 진행규칙, 시간 등을 이야기한다.

단계3: 회의를 진행한다.

• 목적을 점검한다.
• 개인의 참여를 유도
• 토의를 구체적으로 리드한다.

단계4: 회의를 마무리 한다.

• 추가 검토사항 정리
• 감사의 말
• 앞으로의 계획

단계5: 추후 활동을 한다.

〈핵심집단 회의법의 예〉

산업체용 진로교재개발 FGI 질문지

1. 대학생이 대학생활을 통해 어떤 능력을 갖추어야 한다고 생각합니까?
   (학점, 인성, 자격증, 외국어, 인턴십, 공모전, 인간관계, 리더십, 경력)

2. 여러 가지 능력 중 귀사에서 가장 중요하게 생각하시는 것은 무엇입니까?
   (인성/지식/가치관(태도)/비전(꿈)...)
   - 기업에서 원하는 가치관은 무엇인지요?
   - 기업에서 원하는 지식과 기술은?
   - 기업에서 환영하는 인재 스타일은?

3. 귀사에서는 인재채용 면접 시 주로 어떠한 항목을 중요하게 다루시는지요?
   (이미지/튀는 이력 및 경력/성격의 장단점)

4. 준비된 인재가 되기 위해서 대학에서는 학생들에게 무엇을 해 주어야 한다고 생각하십니까?

5. 또한, 학생들은 이를 위해 무엇을 준비해야 한다고 생각하십니까?

6. 취업 시 본인의 전공분야와 일치하거나 좋아하는 일을 파악하고 지원한다고 생각하십니까? 그렇지 않을 경우 그들의 직장생활 태도(만족도/이직률)는 어떻습니까?

7. 대학의 경쟁력 강화를 위해 꼭 필요한 교육은 무엇이라고 생각하십니까?

8. 학생시절로 돌아가 성공적인 대학생활은 무엇이라고 생각하며, 후배들에게 해 주고 싶으신 말씀이 있으시다면?

(4) 관찰법(Observation)

① 관찰의 단계

1단계: 관찰을 준비한다.

- 목적 설정
- 관찰방법 결정
- 관찰가이드 설계

2단계: 자신을 관찰 환경 속에 소개한다.

3단계: 관찰을 시행한다.

- 천장에 달려 있는 파리처럼 관찰한다. 즉, 관찰사항에 영향을 미치지 않고 관찰하여야 한다.
- 1단계 관찰을 하고 미심적인 부분은 2단계 관찰을 한다.

4단계: 후속조치를 취한다.

〈백화점 코너 팀장에 대한 관찰〉

관찰 장소:
관찰 대상자:
관찰자의 위치:
관찰 일: 시작 시간: 끝난 시간:

관찰사항 key word	관찰의 실재
• 각 코너별로 코너팀장의 중요업무는 무엇인가? • 코너팀장이 어디에 시간을 얼마만큼 보내고 있는가? • 코너팀장과 코너팀원의 역할분담은 어떻게 되어있는가? • 판촉사원의 업무는 무엇인가? • 각 코너별로 몇 명의 인원이 근무하는가? • 상품관리 활동들은 어떻게 하고 있는가? • 입금관리는 어떻게 무엇을 하고 있는가?	

5단계: 요구분석 실행

요구분석 계획서가 작성되면, 계획된 일정과 요구분석 단계에 따라 자료를 수집한다. 자료를 수집하는 단계는 요구분석의 진행 상황과 요구분석을 통해 얻게 되는 정보의 종류에 따라 융통성을 가질 수 있다. 이때, 요구분석을 통해 얻게 되는 자료는 면담, 관찰, 핵심집단 회의 등을 통해 얻게 되는 질적 자료와 설문조사를 통해 얻게 되는 양적 자료가 있을 수 있다(오인경, 2005: 44).

6단계: 결과분석 및 보고

요구분석 활동을 통한 자료수집이 끝나면 자료를 분석하고, 최적, 실제, 느낌, 원인, 해결방안에 대한 자료를 정리한다. 수집된 자료를 토대로 해결방안에 대한 대안을 제시하고, 우선순위를 제시함으로써 의사결정에 도움이 될 수 있는 지침을 제공한다. 또한, 여러 가지 대안 중 실제 운영에 필요한 구체적인 실행 지침을 제공함으로써 요구분석 결과가 즉각 실천될 수 있도록 도와주는 것이 바람직하다. 조사된 내용 및 결과는 보고서와 같은 인쇄물로 작성하거나 프레젠테이션과 같은 언어적 의사소통을 통해 책임자 및 관련자들에게 보고를 하게 된다. 보고의 형태와 방법은 책임자의 요구와 상황에 따라 결정된다(오인경, 2005: 44).

3. 요구의 우선순위 결정

우선순위 결정이란 요구분석을 통하여 얻게 되는 수많은 아이디어(요구)들을 실시기관의 한정된 자원(시간, 예산 등)과 여건을 고려하여 일정한 기준에 따라 그 순위를 결정하는 것을 의미한다.

실시기관의 활용자원과 역량, 예산이 어떤 수준인가에 따라, 수많은 아이디어 중에서 우선적으로 개발해야 할 것을 위계화 시켜 순차적으로 결정해 나가는 작업이 이루어지게 된다.

1) 우선순위 결정을 위한 단계

(1) 1 단계: 우선순위 결정에 참여할 사람을 누구로 할 것인지를 결정한다.

잠재적 고객(프로그램 참여자), 프로그램 참여자의 상사, 프로그램 실시기관의 관리자, 경영자 등을 중심으로 결정한다.

(2) 2 단계: 우선순위 결정을 위한 평가 준거를 개발, 결정한다.

다음의 준거 1, 2 중에서 선택하여 적용할 수 있다.

① 준거 1: 중요도

- 가장 중요한 것(6개월 내에 해결되어야만 하는)

- 매우 중요한 것(내년도 안에 해결되어야만 하는)
- 중요한 것(2차년도 안에 해결되어야만 하는)
- 보통 수준의 것(다루어져야 하기는 하지만 최우선 순위의 욕구가 먼저 해결된 후 시간이나 자원의 여유가 있을 때)
- 중요하지 않은 것(다루어질 필요가 없는)
- 필요하지 않은 것

② **준거** 2: **난이도**

현재 과제를 어느 정도로 잘 수행하고 있는가? 해당과제를 수행하는 데 어려움은 없는가?

※ 표시방법: 만약 해당 과제가 현 직무를 수행하여 목적을 달성하는 데 있어서 대상자가 느끼는 어려움의 정도와 애로점이 크면 5점으로, 낮으면 1점을 중심으로 표시.

③ **준거** 3: **빈도**

해당과제나 아이디어를 자주 수행하는가 혹은 가끔 하는가?

※ 표시방법: 만약 해당과제 또는 아이디어를 매일 매일 수행한다면 5점으로, 몇 년에 한 번이면 1점으로, 1년에 1~2번이면 2점으로 표시.

④ **준거** 4: **교육필요도**

교육대상자의 역할과 직무를 수행하는 데 해당 과제와 관련된 교육을 받으면 직무의 성공도가 높을 것이라고 생각되는가?

※ 표시방법: 만약 해당과제가 현 직무능력 향상을 위해 교육의 형태로 제시되기를 원하는 정도에 따라 매우 필요하면 5점이며, 교육 외의 다른 해결방안이 있거나 필요없으면 1점으로 표시.

(3) 3 단계: 우선순위 차트에 평가준거에 따라 아이디어를 기록한다.

우선순위 차트는 우선순위 결정에 참여한 개인의 수에 의해 우선순위를 결정할 때 매우 유용하게 사용된다.

(4) 4 단계: 각각의 아이디어에 대한 우선순위의 점수를 합산하여 그 중에서 가장 높은 점수대의 아이디어를 채택한다.

〈표 5-2〉 우선순위 결정을 위한 단계

프로그램 아이디어(요구)	중요도	난이도	빈도	필요도	합계
A 내용					
B 내용					
C 내용					
D 내용					

출처: 양병찬 외(2001).

2) 요구분석 우선순위 결정의 예(○○학교 학부모 아카데미 교육프로그램)

1. 우선순위 결정 참여자
   •
   •
   • ○○교육청 초등학교 교상 3명
   • 프로그램개발자 6명
   • 설문참여자 3명
   • ○○ 초등학교 학부모 3명

2. 요구 순위 차트

조사된 요구	파급효과 무게값: 9	목표달성 무게값: 7	긴급도 무게값: 3	자원할당 무게값: 5	총 점

3. 우선순위 결과

프로그램 아이디어(예)	우선순위에 의한 시간 배분	비고
대화기법	35%	
가정 및 자녀교육	25%	
부모교육	25%	
자녀 성교육 및 건강관리	15%	
계	100%	

4. 설문조사 참여자: ○○시 관내 초등학교 학부모 50명

연구문제

1. 요구분석의 필요성 및 유형을 기술하시오.

2. 평생교육 프로그램 요구분석을 위한 설문지를 작성하시오.

3. 핵심집단 회의법을 실시하여 보고 그 결과를 정리하시오.

Step 3 활동지: 요구분석 및 요구의 우선순위 결정

3단계에서는 요구분석 및 우선순위를 결정하는 단계이다. 이 단계에서는 요구분석 방법은 어떤 기법으로 할 것인지, 조사범위는 어느 지역까지 할 것인지 등에 대해 결정을 한다. 또한 요구의 우선순위를 결정하여 최종적인 요구가 확정되는 단계다.

우선순위 결정이란 요구분석을 통하여 얻게 되는 수많은 아이디어(요구)들을 실시기관의 한정된 자원(시간, 예산 등)과 여건을 고려하여 일정한 기준에 따라 그 순위를 결정하는 것을 의미한다.

구분	내용
1. 요구조사 대상	
2. 요구조사 기법 결정	
3. 요구조사 절차 결정	
4. 요구조사 기법 제작	
5. 요구조사 실시	
6. 요구조사 결과 정리	
7. 요구들 간의 우선순위 결정	

developing programs in lifelong education | part

03

프로그램설계

developing programs in lifelong education | chapter 06

프로그램설계의 구성과 목표 설정

Step 4 목표, 프로그램 내용, 교육방법, 매체, 평가방법 선정

[학습개요]

설계 첫 단계는 프로그램 목표를 설정하고 기술하는 것이다. 프로그램 목표는 프로그램에서 나오는 내용선정, 교육방법 결정, 매체 및 보조자료 선정, 평가의 기준 등의 길잡이가 된다.

교육목표가 역할을 수행하기 위해서는 목표의 역할이 무엇인가, 목표를 분류한 일반목적, 프로그램 목표, 학습목표의 차이점을 알아야 한다. 또한 목표가 구체적으로 기술되기 위해서는 목표 안에 조건, 기준, 행위 동사가 포함되어야 한다.

[학습목표]

1. 프로그램설계의 구성에 대하여 설명할 수 있다.
2. 목표의 역할과 목적에 따른 목표 분류를 할 수 있다.
3. 목표를 구체적으로 기술할 수 있다.

1. 프로그램설계의 구성

평생교육 현장에서 프로그램은 평생교육사가 실현하고자 하는 교육목적을 위해 그에 적절한 내용을 설계하여 실현하는 과정이라 할 수 있다. 따라서 평생교육사는 평생교육 프로그램의 설계가 전체적으로 어떤 과정을 통해 이루어지는지 숙지하고 있어야 한다. 그런 의미에서 먼저 프로그램설계가 어떤 것이며, 어떤 원리에 의해 개발되는 것인지 알아보기로 한다.

1) 프로그램설계의 개념

프로그램설계(program design)란 프로그램 기획단계에서 확인된 교육적 요구와 필요를 기반으로 교육목표를 설정하고 교육내용과 방법을 선정하여 프로그램을 조직화하는 일련의 과정을 의미한다.

2) 프로그램설계의 원리

① 프로그램설계는 학습자를 중심에 두고 그들의 학습요구에 근거하여 이루어져야 하며 학습자의 학습을 촉진시키고 돕는 것을 목적으로 한다.

② 프로그램설계는 개인의 성장과 발달을 가져올 수 있도록 해야 한다.

③ 프로그램설계는 일정한 체제접근법에 근거하여 행해져야 한다. 프로그램을 구성하고 있는 다양한 요소들이 하나의 유기적인 체제를 이룰 수 있도록 해야 하기 때문이다.

④ 프로그램설계는 본질적으로 인간이 어떻게 학습하는가에 관한 지식을 기초로 하여 이루어지는 것이 바람직하다.

3) 프로그램설계를 위한 기본적 질문

프로그램을 설계하기 위해서는 먼저 다음과 같은 질문을 해 보아야 한다.

① 기관이나 단체가 추구하는 교육목표는 무엇인가?
② 그 교육목표를 추구하기 위해 제공될 수 있는 교육적 경험에는 어떤 것들이 있을 수 있을까?
③ 이러한 교육적 경험은 어떤 방법을 통해 효과적으로 전달될 수 있을까?
④ 교육설계 후 교육목표의 달성 여부는 어떻게 평가될 수 있는가?

4) 프로그램설계의 절차

프로그램설계를 위해서는 우선 해당 기관이나 단체가 추구하는 교육목적이나 이념에 맞추어 구체적인 교육과정의 학습목표를 설정하고, 다음으로는 그것을 실행하기 위한 학습내용을 선정해야 하며, 이를 효과적으로 전달할 수 있는 교수·학습 방법을 선택하고, 마지막으로 이를 학습지도안으로 작성해 내는 과정을 거치게 된다.

2. 목표의 정의와 역할 및 분류

실세의 첫 난계는 프로그램의 목표를 설정하고 기술하는 것이다. 이는 교육 후에 학습자가 알아야 할 지식, 기능, 태도, 행동 등을 의미하며, 목표가 제대로 설정되지 않으면 프로그램개발자와 학습자 모두에게 혼란을 가져올 수 있다. 프로그램 목표를 설정 시 다음 사항을 고려하여 목표를 정해야 한다. 우선 요구분석 결과를 철저히 반영하고 교육대상자의 관심사를 파악한다. 그 다음 학습자의 주요 관심사가 무엇인지를 파악하고 프로그램에 적극 반영한다. 마지막으로, 주어진 프로그램의 기간에 따라 다르게 설계하며 다른 프로그램과의 관계도 고려한다.

1) 목표의 정의

교육목표는 프로그램 종료 후에 교육대상자가 습득해야 할 지식, 기능, 태도 등을 말한다.

요구조사를 통해 수집 및 분석된 요구는 프로그램의 목표로 전환되며, 프로그램의 목표는 결과를 가시화하고 평가 기준을 제시한다. 따라서 그 목표가 분명하고 정교할 때 효과적인 교육 결과를 얻을 수 있다(기영화, 2001: 143).

2) 목표의 역할

목표는 프로그램의 방향을 제시하는 역할을 한다. 모든 행동의 기준이 되는 향도의 역할을 하며 프로그램이 종료되었을 때 프로그램의 효과성을 평가하는 기준이 된다.

학습목표의 역할을 좀 더 구체적으로 설명하면 다음과 같다.

① 프로그램개발에서 목표 다음에 나오는 여러 가지 요소들의 방향을 제시한다.

② 프로그램이 초점을 가지고 진행할 수 있게 한다.

③ 프로그램의 결과에 대한 의사소통과 합의를 용이하게 한다.

④ 의도한 결과가 성취되었는가를 결정하게 한다.

⑤ 프로그램의 일관성을 가지게 한다.

3) 목표의 분류

목표는 다음과 같이 분류할 수 있다.

(1) 목적/목표

목적(Goal)은 국가나 사회적인 차원에서 가장 포괄적인 의미의 목적을 뜻하며, 목표

(Objective)는 가장 최소한의 단위의 목적을 지칭할 때 사용된다. 일반목적(General Purpose, Aims)은 평생교육기관이 성취하고자 하는 넓은 관점에서의 사회적 목적, 기관차원의 목적을 의미한다. 일반목적은 평생교육기관에서 실현하고자 하는 포괄적인 수준의 목표이다. 따라서 프로그램의 일반목적은 교육철학이나 가치체계를 의미하는 것으로 제시되고 있다. 즉, 평생교육이 갖는 사회적 목적과 기관의 목적을 포함한다. 일반목적은 장기적인 조직의 교육방향과 지침을 제공한다. 목표는 최종 행동의 기대결과나 이루고자 하는 상태에서 얻고자 하는 지위이다. 따라서 목표는 개선되어야 할 상황에서 제시된다. 주로 목적과 목표는 결과를 얻기 위한 행동지침으로 사용된다.

(2) 프로그램 목표

프로그램 목표(Program Objective)는 정해진 기간 동안 전체 프로그램이 지향해 나가는 교육적 결과를 의미한다. 프로그램 목표는 프로그램이 즉시 시행해야 하는 구체적인 무엇을 제공해 준다. 따라서 프로그램 목표는 학습자들의 어떤 행동을 개발할 것인가에 초점을 둔다. 프로그램 목표는 프로그램개발을 지도, 안내하고 전체 프로그램의 목적과 다양한 활동 간에 균형을 이루도록 한다. 이와 함께 프로그램이 실시된 후 평가기준을 제시해야 한다.

(3) 학습목표

학습목표(Learning Objective)는 학습자 개개인의 특별한 학습활동을 위한 세부적인 행동결과를 의미한다. 활동(Activity)목표와 같은 의미이다. 학습목표는 행동목표와 같은 의미로 교수 - 학습과정을 설계할 때 논의된다. 따라서 학습목표는 학습자에게 초점을 맞춘 구체적인 진술이 되어야 한다(이화정 외, 2003: 124-125).

3. 목표 기술 방법

1) 목표 기술 방법

교육목적이 설정되면 다음으로 학습목표를 진술하게 된다. 학습목표는 학습자에게 수행의 필요조건과 평가 기준을 제시해 줌으로써 학습에 성공할 수 있도록 그 준거를 제시해 주는 것이다. 학습목표를 진술할 때에는 구체적인 행동용어로 기술하고 목적한 행동변화를 가져오기 위해서는 어느 정도의 소요시간이 필요한지, 그 기간이나 시간적 빈도 등과 같은 시간조정이 포함되어야 한다. 또한 다른 목표와의 조화를 유지하며 학습목표에 평가를 위한 기준이 마련되도록 하여야 한다.

다음은 교수자가 유의해야 할 사항이다.

① 교수자는 학습자의 현재 지식이나 상태가 어떠한지 분석한 후 학습목표를 설정한다.

② 학습목표를 작은 요소들로 나누고, 쉬운 목표부터 이루어 나갈 수 있도록 배열하는 것이 바람직하다.

③ 각 학습목표들은 단순하게 기술에만 그치는 것이 아니라 학습내용으로 연결시켜야 한다.

2) 학습목표 기술

학습목표에는 최종학습목표와 중간학습목표가 있다.

① 최종학습목표(Terminal Learning Objectives)는 어느 한 교과목을 통하여 학습자가 도달해야 하는 목표를 말한다.

② 중간학습목표(Intermediate Learning Objectives)는 최종학습목표를 달성하기 위해

미리 달성해야 하는 선행목표를 말한다.

③ 학습목표는 다음의 3가지 구성요소를 갖는다.

- 행위: 학습자가 할 수 있거나 나타내야 하는 수행 행위이며 행위동사(수행 여부를 눈으로 관찰할 수 있고 측정가능한 동사)로 기술한다.
- 조건: 학습자가 수행 시 주어지는 주위 여건이나 물리적 환경이다.
- 기준: 학습자의 성취도를 측정하고 평가하는 준거이다.

〈행위동사의 예〉

바람직한 행위동사의 예		바람직하지 않는 행위동사의 예	
개발하다	수립하다	알다	생각하다
해결하다	수정하다	향상하다	함양하다
(문제를)밝히다	분석하다	이해하다	습득하다
분류하다	설명하다	인식하다	배양하다

〈학습목표 기술의 예〉

조 건	기 준	행 위
생산직 사원은 직무매뉴얼을 사용하여	0.05%의 불량률로	비디오 부품을 조립할 수 있다.
신입영업사원은 배정된 지역에서 주어진 제품을	8시간 이내에 모두	팔 수 있다.

〈표 6-1〉 목표 설정 및 기술

목표	확정된 요구에 대한 교육목표

연구문제

1. 교육목표가 구체적으로 기술되어야 하는 이유를 설명하시오.

2. 개발하려고 하는 프로그램의 목표를 행동목표로 기술하시오.

3. 성인교육에서 행동목표의 유효성과 한계점에 대하여 논의하시오.

developing programs in lifelong education | chapter 07

학습내용 · 교육방법 · 학습매체 · 평가방법 선정

[학습개요]

프로그램 학습목표 달성을 위해 학습내용 및 관련된 자료를 수집하여 분석하여야 한다. 학습자의 요구와 학습목표에 맞는 최종 내용 선정 및 조직 후, 그 내용에 적합한 교육방법을 선택하여야 한다.

또한 교육방법이 정해지면 교육방법을 실행하기에 필요한 각종 교수 자료 및 매체들을 수집하거나 개발하여 강의 보조 자료로 이용한다.

이 장에서는 프로그램의 학습목표 달성에 중요한 학습내용 · 교육방법 · 학습매체 · 평가방법 선정에 대하여 살펴보고자 한다.

[학습목표]

1. 프로그램 목표 달성에 필요한 효과적인 내용선정에 대하여 설명할 수 있다
2. 프로그램 내용 개요 및 내용선정 절차를 알 수 있으며, 프로그램 효과를 위해 적용할 수 있다.
3. 프로그램 목표를 달성에 적합한 교수방법 및 매체 선정에 대하여 설명할 수 있다.

1. 프로그램 내용 선정 및 조직

1) 내용 선정 및 관련 자료의 수집

평생교육 프로그램의 학습목표가 설정되면 이를 수행하기 위해 필요한 교육내용의 선정이 요구된다. 교육내용은 목표를 구체화하는 것이므로 대단히 중요하며 적절한 내용을 선정해야 한다. 교육내용 선정 시 알아야 하는 사항에 대해 간략히 소개하겠다.

(1) 교육내용 선정의 기본 원칙

교육내용 선정의 기본 원칙으로는 학습자, 기관, 사회적 요구분석 결과를 토대로 해야 하며, 교육내용의 종류와 분량은 학습집단의 특징에 맞추어 선택하고, 분량은 '적정화의 원칙'에 기초해야 한다.

(2) 교육내용 선정 시 고려해야 하는 원칙

① 합목적성(목표와의 일관성)이다.

교육내용을 선정할 경우에는 반드시 교육목표를 고려해야 한다. 즉, 교육목표에 제시된 개인적, 사회적 요구와 철학적 이념이 구현될 수 있도록 해야 한다.

② 능력수준과 흥미에의 적합성 및 자발성의 원칙이다.

교육내용은 학습자들의 능력과 흥미를 고려하여 선정해야 하며 학습자의 자발적 참여를 끌어내야 한다. 만일 교육내용이 학생들의 능력이나 흥미에 적절하지 않은 내용이라면 자발적 참여를 유도하지 못할 것이기 때문이다.

③ 실용성과 다양성의 원칙이다.

성인학습자의 경우에는 학습자가 자신이 원하는 것을 바로 적용할 수 있기를 원한다. 따라서 학습 내용을 현장에 바로 적용할 수 있도록 실용적인 것으로 구성하는 것이 좋으며 다양한 내용이 포함되도록 하는 것이 좋다.

④ 능률성(一目的 多經驗, 一經驗 多目的)의 원칙이다.

학습 내용을 선정할 때에는 가급적 하나의 목적으로 다양한 경험을 할 수 있도록 하며, 반대로 하나의 경험이 다양한 목적을 충족시킬 수 있는 내용을 선정하는 것이 좋다. 이른바 동시학습이 이루어질 수 있도록 하는 것이 능률적이다.

⑤ 교육 및 학습가능성의 원칙이다.

선정된 내용이 아무리 좋더라도 그것은 지도 가능한 것이어야 하며 동시에 학습 가능한 것이어야 한다. 또 학습자의 입장에서 자기주도적으로 학습을 할 수 있는 내용인지도 확인해야 한다.

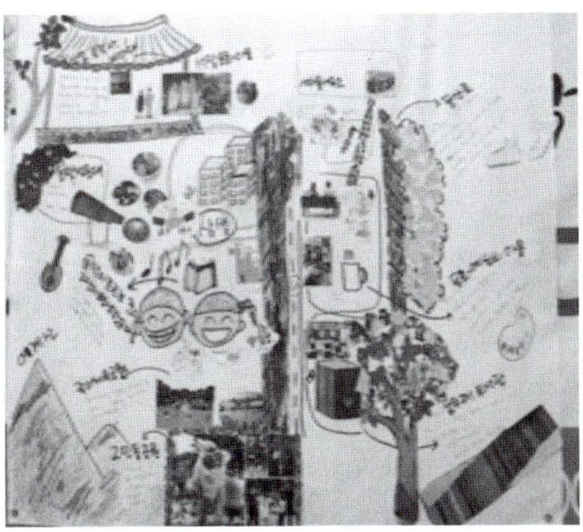

○○시 마을활동가 양성
(교육내용: 마을자원 찾기)

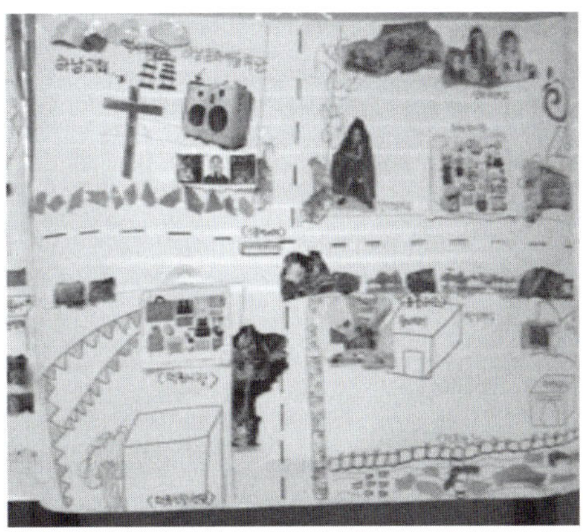

○○시 마을활동가 양성
(교육내용: 마을자원 찾기)

[그림 7-1] **평생교육 프로그램 교육내용**

2) 학습내용의 조직

(1) 교육내용 조직의 방법

학습이 효과적으로 이루어지도록 구성하기 위해서는 위의 인식의 단계를 고려하여 학습내용을 구성해야 할 뿐만 아니라 그것을 알맞게 조직할 필요가 있다. 각 하위 수행단계에서 일반적으로 고려해야 하는 교육내용의 조직 방법으로는 다음과 같은 것들이 있다.

① 교육내용은 구체적인 것에서 추상적인 내용으로 조직해야 하며, ② 교육내용은 쉬운 것에서부터 어려운 것으로 구성해 나간다. ③ 교육내용이 가까운 곳에서 먼 곳으로 관련지어 구성하며, ④ 교육내용의 상호 간 연계성을 고려하면서 조직한다.

(2) 교육내용 구성의 기본 원칙

교육내용을 구성할 때에 고려해야 하는 또 다른 원칙으로 계열성, 통합성, 계속성이 있다. 각각의 의미를 구체적으로 설명하면 다음과 같다.

① 계열성

계열성이란 선정된 교육내용을 그들 간에 존재하는 위계성과 상황관련성에 따라 조직하는 것을 말한다. 즉, 먼저 학습해야 할 내용과 뒤에 학습하는 것이 좋은 내용, 이론적 측면에서의 선후의 관계 등을 고려한다.

② 통합성

이는 교육내용이 학습자의 경험 속에 의미 있게 횡적으로 통합되도록 조직하는 것을 의미한다. 교육 현장에서 필요한 학습경험과 내용을 어떻게 전체적으로 통합되도록, 그리고 원래의 학습목표를 달성할 수 있도록 조직하는 것을 의미한다.

③ 계속성

계속성이란 동일한 교육내용에 대한 반복적 학습이 이루어질 수 있도록 조직함을 의미한다. 실제로 어떤 내용이 학습자에게 내면화되고, 습관화되기 위해서는 일정 기간 이상의 반복이 필요하다. 따라서 동일한 내용일지라도 적절하게 반복해서 구성하여 학습이 내면화될 수 있도록 조직하는 것이 바람직하다.

프로그램을 설계할 때 어떤 내용을, 어떻게 구성할 것인가? 하는 것은 교육효과에 지대한 영향을 미친다. 예컨대, 같은 내용일지라도 어떻게 구성하느냐에 따라 교육효과가 달라질 수 있기 때문이다. 따라서 위에서 제시한 원칙들을 고려하면서 효과적인 학습이 이루어질 수 있도록 프로그래머들은 신경을 써야 할 것이다.

2. 교수 · 학습 방법 선정

1) 교수 · 학습 방법의 의미

교수 · 학습 방법이란 교육목적을 달성하기 위해 사전에 준비된 프로그램을 구체적으로 실천해 나가기 위한 방법으로, 어떻게 가르칠 것인가? 혹은 어떻게 학습을 지원할 것인가를 포함하는 개념이다. 교수자의 입장에서 기술하는 것을 교수 방법이라 하겠고, 학습자의 입장에서 설명할 때는 학습 방법이라 한다. 이를 통칭하여 교수 · 학습 방법이라 한다.

교수 · 학습 방법은 교육목적을 달성하기 위해 교육내용을 구체적으로 실천하는 방안으로 교육기법(technique), 교육장치(device)를 모두 포괄하는 용어이다. 이들의 차이를 설명한다면, 교육기법이란 학습을 촉진하기 위해 사용하는 다양한 실천행위를 말하며, 교육장치란 기술을 지원하거나 학습을 촉진하기 위한 교수 - 학습 보조기구를 말한다.

2) 평생교육 교수 방법의 특성

① 평생교육은 다양한 사람들을 대상으로 한다. 그들은 성, 연령, 사회경제적 배경, 학력, 직업 등에 있어 다양한 특성을 갖기 때문에 교육방법을 선택하기 전에 먼저 학습자에 대한 이해가 선행되어야 한다.

② 평생교육은 그 내용이 다양하며 교육의 장(場)도 다양하다. 예컨대, 평생교육의 내용은 기초 문해교육에서부터 학력보완교육, 인문교양교육, 직업교육, 시민참여교육, 그리고 여가 및 스포츠 교육, 문화예술교육에 이르기까지 다양한 내용을 망라하고 있다. 또 교육이 이루어지는 장소도 교회나 학교, 주민회관, 도서관 등 다양한 기관에서 가능하다. 따라서 장소에 대한 폭넓은 이해가 필요하다.

③ 평생교육은 제도 및 체제 역시 형식적인 틀에 매이지 않는다. 따라서 특정한 식에 매이지 않고 융통성 있게 교육방법을 사용할 수 있으며 목표의 수립에서 실천, 평가에 이르기까지 자유롭게 활용할 수 있다.

④ 평생교육은 가르치는 사람도 다양하다. 이론적으로 뛰어난 사람이 될 수도 있고, 실천영역의 전문가가 될 수도 있다. 평생교육의 담당자는 반드시 이론적 전문가일 필요는 없으며 누구나 평생교육의 현장에서 경험을 많이 갖고 있는 사람은 리더 혹은 촉진자(facilitator)가 될 수 있다. 특히, 평생교육은 삶의 영역과 관련된 영역까지 포괄하게 되므로 누구나 리더가 될 수 있다는 장점을 지니고 있다.

⑤ 이렇게 볼 때, 평생교육 방법은 대상, 장소, 형식, 담당자 등의 다양성을 기초로, 그 상황과 대상에 적절한 방법을 융통성 있게 선택하여 활용하는 것이 학습효과를 극대화할 수 있는 최선의 교육방법이며 그것을 통해 상호학습의 효과를 극대화하는 것이 바람직하다.

3) 평생교육 방법의 유형 및 특성

(1) 교육방법 분류의 준거

평생교육의 방법 역시 다양하다. 교수자에 의한 강의도 있을 수 있으며, 직접 현장에서 전문가를 통한 컨설팅도 가능하다. 또 최근에는 인터넷이나 e-learning도 평생교육의 중요한 방법으로 부상되고 있다. 하지만 교육목적이나 내용에 따라 그리고 학습자의 특성이나 상황 등에 따라 더 효과적인 방법이 있을 수 있으므로 본 절에서는 교수 방법을 학습자의 조직, 교육목적과 내용, 교수매체 등에 따라 분류하고 어떤 상황에 어떤 방법이 적절한지 간략한 설명을 부가하도록 하겠다.

4) 교수 · 학습 방법의 분류 및 특성

(1) 학습자 조직에 따른 교육방법의 분류

교육방법은 학습자들이 어떤 조직적 상황하에서 학습에 참여하느냐에 따라 개인별, 집단별, 지역사회 중심의 교육방법으로 유형화할 수 있다.

① 개인중심 교육방법

개인중심 교육방법은 개인학습자가 집단 형식의 교육과정에 참여하지 않고 단독으로 교수자와 상호작용을 하면서 학습하는 방법을 의미한다. 물론 이 경우 교육매체를 이용하여 스스로 학습을 하기도 하며, 우편매체나 방송통신매체를 이용하면서 교육이 이루어지는 경우도 있다. 가장 기본적인 학습 방법이라 하겠다.

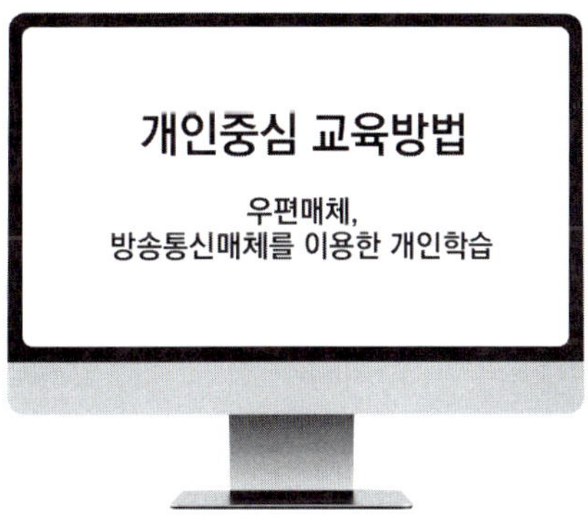

② 집단중심 교육방법

집단중심 교육방법은 여러 사람들이 일정한 공간에 모여 함께 상호작용을 하면서 이루어지는 교수-학습 방법을 의미하는 것으로 평생교육에서 가장 많이 사용되는 방법이다. 집단중심 방법은 그 규모에 따라 소집단 방법과 대집단 방법으로 구분된다. 집단중심 교육방법으로 흔히 활용되는 것은 강의나 강연, 토의, 역할극 등이 있다. 아래 그림은 주민자치위원과 시의원 등을 대상으로 강연하는 모습이다.

집단 중심 교육방법 - 강연

집단 중심 교육방법 - 토의

③ 지역중심 교육방법

지역중심 교육방법은 특정 지역사회 주민들이 함께 모여 자신들의 문제를 논의하고 공동의 노력과 참여를 통해 문제를 해결하고자 할 때 효과적인 교육방법이다.

이 방법은 주로 주민들의 자아실현과 함께 지역사회의 발전(community development)을 도모하기 위한 목적으로 이루어지며, 지역평생교육(community education)이란 용어로 널리 사용되어 왔다. 최근에는 지방자치제도와 평생학습도시의 출현으로 지역사회중심 교육의 필요성과 중요성이 더욱 강조되고 있다. 다음 그림은 지역의 평생학습활동가들이 지역사회 교육의 일환으로 지역평생학습축제에서 아이들과 어른이 함께 학습한 결과물을 발표하고, 지역의 특색을 살린 공예품을 만들면서 지역사회발전을 위해 노력하는 모습이다.

지역중심 교육방법
지역주민들이 학습결과물을 발표하는 모습

지역중심 교육방법
주민들이 지역의 특성을 알리고 배우는 모습

(2) 학습목적 및 내용에 따른 교육방법의 분류

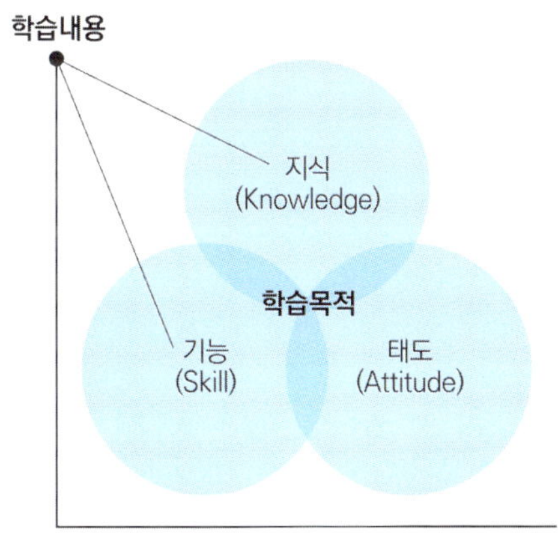

[그림 7-2] 학습목적 및 내용에 따른 교육방법

① 지식(knowledge)이해

정보와 지식의 획득은 청소년 및 성인의 평생교육 참여를 유도하는 주요 동인이며 특히 정보화시대를 맞이한 오늘날 그 중요성은 더욱 커지고 있다. 새로운 정보와 지식을 보다 체계적이고 용이하게 탐색하고 학습하도록 돕기 위해서는 개인 및 집단중심 방법이 모두 활용될 수 있다. 강의, 강연, 토의, 패널 토의, 매체활용방식 등이 대표적이다.

② **기능(skill)개발**

기능개발을 위한 평생교육은 개별적 혹은 집단적으로 수행될 수 있으며, 개인지도와 시범 및 실습(drill or practice)이 가장 대표적인 방법이라 할 것이다. 기능이라 함은 읽기 · 쓰기 · 셈하기 등과 같은 기초기능, 정보분석 및 해석 등의 정보처리 기능, 대인관계 및 민주적 참여 기능, 자동차정비와 같은 직업훈련상의 기술 및 기능 등을 포함한다. 이 경우에는 기술연마에 치중해야 하므로 구체적인 학습보조물과 조작을 하면서 기능개발을 할 수 있도록 돕는 것이 좋다.

③ **태도(attitude)변화**

대부분 교육 프로그램의 목표는 태도, 의식, 신념, 가치관의 변화를 꾀한다. 태도는 인간의 인지적 · 정의적 · 사회적 상호작용을 통해서 형성되고 변화되기 때문에 집단중심 평생교육방법이 효과적이다. 이때 토의나 역할극 및 매체활용 방식 등이 효과적인 것으로 알려져 있다. 태도변화를 위해서는 반성적 사고를 통한 합리적 판단과 행위를 이끌어 낼 수 있는 교육방법을 활용하는 것이 무엇보다 중요하다. 역할극이나 대화, 코칭 등의 방법이 효과적이다.

3. 학습매체 선정

1) 학습매체 선정의 교육적 준거

교수목표와 학습 내용을 잘 전달하기 위해서는 효과적인 매체를 선택해야 한다. 매체 선정을 할 때 기본적으로 고려해야 할 준거로는 학습자의 특성, 수업상황, 학습목표와 내용, 매체의 속성과 기능, 수업 장소의 시설 등이 있다.

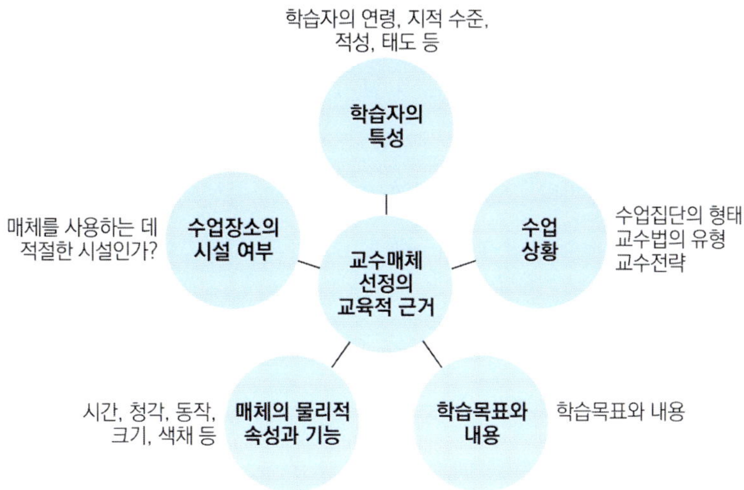

[그림 7-3] 교수매체 선정의 교육적 준거

(1) 학습자의 특성

학습자의 연령, 지적 수준, 적성, 태도 등의 특성은 매체의 선택에 영향을 미친다. 예를 들면, 연령이 낮은 학습자에게는 그림을 많이 사용할 필요가 있지만 연령이 높은 학습자에게는 그래픽이나 표를 이용해 구체적인 정보를 제공하는 것이 효과적이다. 더불어 교수자의 특성, 즉 교사의 매체에 대한 태도나 사용능력 등도 매체의 선택에 영향을 미친다.

(2) 수업상황

수업상황은 수업집단이 소집단인가 혹은 대집단인가 하는 수업집단의 형태와 교사중심 수업인가, 학습자중심 수업인가, 또는 설명적 수업인가, 발견적 수업인가 같은 교수전략도 포함된다. 예를 들면, 소집단의 개별학습의 경우는 학습자가 자신의 학습을 유지할 수 있는 컴퓨터와 같은 개별화매체가 요구되지만 대집단의 설명식 수업일 경우에는 LCD 프로젝터를 사용하는 것이 효과적이다.

(3) 학습목표와 내용

학습목표와 내용에 따라서 매체선정이 달라질 수 있다. 예를 들면, 학습목표가 "다섯 가지 성격유형을 구별할 수 있다."라면 다섯 가지 유형을 보여 줄 수 있는 그림이나 표를 사용해야 할 것이다. 그러나 목표가 "청소년 자녀와 I-message를 이용하여 대화할 수 있다."라는 내용이라면 TV나 비디오와 같은 시청각매체를 활용하는 것이 더 효과적일 것이다.

(4) 매체의 물리적 속성과 기능

매체가 어떤 상징 매체를 통해 메시지를 전달하느냐는 매체 선택에 영향을 미친다. 수업상황과 내용에 적절한 매체를 선택하기 위해서는 매체의 속성인 시각, 청각, 시청각, 동작, 크기, 색채 등을 고려하여야 한다. 예를 들면, 어떤 자동차의 부품을 구별하도록 하는 것이 수업목표라면 그림이나 사진을 사용하는 것이 적절하겠지만, 자동차 부품의 교체방법을 가르치려면 움직임을 보여 줄 수 있는 동적인 매체를 선택하는 것이 바람직하다.

(5) 수업장소의 시설여부

매체를 효율적으로 활용할 수 있는 시설의 여부가 매체의 선택에 큰 영향을 미친다. 매체를 사용하는 데 적절한 시설이 갖추어져 있지 않다면 좋은 매체도 그 기능을 충분히 발휘할 수 없다. 예를 들면, 슬라이드를 사용하기 위해서는 암막이 설치된 어두운 교실이 필요한데, 교실에 암막장치가 없다면 슬라이드를 사용할 수 없다. 또 프로젝터를 사용하기 위해서는 스크린이 갖추어져 있어야 한다. 이러한 시설이 없이는 매체의 효과성을 기대하기 어렵다.

교수자는 교육보조재 활용에서 본인이 준비한 교보재 기기에 대해서는 사전에 충분히 기기 사용에 대한 것을 익혀 두어야 한다. 교수자가 보조재 활용을 하는 데 있어서 기기를 잘 못 다루면 학습자들의 집중력을 저하시키고 교육장을 어수선한 분위기로 만들기 쉽다.

교보재는 학습 내용을 구체화하거나 보충하여 학습자가 훈련생이 명확히 이해할 수 있도록 도와주기 위하여 사용되는 모든 기재나 자료를 의미한다.

그러나, 한 가지의 기기에만 의존하면 학습자에게 지루함을 줄 수 있으므로 여러 교보재를 다양하게 사용하도록 계획한다.

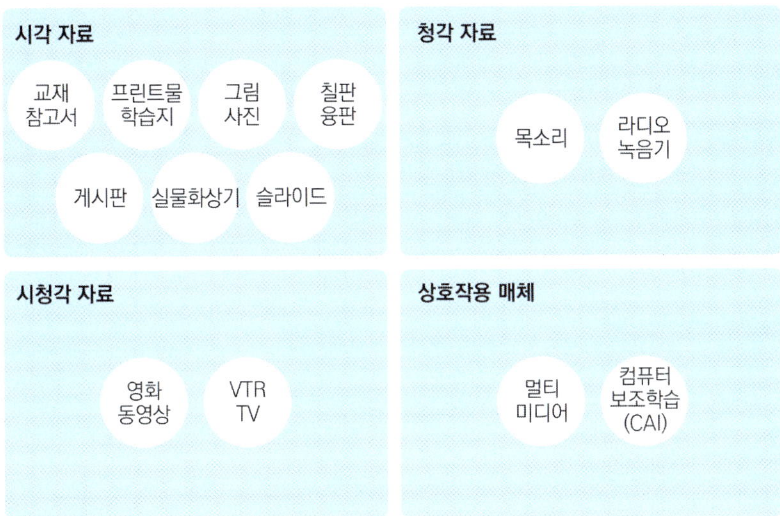

4. 평가방법 선정

여기에서는 NCS에서 제시한 평가방법을 토대로 평가방법 선정을 다음 〈표 7-1〉과 같이 살펴보고자 한다.

〈표 7-1〉 평가방법

평가방법	세부 내용
포트폴리오	자신이 작성하거나 만든 작품을 지속적·체계적으로 모아 둔 개인별 작품집 혹은 서류철을 대상으로 평가
문제해결 시나리오	문제해결 능력의 획득을 두고 평가 대상자가 주체가 되어 문제해결을 위한 시나리오를 작성하여 해결에 이르는 과정을 평가
서술형 시험	주어진 주제나 요구에 대해 자유 형식으로 서술하게 하여 평가
논술형 시험	주어진 과제를 논리적 과정을 통해 해결하고 그 과정을 언어로 서술하게 하여 평가
사례연구	현재 진행 중이거나 유사한 이전의 사례들 중 하나 혹은 그 이상을 선정하여 그 성공이나 실패요인을 분석 적용하여 평가
평가자 질문	평가 대상자들에 대하여 얻고자 하는 자료나 정보를 질의응답을 통해 수집하여 평가
평가자 체크리스트	많은 사항을 한눈에 알 수 있는 표를 만들어 평가 대상자의 과정이나 작업결과를 체크해 나가며 평가
피평가자 체크리스트	특정 주제에 대하여 스스로 학습과정이나 작업결과에 대해 자세하게 평가하도록 하게하고 그 결과를 평가
일지/저널	매일 또는 정기적으로 평가 대상자의 작업과정이나 학습결과를 기록하여 평가
역할연기	평가 대상자들에게 가상의 문제 상황을 주고, 주어진 상황 속의 인물의 역할을 대신 수행해 보도록 평가
구두발표	특정 내용이나 주제에 대한 평가 대상자의 의견이나 생각을 발표하도록 하여 평가
작업장 평가	현장에서 일어나는 공정이나 일의 순서, 작업장 환경 등의 효과성, 효율성을 평가

1) 포트폴리오

- 포트폴리오는 학습자의 목표, 학습에 대한 반성적인 진술, 교사와 학습자의 의견이 포함된 평가방법으로 학습자의 성취뿐 아니라 향상된 정도를 평가할 수 있다. 따라서 평가를 통한 상대적 비교가 아니라 각 개인의 변화 및 진전도를 평가하는 데 목적이 있다.
- 학습자는 포트폴리오를 통해 자신의 변화 과정을 알 수 있고, 교수자는 훈련생의 과거와 현재 상태를 파악함으로써 앞으로의 발전 방향에 대해 바르게 조언할 수 있다.
- 교육과정의 시작 단계에서 평가 기준에 대해 학습자들에게 명확하게 제시한다.
- 단점으로는 채점의 어려움과 점수에 대한 신뢰성 확보가 어렵다는 점이다.

2) 문제해결 시나리오

- 문제해결 시나리오는 문제해결 능력의 획득을 목적으로 하는 교수 · 학습모형을 말한다.
- 일반적인 문제해결 프로세스는 문제해결을 위해 주어진 자료와 정보를 바탕으로 원하는 성과를 만들어 내기 위한 사고의 흐름을 구성한 것으로 [그림 7-4]와 같다.

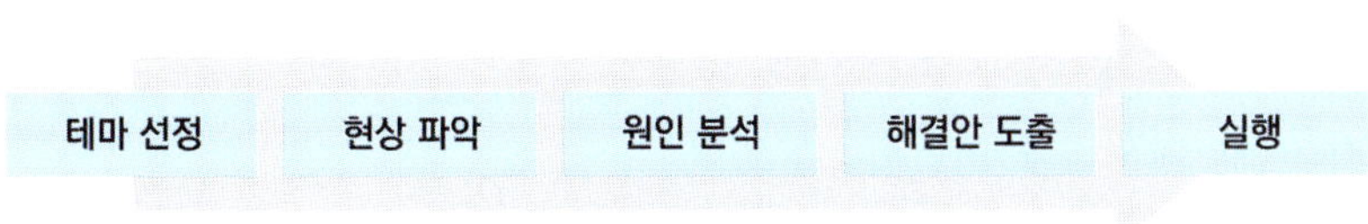

[그림 7-4] 일반적인 문제해결 프로세스

3) 서술형 시험 / 논술형 시험

- 일반적으로 서술형은 논술형과 혼용되어 사용되나 의미를 구분하자면 첫째, 서술형은 논술형에 비해 서술해야 하는 분량이 적고 채점 시 서술된 내용의 깊이와 넓이에 주된 관심을 갖게 되며, 논술형은 학습자 자신의 생각이나 주장을 논리적으로 설득력 있게 조직하여 작성함을 강조한다.

4) 사례연구

- 사례연구란 구체적인 현상이나 사회적 단위, 즉 사례들에 대해 상세하고 심층적인 자료수집을 하고 이를 집중적으로 탐구하는 것을 뜻한다(교육평가 용어 사전).
- 직업교육・훈련 현장에서는 과제평가 개념으로 이해할 수 있다.
  - 학습자에게 과제를 제시하고 이를 수행한 보고서 등 과제 산출물을 분석하여 평가
  - 필요 시 팀을 구성하여 과제(사례연구)를 수행하게 하고 그 결과를 평가
  - 보고서 형태의 결과물로 학습자 자료수집, 분석 및 보고서 작성 역량 등을 평가

5) 평가자 질문

- 평가자 질문은 역량 평가 시 널리 사용되는 평가이다.
- 질문을 통해 학습자의 기반지식과, 다양한 상황에 지식과 기술을 전이하는 기술의 적용 및 이해력을 평가할 수 있다.
- 평가지 질문은 역할연기, 작업장 평가 등 실기시험 및 구두발표 시 다른 평가방법과 병행하여 사용 가능하다.

6) 평가자 체크리스트

• 체크리스트는 관찰하려는 행동 단위를 미리 자세히 분류하고 이것을 기초로 그러한 행동이 나타났을 때 체크하거나 빈도로 표시하는 방법이다(황정규, 1998).
• 학습자의 작업 결과물, 작업 수행절차, 작업 수행 시 행동 · 태도 등을 평가할 때 유용한 방법이다.
• 체크할 유목이 명확하고 조작적으로 잘 정의되었을 때 효율적으로 기록할 수 있다.
• 행위의 발생 정도나 빈도를 측정하는 평가의 경우 체크리스트 사용이 부적합하다.

7) 일지/저널

• 학습자 스스로 매일 혹은 정기적으로 관련 과제에 관한 세부적인 내용을 기록한 결과물을 바탕으로 평가하는 방법이다.
  - 과제명, 추진계획, 수행과정, 문제점 및 해결과정, 결과 등의 내용이 포함될 수 있다.
• 직업교육 · 훈련 현장에서의 점검평가(monitoring) 개념으로 이해할 수 있다.
  - 평가자가 학습자가 제출한 기록물(일지/저널)을 검토하여 교육목표의 성취여부를 판단한다.
  - 체크리스트를 활용하여 수행준거의 습득여부에 대해 판단할 수 있다.

8) 역할연기

• 역할연기(role playing)는 시나리오를 바탕으로 특정 학습자에게 역할을 부여하여 역할을 대신 수행해 보도록 하고, 참관자 및 연기자가 느낌을 발표하게 하고 강사가 정리 및 피드백 하는 형태의 평가방법이다.

- 직업교육·훈련현장에서는 실기시험 개념으로 이해할 수 있다.
  - 교육 내용을 바탕으로 특정 상황을 제시, 학습자가 역할을 수행하는 과정을 관찰하여 평가한다.
  - 교육·훈련기관 등 실제 환경이 아닌 모의 환경에서 평가 시 활용하기에 적합하다.
  - 과업의 수행과정 및 태도 등의 평가 시 유용하다.

9) 구두발표

- 학습자의 준비도, 이해력, 표현력, 판단력, 의사소통 능력 등을 측정할 때 유용한 평가방법이다.
- 과제해결 역량 및 구두 커뮤니케이션 역량에 대한 평가도 가능하다.
- 토론에서 파악할 수 있는 지적 능력과 정의적 태도를 동시에 파악 가능하다.
- 문제 출제와 채점에 투입되는 시간을 절약, 즉각적인 피드백을 주어야 하는 상황에 활용하기에 적합한 평가방법이다.
- 발표평가 상황을 최대한 객관적으로 자세히 기록해야 한다.
- 평가자의 관찰이 평가점수에 영향을 주므로 평가자의 주관 개입에 주의한다.
- 학습자가 지나치게 긴장할 경우 생길 수 있는 측정의 오류를 예상하고 평가계획을 수립한다.

10) 작업장 평가

- 대체적으로 훌륭한 품질의 증거자료는 실제 업무/실시간 작업에서 도출된다.
  - 실제 업무 종사자의 작업에 대한 압박, 문제, 요구 등을 고려하여 관련 역량을 적용하여 평가한다.

- 직업교육 · 훈련 현장에서는 모의환경(실습실 등)에서의 실기시험 개념으로 이해할 수 있다.
  - 주로 학습한 직무기술을 시연하는 것에 대해 관찰을 통해 즉각적으로 평가 가능하다.
  - 작업 순서에 따라 제한된 시간이 중요한 경우에 활용한다.
  - 안전 등 작업자의 태도를 평가해야 하는 경우에 활용한다.
  - 결과물이 눈에 보이는 것이 아닐 경우나 결과물을 분해하지 않으면 평가할 수 없는 작업의 경우에 활용한다.

연구문제

1. 교육내용(지식요건과 학습활동) 교육을 실시할 때 필요한 순서로 계열화하시오. (교육내용의 계열화)

2. 미시적 환경과 거시적 환경에 적합한 최적의 교수방법에 대하여 설명하시오.

3. 교수매체의 필요성에 대하여 기술하시오.

Step 4 활동지: 프로그램 설계

4단계에서는 요구의 우선순위에서 최종적인 요구를 목표로 전환하여 프로그램목표를 설정하고 기술한다. 또한 개발하는 프로그램 학습목표 달성을 위한 설계를 하는 단계로 학습목표에 적합한 학습내용을 선정하고 이것을 수행하기 위한 적합한 교육방법 및 매체와 평가방법을 선정한다.

〈목표, 프로그램 내용, 교육방법, 매체, 평가방법 선정 설계 활동지〉

1. 확정된 요구에 대한 교육목표(최종목표, 중간목표) 진술
2. 각각의 목표를 실현하는 내용, 활동, 소요시간
3. 선정된 프로그램 내용 및 활동을 실현하기 위한 교육방법
4. 선정된 프로그램 내용 및 활동을 실현하기 위한 학습매체
5. 선정된 프로그램 내용 및 활동을 평가하기 위한 평가방법

04

프로그램운영 자료개발

developing programs in lifelong education | chapter 08

교재 및 학습자료 개발

Step 5 학습자용 교재 및 자료개발

[학습개요]

프로그램개발과정에서 설계가 끝나면 다음은 개발을 하여야 하는데 개발은 설계명세서에 따라 교육용 자료(Material)를 실제로 개발하고 제작하는 단계이다. 교육용 자료에는 학습자용 교재, 교수자용 매뉴얼, 교육보조자료 및 매체 등이 있고 이를 개발하는 것이다.

이 장에서는, 학습자용 교재로는 워크북(Workbook)과 핸드아웃(Handouts)에 대하여 살펴보며, 교수자용 매뉴얼로 교안작성법에 대하여 살펴본다. 특히, 좋은 집을 짓기 위해서 잘 짜여진 설계도가 필요한 것과 같이 교안은 좋은 강의를 위해서 꼭 필요한 것이다. 그리고 마지막으로 교육보조자료 및 매체개발에 대하여서는 매체 활용의 중요성에 대하여 살펴본다.

[학습목표]

1. 핸드아웃 개발에 필요한 유의사항에 대하여 설명할 수 있다.
2. 교안작성법에 대하여 설명할 수 있고 프로그램 운영 시 교안작성을 할 수 있다

1. 학습자용 교재

1) 워크북(Workbook)

학습자용 교재는 프로그램 수행의 중요한 전달매체이다. 책 형태의 교재는 방대한 지식을 일목요연하게 정리하여 교육내용을 전달할 수 있으며, 다양한 교육 매체 중 가장 저렴한 비용으로 개발이 가능하다.

최근에는 교재가 워크북 형태로 제작되는 경우가 많다. 그러나 워크북은 본래 지식을 전달하기 위한 목적보다는 학습자가 학습활동을 통해 획득한 지식을 스스로 구성해 보고 체계화하는 공간으로써의 의미가 더 크다(김선희 외, 2004: 186).

워크북의 구성은 보통 모듈명 또는 단원명과 레슨명을 제시하는 제목란과 내용, 그리고 학습자가 기재할 공란으로 구성되며, 정보전달의 경우 학습자의 선수학습이 요구되는 용어나 개념을 정리하여 보여 준다. 워크북에 포함될 요소는 교과목명, 교육과정 체계도, 교과주제 흐름도, 교과목 교육운영 일정, 교과의 목적, 개요, 소요시간 등이 있다. 그리고 각 단원별 교안이 있는데 각 단원별 교안에는 단원명, 교육목표, 소요시간, 교육방법, 교보재, 내용흐름도와 교육내용, 실습지(Work Sheet) 등이 포함된다.

2) 핸드아웃(Handouts)

핸드아웃은 교수자가 미리 준비하여 교육을 하는 동안 교육생들에게 나누어 주는 간단한 인쇄자료를 의미한다. 핸드아웃에서 다루는 정보는 교육을 하는 동안 사용되거나, 혹은 모든 교육 이후에 사용될 수 있다. 핸드아웃은 다음과 같은 경우에 사용할 수 있는 중요한 교육보조물이다.

1. 교육생들이 교육정보를 실시하는 동안이나 후에 사용해야 할 경우
2. 교육생들이 자신의 학습속도로 교육정보를 학습하게 할 경우
3. 교육생들이 암기하거나 필기할 필요가 없을 경우

핸드아웃을 개발하는 첫 번째 단계는 교수자가 정보를 설명하기 위해서 사용하고자 하는 형태를 결정하는 것이다. 교수자가 결정한 형태 중의 하나는 교육정보를 문장형태로 설명하는 것이다. 그러한 형태의 핸드아웃은 각기 장점과 단점을 갖고 있다.

문장 형태로 된 교육정보의 주요 단점은 다른 형태에 비해서 교육생들에게 시각적으로 덜 어필한다는 점이다. 특히 많은 양의 정보를 설명할 때에는 더욱 그렇다.

교육보조물로서 특히 도움이 되는 세 가지의 핸드아웃 유형은 의사결정 차트, 체크리스트, 실습지(Worksheets)가 있다.

교수자는 핸드아웃 유형을 선택할 때, 자신의 핸드아웃으로 전달하고자 하는 내용이 무엇인가를 토대로 결정해야 한다. 다음 <표 8-1>은 교수자가 위에서 제시한 세 가지 형태를 선정할 때 고려해야 하는 지침을 설명하고 있다.

〈표 8-1〉 핸드아웃 유형 선정

사 용 형 태	사용목적	사용 예
의사결정 차트	교육생들이 의사결정을 하도록 안내한다.	본 차트는 의사결정차트이다.
체크리스트	교육생들의 학습과제 수행을 도와주기 위하여 기억을 불러일으키는 단서를 제공한다.	누락된 것을 확인하기 위하여 체크리스트를 사용하였다.
실습지	정보를 기록할 도구를 제공한다.	제5장에서 교육내용의 개요를 작성할 때 실습지를 사용하였다.

교수자가 선택한 핸드아웃 유형에 상관없이, 핸드아웃을 개발할 때 따라야 하는 일반적인 지침이 있다. 다음 〈표 8-2〉는 그와 같은 지침을 체크리스트 형태로 제시하였다.

〈표 8-2〉 핸드아웃 개발을 위한 일반적인 지침

체크 항목	지침
[ ]	• 핸드아웃의 제목을 붙이고 날짜를 정하라.
[ ]	• 핸드아웃의 목적을 규정하라.
[ ]	• 핸드아웃을 언제, 어떻게 사용할 것인지를 결정하라.
[ ]	• 핸드아웃을 사용할 때 필요한 모든 부가가치를 점검하라.
[ ]	• 핸드아웃의 정보를 강조하기 위하여 굵은체, 밑줄, 대문자를 사용하라.
[ ]	• 핸드아웃의 정보를 읽기 쉽도록 여백을 충분히 활용하라.
[ ]	• 단순한 형태의 문장을 사용하라.
[ ]	• 불필요한 정보를 피하라.

2. 교수자용 매뉴얼

교수자용 매뉴얼(Instructional Manual)은 교수자가 교육운영을 위해 필요한 학습내용, 전달 포인트, 교육방법 등을 자세히 기술해 놓은 것이다. 교수자용 매뉴얼 제작의 목적은 교수자 개인의 역량에 따라 교육효과가 좌우되는 것을 방지하여 학습자에게 동일한 지식과 정보가 전달되도록 하는 것이다.

교수자용 매뉴얼의 구성요소는 교과목명, 과정 교육체계도, 교과주제의 흐름도, 과목교육 운영일정, 교과의 목적, 개요, 소요시간, 각 단원별 교안이 포함된다. 각 단원별 교안에는 단원명, 교육목표, 소요시간, 교육방법, 교보재, 내용흐름도와 사전 준비물(교수자 준비사항, 교육생 준비사항, 강의 시 준비사항, 교보재), 교수 - 학습활동안, PPT자료, Handouts 등이 포함된다.

특히, 좋은 수업을 제공하기 위해서 교수자용 매뉴얼 중 교안을 제작하는 것은 매우 중요하다. 그러나 일부 교수자들은 교안의 중요성을 실감하지 못하는 경우도 있다. 학습자들의 학습에 대한 요구는 빠른 속도로 변화하고 있어 새로운 교안을 개발하지 않으면 학습자들의 요구에 부응할 수 없다.

1) 교안작성법 및 유의점

(1) 교안작성법

교수자와 학습자 간 학습활동의 기반이 되는 학습지도안으로 교수활동의 단계 및 내용을 자세히 기록하여 놓은 것이다. 교수자는 교안을 작성함으로써 학습내용을 빠짐없이 교수할 수 있고 교수활동의 일관성을 유지할 수 있다. 교안은 다음의 원리에 따라 작성한다.

① 구체성

교안은 구체적으로 작성되어야 한다. 아무리 암기력이 뛰어난 사람이라 할지라도 교수할 내용이라면 다 교안 속에 기록하여야 한다. 사소한 내용이라든지, 몇 번씩이나 사용한 적이 있어 충분히 기억하고 있는, 예를 들어 사용할 이야기들까지 귀찮게 교안에 적을 필요가 있는가 하고 말하는 교수자도 있지만, 일단 그 시간에 강의할 내용이라면 모조리 사전 기입함으로써 충실하고 여유 있는 강의를 할 수 있다.

② 명확성

교안은 명확하게 볼 수 있도록 깨끗하여야 한다. 교수자 자신이 교수활동 중 교안을 쉽게 보고 식별할 수 있도록 글씨를 또박또박 크게 기록 작성하여야 한다.

③ 실용성

교안은 교수활동에 실질적으로 사용될 수 있도록 작성되어야 한다. 학습내용의 배열이 교수활동을 효과적으로 수행하도록 이루어져야 하며 교안 내에 포함되어 있는 내용은 교수활동에서 모두 전달되는 것을 전제로 하기 때문에 교수활동 실시 순서대로 작성하여야 한다.

④ **평이성**

교안은 쉽게 작성되어야 한다. 학습자의 수준을 고려하여 모호한 언어의 사용을 피해야 하며, 이해하기 어려운 용어나 내용을 기록함으로써 교수자 자신이 학습 진행 중 당황하는 모습을 보인다면 학습자들부터 신뢰성을 상실하는 일이 될 수 있다.

⑤ **논리성**

교안은 이론적이고 체계적으로 작성되어야 한다. 교안의 내용서술은 곧 강의와 마찬가지다. 그러므로 객관적이고 보편타당성이 있어야 하며 체계적이어야 한다.

(2) 교안작성 시 유의사항

교수자가 학습자들에 대해 학습목적과 학습 성과를 설정하고 난 후에 다음과 같은 사항을 점검해야 한다.

① **소기의 학습성과는 관련되는 자료에 의하여 충분히 지원되고 있는가?**

보조적 자료는 흥미를 자극하고 학습 분위기를 계속 유지하며 보조의 변화를 허락하고 다양성을 제공할 만큼 충분한가를 점검한다. 또한 보조적 자료는 급속한 논리적 판단, 감정적 호소 등을 내포하고 있는가? 더 나아가서 한 개의 논점에 대한 지원은 자연적으로 학습자에게 제시될 다음의 구상과 적합성 및 융통성이 있는가를 검토해야 한다.

② **교안에 포함된 학습지도는 학습자들이 소기의 학습성과를 성취하도록 돕기 위하여 의의 있는 활동을 기약하는가?**

- 학습자들이 학습성과를 성취하기 위하여 수행해야 할 활동사항을 구체적으로 기술해야 한다.

③ 개개의 소기 학습성과에 대한 지원은 학습 수준에 적합한가?

- 즉, 학과목 내용은 지식수준에 관련된 학습자가 이해하기 쉽도록 상세히 기록되어 있는가?
- 방법과 이유는 학습자가 이해하기 쉽도록 적당히 전개되었는가?
- 개개인의 학습성과를 위한 지원의 밀도는 소기의 학습 수준에 적합한가?

④ 서론은 학습 환경을 위하여 준비되었는가?

⑤ 학습내용을 습득하는 충분한 이유를 학습자들에게 제공하는가?

⑥ 학습의 전체를 인식하는 데 사용될 조직 체계를 논리적이고 명백하게 제시하였는가?

⑦ 계획은 학습자로 하여금 제반 사항 및 구상을 개념으로 구체적으로 인식하도록 모든 기회를 이용하는가?

- 시청각 보조자료는 잘 준비가 되었는가?
- 또한 학습목적 달성에 기여할 수 있는 것인가?
- 더 나아가서 중요한 관념을 명시하기 위하여 색채는 사용하였는가? 그리고 간단한가? 등을 점검하고 유의하여야 한다.

⑧ 학습시킬 준비는 충분한가?

- 교수자는 성공적인 요점식 수업방법에 의한 학습을 시행할 만큼 충분히 학습 조직체를 알고 있는가 등을 유의해야 한다.
- 교수사가 자기의 교안을 수업 전에 준비함에 있어서 이러한 문제들을 기준으로 충분히 검토한다면 그 교수자는 수업에 전체적인 효과를 향상시킬 수 있을 것이다. 우수한 수업을 할 수 있게 되려면 건전한 계획에 의거하여 학습 목적을 효과적으로 달성할 수 있도록 꾸준한 노력이 필요하다.

2) 교안의 구성요소

교안은 [그림 8-1]과 같이 도입, 전개, 종결 3단계로 구성된다.

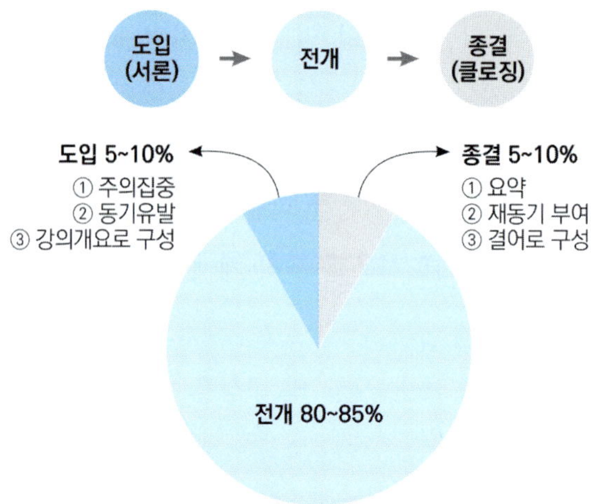

[그림 8-1] 교안의 구성요소

(1) 도입

도입단계는 학습자와 교수자 간에 공통된 기반을 형성하는 단계이다. 첫 단계는 학습자로 하여금 주의를 집중시키는 주의집중단계(Attention Step)와 문제를 해결하고 배워야겠다는 학습활동 동기를 일으키는 동기부여단계(Motivation Step)가 있으며 수업의 내용을 제시해 주는 학습개요(Overview)의 단계가 있다. 도입단계의 시간은 총 학습시간의 약 5~10%를 점유한다.

(2) 전개

전개단계는 도입단계에서 제시된 학습개요의 순서에 따라 주제를 구체적으로 설명하고 입증하며 규명하는 단계이다. 전개의 원칙은

① 내용조직이 논리적으로 체계화되어 설명할 수 있어야 하는데 쉬운 것으로부터 어려운 것으로 전개하여야 한다.
② 부차적인 점을 강조해서 중요점을 희석시키지 말아야 한다.
③ 주제의 연결단계가 매끄러워야 한다.
④ 중간 동기부여를 반드시 계획하여야 한다.
⑤ 전개단계 마지막에 질의 응답시간을 마련하여 학습자의 의문을 해소시켜 주어야 하며 또한 교수자가 질문을 하여 학습자의 이해도를 측정할 수도 있다. 전개단계는 시간상으로 총 학습시간의 약 80～85%를 점유한다.

성인학습자의 집중시간은 대체로 15분 정도이다. 그러므로 교수자는 강의 시 15분마다 변화를 주어야 한다. 판서, 매체 활용, 언어유희 및 바디랭귀지등을 통해 주의를 환기시킴으로써 학습자들이 수업에 집중할 수 있게 해야 한다.

(3) 종결

교안의 내용구성을 맺게 되는 것이 종결단계이다. 종결단계는 총 학습시간의 약 5%～10%를 점유한다.

종결단계는 지식을 종합하는 단계이다. 따라서 전개단계에서 설명하고 검증한 사실들을 요약하는 단계이며 다시 동기부여를 하고 결어로써 마치는 단계이다.

① 수업의 전개단계에서 설명된 내용을 요약한다.
② 전개단계에서 언급되지 않은 새로운 내용을 언급하지 않도록 주의한다.
③ 재동기부여(Remotivation)를 함으로써 학습 내용의 기억을 돕고 다음 과목과의 관련성을 이해하도록 돕는다.
④ 종결의 마지막 단계인 결어로써 중요한 것은 시간을 질질 끌지 않는 것이 중요하다.

• 도 입: ㉮ 주의단계(Attention)
㉯ 동기부여(Motivation): 긍정적 동기부여, 부정적 동기부여
㉰ 학습개념(Overview)

• 전 개: 본론
• 종 결: ㉮ 내용의 요약
㉯ 재동기부여
㉰ 결어

3) 교안의 형태

교안은 정해진 형식이 없다. 실제 사용되고 있는 것을 보면 간단히 메모한 것에서부터 종이에 자세히 쓴 것, 카드를 이용한 것 등 형식은 여러 가지이다.

어떤 것이라도 그것을 사용할 사람이 활용하기 쉬워야 하는 것이 무엇보다 중요하다. 교수방법에 따라 비교적 활용하기 쉬운 적합한 형태의 교안을 소개한다.

(1) 교안의 종류

① 백지식 교안

교 육 지 도 내 용

• 문제해결에 적합하다.
• 문제와 조건을 주어 질문과 답변을 교육생들이 하게 하고 교수자는 자문에 응하기만 한다.
• 구체적인 문제 진술과 사실 제기의 방법이 고도화되어 있어야 하며 학습자들의 수준이 상당한 정도라야 한다.

② 이란식 교안

강 의 내 용	보 조 재 료 사 용 계 획
(서론) • 주의집중: ________ • 동기부여: ________	• 주제를 판서한다.

- 강연식 교안에 적합하다.
- 교육 정도가 이해를 목적으로 하고 짧은 시간에 많은 내용을 전달하려는 경우에 적합하다.
- 기능, 태도, 감상 등의 내용에 대한 주제에는 적합하지 않다.

③ 삼란식 교안

교수자의 활동	수 업 내 용	참 고 사 항
• 도표를 보여 준다.	도입(5') 1. 주의집중 ____________________ ____________________	• 관련된 도표의 출처

- 유도토론식에 적합하다.
- 예상결론이 있거나 문제해결을 교육생이 하고 질문은 교수자가 하는 방법으로, 교수자도 토론에 참가하여 교육진행을 할 때 적합하다.
- 각 질문에 대해 예상되는 답변을 사전에 예측하고 그에 대한 질문은 교육효과를 거두기 위한 방향으로 유도해야 하므로 철저한 준비가 필요하다.

④ 사란식 교안

항 목	시간 및 방식	교수내용	비 고

- 시범실습식에 좋다.
- 비고란에는 교수자의 활동 · 보조자의 활동 · 학습자의 활동 등을 기재한다.

(2) 교안에 포함해야 할 항목

형식에서 몇 가지 공통점을 찾을 수 있듯이 내용에서도 공통점이 있는데 다음 항목이 포함되는 것이 바람직하다.

- 목표 - 무엇을 이해 또는 습득시킬 것인가
- 내용 - 도입, 전개, 종결의 3부로 나누어진다.
- 판서 - 무엇을 판서할 것인가. 주제와 대, 중, 소 항목 및 내용
- 요약 - 강조점이 무엇이며 요약은 어떻게 하나
- 시간배분 - 5분 또는 10분 단위로 표시한다. 그 이하가 되면 실제 사용이 어렵다.
- 시청각 자료 - 자료명과 활용방법 등
- 기타 교수활동 - 질문, 예화를 비롯해 통계 · 인용 · 유머 등은 별도로 표시해 둔다.

다음은 ○○대학 평생교육사 양성과정 교육생이 교안을 작성한 사례이다

교 안

과목명: 노후생활준비와 은퇴자금 재무설계

1. 대상자 분석
   가. 대상자: 백석대학교 평생교육사 양성과정 B반 교육생
   나. 인 원: 30명
   다. 연 령: 20대 중반 ~ 50대 중반
   라. 성 별: 남 10명, 여 20명

2. 요구분석, 계획
   가. 교육에 대한 관심과 열의가 높음
   나. 은퇴 후 겪는 어려움을 알지만 은퇴자금을 준비하지 못하고 있음

3. 교수목표
   가. 은퇴생활준비의 필요성을 설명할 수 있다.
   나. 노후생활에 필요한 자금을 계산할 수 있다.
   다. 은퇴부족자금 해결방안을 설명할 수 있다.

4. 도표

<table>
<tr><th colspan="2">교 수 내 용</th><th>시간</th><th>교수방법</th><th>매체, 보조자료</th><th>교수자</th></tr>
<tr><td>도입</td><td>주의집중, 동기부여, 개요</td><td>2분</td><td>강 의 식</td><td>PPT</td><td>김정조</td></tr>
<tr><td rowspan="3">전개</td><td>노후생활준비의 필요성</td><td>1분</td><td rowspan="3">강 의 식</td><td rowspan="3">PPT</td><td rowspan="3">김정조</td></tr>
<tr><td>은퇴준비 못하는 이유 및 재무설계 원칙</td><td>3분</td></tr>
<tr><td>재무설계 사례 및 투자전략</td><td>7분</td></tr>
<tr><td>종결</td><td>요약, 재동기부여, 종결</td><td>2분</td><td>강 의 식</td><td>PPT</td><td>김정조</td></tr>
</table>

5. 장소: ○○대학교 평생교육원 자유관 303호

6. 평가계획
   - 교육내용에 대한 이해도 평가
     ○ 평가시기: 교육종료 후
     ○ 평가내용: 연간 부부 노후 생활자금 산출
     ○ 평가대상자: 참가자 전원

도입(2분)	
강의 내용	교육보조자료 활용
1. 주의집중 인사를 나누고 학습분위기를 조성한다.	표지 슬라이드
2. 동기부여 평균수명의 연장과 경기침체로 인한 조기퇴직의 바람이 불고 있는 현실 가운데 퇴직 후 더 긴 인생을 살 수도 있는 미래의 노후모습을 상기시켜, 노후생활준비의 필요성을 설명함으로써 동기를 유발	
3. 학습개요 가. 노후생활준비의 필요성 나. 은퇴준비 못하는 이유 및 재무설계 필요이유 및 원칙 다. 재무설계 사례 및 투자전략	목차 슬라이드

전개(11분)	
강의 내용	교육보조자료 활용
1. 노후생활준비의 필요성 가. 은퇴 후 겪는 어려움 - 돈이 부족하다 - 할 일이 없다 - 가족과의 불화가 생길 수 있다 - 건강문제 나. 노후준비 실태 및 은퇴 후 소득 수준	슬라이드 3번 슬라이드 4번 슬라이드 5,6번
2. 은퇴준비 못하는 이유 가. 자녀교육비가 노후준비 발목 나."노부모 부양 = 자녀몫"가치관	슬라이드 7번
3. 재무설계 필요이유 및 원칙 가. 필요이유: 목적지를 찾아가는 이정표 나. 원칙 - 본인 투자성향에 따라 위험을 관리하면서 자산 증대 - 목돈이 필요한 시점을 미리 예상해 장기적인 계획수립 - 현재의 자산과 소득으로 인생 목표를 설정하고 거기에 맞춰 투자	슬라이드 9번

4. 재무설계 사례 가. 은퇴목표설정 및 정보수집 나. 은퇴자금 분석 다. 부족자금 해결방안	슬라이드 10 ~ 16번
5. 은퇴대비 투자전략 가. 은퇴대비 5가지 비책 나. 은퇴준비방법의 구체적 투자전략	슬라이드 17,18번

종결(2분)	
강의 내용	교육보조자료 활용
1. 요약 및 Q&A 가. 평균수명이 늘어나면서 은퇴생활 기간이 길어지고 있음 나. 인플레이션도 심화되는 추세이기 때문에 젊은 시절부터 은퇴준비를 시작하여야 함 다. 목돈이 필요한 시점을 미리 예상해 장기적인 계획수립 및 투자전략이 필요함 라. Q&A	
2. 재동기부여 가. 은퇴를 위한 준비는 선택이 아니라 생존을 위한 필수전략 나. 휴가계획보다 더 중요한 인생에 대한 재무계획은 미리미리 신중을 기해 준비해야	슬라이드 19번
3. 결어 노후의 방주를 지금 준비하여야 행복한 노후를 맞이할 수 있다고 강조하면서 강의를 경청해 주심에 감사하다고 마지막 인사	

3. 학습매체 개발

1) 교보재 자료의 제작

(1) 강의자료 만들기

교수자는 강의자료를 만들기 위한 프로그램을 활용할 수 있어야 한다.

종류로는 MS파워포인트, 한글과컴퓨터 한쇼, 애플 키노트, 프레지 등의 프로그램 등이 있다.

이 책에서는 보편적으로 많이 활용하고 있는 MS파워포인트 프로그램을 소개하고자 한다.

기업교육 전문조직인 SKY Lab C2에서는 교수자 약 70여명에게 다음과 같은 질문을 온라인으로 설문조사했다.

▲ 파워포인트 작업 시 가장 중요한 능력은 무엇이라고 생각하십니까?

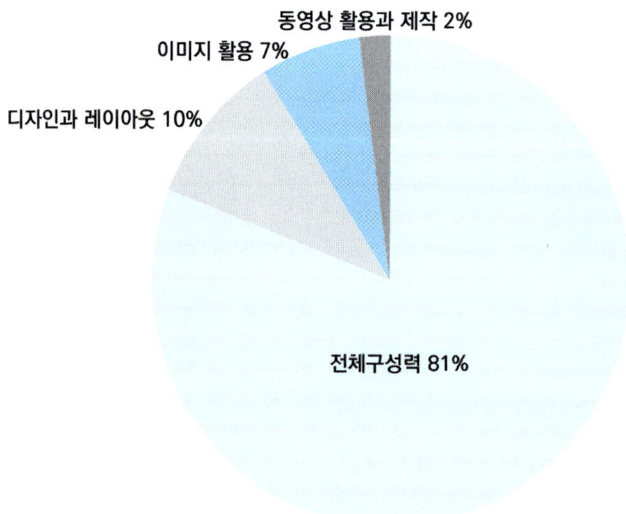

[그림 8-2] 파워포인트 작업 시 가장 중요한 능력

출처: 이재현 외(2016).

강의자료를 준비하는 교수자들은 파워포인트 자료를 구성할 때 가장 많은 시간을 할애하는 부분으로 전체구성력을 들었다. 어떤 대상자(People)들에게 어떤 목적(Purpose)을 가지고 어떤 환경(Place)에서 전달할 것인지에 대한 통찰(Insight)이 필요한 것이다.

2) 교보재 자료 개발 절차

(1) 목표 설정

교수자는 단위 수업설계안을 작성한 후에는 각각의 내용을 전달하기 위한 자료를 개발해야 한다. 이때 제일 먼저 할 일은 각각의 슬라이드를 통해 어떤 메시지를 전달할 것인가, 즉 슬라이드를 제작하는 목적을 확인하는 것이다. 예를 들어, 학습내용에 관한 슬라이드라면 학습자가 이번 수업을 통해 학습하게 될 내용의 개요를 전체적으로 인식하게 하는 것이 된다. 슬라이드를 작성한 후에는 그러한 목표에 부합되는지를 기준으로 평가하면 된다.

(2) 정보 수집

슬라이드 개발 목표를 설정한 후에는 그 목표를 달성하기 위해 필요하다고 판단되는 정보를 수집해야 한다. 수집된 정보는 내용을 구성하고 표현하기 위한 재료가 된다. 내용 정보, 근거 자료, 이미지 자료, 영상 자료까지 충분한 재료가 수집되면 효과적인 슬라이드 자료가 만들어질 가능성이 커진다.

(3) 내용 구성

슬라이드에 포함되어야 할 내용을 결정하는 단계로 수집한 정보를 바탕으로 내용을 구성한다.

① 주의집중(Attention)할 수 있는 이미지, 영상, 삽화, 도표, 소리, 문장 등의 다양한

시청각 자료를 제시하여 집중시킬 수 있도록 구성한다.

② 주제와 관련성(Relevance)있는 자료를 제시하여 학습자의 관심을 유도하여야 한다.

③ 교수자는 학습자의 유발된 동기를 유지시키기 위해 자신감(Confidence)을 갖고 내용을 준비하여야 한다.

내용을 구성할 때는 결정한 키워드 또는 이미지 등을 논리적으로 계열화시키고 표현한다. 다만 내용의 양이 너무 많으면 전달의 효과가 떨어질 수 있기 때문에 꼭 필요한 내용만 담기 위해 노력해야 한다.

(4) 디자인 작업

슬라이드 자료 제작의 최종 단계는 디자인 작업으로 슬라이드에 포함하기로 결정한 내용을 바탕으로 세련되고 효과적인 결과물을 만들어 내는 것이다. 시각자료 개발 원칙은 다음 순서로 정리한다.

3) 시각자료 개발의 원칙

(1) 단순화

시각자료는 핵심내용 위주로 단순 명료하게 작성한다. 이를 KISS의 원리라고도 한다. 여기서 KISS는 Keep it Short & Simple의 약자이다. 또 시각자료는 70~80% 정도만 내용을 싣고 여백을 두어야 보기 쉽다.

- 전달하고자 하는 내용은 가급적 짧은 문장을 사용한다.
- 교육내용은 6줄 이하로 하고, 1줄당 6단어를 넘기지 않는다.
- 한 장의 슬라이드에 하나의 중요한 개념과 세 개의 하위 내용 이상을 다루지 않는다.

⑵ 일관성

동일 주제의 강의에 대한 시각자료는 포맷(슬라이드의 방향 모양 등), 번호, 모양, 크기, 색깔, 위치, 순서, 용어, 애니메이션 효과 등을 사용함에 있어 일관성을 유지하는 것이 바람직하다.

⑶ 이미지화

이미지화란 전달하고자 하는 내용을 보다 효과적으로 제시하기 위하여 Text 등으로 표현하지 않고 도표, 그래프, 그림, 사진 등을 활용하고 또는 컬러로 표현하는 것을 말한다.

⑷ 컬러화

색은 사람들에게 강한 영향을 주는 요소이다. 그렇지만 너무 많은 색을 쓰게 되면 초점이 흐려질 수 있다. 강의를 위한 시각 자료로 색을 선택할 때는 다음과 같은 점을 고려해야 한다.

- 너무 현란하지 않게 포인트에만 이용한다.
- 그림을 제외하고는 보통 3색 내외가 적당하다.
- 일관성의 원칙에 따라서 작성한다.
- 적절한 색상을 선택한다.

〈표 8-3〉 PPT작성 및 활용 평가 체크리스트

항　　목	우수	양호	보통	미흡	평가내용
맥락과 내용은 PT 제작에 적절한가?					
내용의 양은 적정한가?					
1개의 내용이 제시되었는가?					
색의 배합은 적절한가?					
그래픽적인가?					
테두리 여백을 두었는가?					
학습자를 보면서 진행했는가?					
학습 속도를 관찰했는가?					
필요한 시기에만 ON 상태였는가?					
활용 방법은 다양했는가?					
어떤 방법을 사용했는가?					
아이디어가 뛰어난가?					
전체적으로					

연구문제

1. 교안작성의 필요성에 대하여 기술하시오.

2. 교재구성의 형태와 포함될 요소를 설명하시오.

3. 본인이 교수자로 강의를 한다고 가정하고 강의 주제를 선정하여 교안을 작성하시오.

Step 5 활동지: 학습자 교재, 워크북 및 교수자 매뉴얼 개발

5단계에서는 학습자에게 적합한 학습자용 교재 및 워크북을 개발하고 교수자용 매뉴얼을 개발하는 단계이다.

1. 학습자용 교재 개발

2. 학습자용 워크북 개발

3. 교수자용 매뉴얼(교수학습지도안) 개발

4. 학습자료 개발

05

개발 프로그램 실행

09 자원확보 및 배분

Step 6 자원확보 및 배분

[학습개요]

프로그램의 설계가 끝나고 프로그램을 운영하는 데 필요한 교재, 교수자용 매뉴얼, 학습자료가 개발되면 그 프로그램을 담당할 운영자와 수업을 이끌 교수자를 선정하는 인적 자원에 대한 확보가 있어야 한다. 또한, 프로그램을 실제로 구연할 장소 및 학습실 등 물적 자원의 확보 또한 필요하다. 마지막으로 그 프로그램을 운영하기 위한 예산의 확보, 즉 금전적 자원의 조달이 필요하다.

[학습목표]

1. 유능한 교수자를 선정하는 방법에 대하여 알 수 있다.
2. 프로그램을 운영하는 데 필요한 물적 자원이 무엇인가를 알 수 있다.
3. 예산 계획을 수립할 수 있다.

1. 자원확보 및 배분

교재 및 교수자용 매뉴얼, 학습자료가 개발되면 그 프로그램을 담당할 인적자원의 확보 및 프로그램을 운영할 장소, 시설 등 물적 자원의 확보 및 그 프로그램을 운영할 예산의 확보 등이 필요하다.

프로그램개발은 인적 자원과 물적 자원, 금전적 자원의 확보에 대한 계획을 포함하고 있다. 자원 확보는 프로그램의 성패를 좌우하는 중요한 요소로서 아무리 훌륭한 프로그램도 자원이 확보되지 않으면 실현될 수 없다. 자원의 확보는 경영 마인드가 필요한 작업으로 프로그램개발자들의 자원동원 능력은 프로그램의 성패를 결정하기도 한다.

인적 자원은 프로그램 설계자, 프로그램 관리자 및 운영자, 교수자, 프로그램 평가자의 역할을 담당하는 사람을 말한다. 프로그램 설계자(Program Designer)는 먼저 아이디어를 수집하고 프로그램으로 개발될 아이디어를 선정하고 목표를 설정하고, 학습내용, 예산과 마케팅 계획을 세운다. 프로그램 관리자(Program Coordinator) 및 운영자는 프로그램의 기획과 조정, 평가와 관련된 업무를 수행한다. 시설물 배치와 참가자 등록, 프로그램 모니터, 프로그램 운영 등이 포함된다.

프로그램 관리자는 시설의 관리와 함께 정보전달자, 브로커, 카운셀러의 역할을 수행하기도 한다. 교수자(Instructor/Facilitator)는 다양한 학습기법을 사용하면서 학습자들에게 교육내용을 전달한다. 프로그램 평가자(Program Evaluator)는 프로그램의 가치와 결과를 평가하는 역할을 한다. 이런 역할은 한 사람에 의해 모두 수행될 수도 있고, 몇 사람에 의해 분담되어 수행될 수도 있다. 프로그램의 크기에 따라 필요한 인적 자원의 수도 달라진다. 대부분 성인교육을 전담하는 조직은 많은 인적 자원을 확보하고 각 프로그램의 특성에 따라 적절히 인적 자원을 혼용하여 활용한다. 이 장에서의 인적자원 확보는 개발된 프로그램을 운영할 담당자와 실제 교수업무를 담당할 교수자에 대하여 알아보고자 한다.

물적 자원은 조직차원에서 확보된다. 프로그램개발자는 조직이 이미 확보하고 있는 자원과 새롭게 확보해야 할 자원으로 구분한다. 이미 확보된 자원은 자원의 가용성 여부와 시기를 확인한다. 확보되지 않은 물적 자원은 기부나 무료로 사용할 수 있는 방법을 모색한다. 물적 자원의 확보는 조직의 예산과 밀접하다. 프로그램개발자는 예산을 미리 확보하여 프로그램의 자원을 조달할 수 있어야 한다(기영화, 2001: 170).

2. 인적자원의 선정과 관리

평생교육 프로그램을 실제 운영하는데 필요한 인적자원은 담장자, 교・강사, 자원봉사자이다. 여기에서는 담당자, 교・강사, 자원봉사 인력을 살펴보고자 한다.

(1) 담당자

평생교육 프로그램을 운영할 경우 이 프로그램 운영 전반적인 사항에 대한 실무를 담당할 수 있는 인력자원이 중요하다. 대개의 경우 이 같은 프로그램의 인력은 해당기간의 프로그램운영 담당자 등 실무자들일 가능성이 높다.

(2) 교・강사

개발 예정 평생교육 프로그램의 강의를 담당할 교・강사이다. 이 같은 경우에는 해당 프로그램의 내용에 따라 교・강사 인력의 종류가 달라진다. 이전에 유사한 프로그램을 운영한 경험이 있을 경우에는 우리 기관에 해당 교・강사의 정보가 있을 것이다. 그렇지 않을 경우 해당 프로그램과 관련된 기관이나 우리 기관과 네트워크 기관 담당자에게 연락하여 해당 인적자원의 정보를 추가로 조사 관리한다.

(3) 자원봉사자

평생교육 프로그램을 운영하는데 있어 필요한 경우 자원봉사자를 필요로 할 수 있다. 우리 기관에서 이미 프로그램 운영에 참여한 경험이 있는 자원봉사 인력을 파악하고, 추가적으로 지역 내 평생교육 네트워크 기관에 연락하여 자원봉사 인력을 조사하고, 나아가 지역사회 내 자원봉사기관과 단체에 연락하여 자원봉사 인력을 확보한다.

1) 프로그램 운영담당자

(1) 운영담당자의 중요성

① 교육프로그램의 실시 단계에 있어서 교육프로그램 운영담당자의 역할은 매우 중요하다. 교육운영에 따라 교육의 목표의 달성과 실패가 판가름이 나고 이는 교육의 성과와 직결되기 때문이다.

② 많은 비용과 시간, 노력을 투입한 교육이 최대한의 성과를 얻을 수 없다면 교육을 제공한 기관이나 학습자 개인에게도 큰 손실이 아닐 수 없다.

③ 따라서 교육운영담당자는 성과 있는 교육을 위해 교육진행의 기본방향, 준수사항은 물론 교육 진행 시 필요한 여러 가지 기술들을 터득하여야 한다.

[그림 9-1]

(2) 교육운영자의 기본자세

교육운영자는 수준 높은 가치관과 행동규범이 뚜렷해야 한다.

① 교육운영자의 조건

- 지식: 교육훈련 전반에 대한 이론과 지식 소유
- 경험: 다양한 프로그램 운영 경험을 소유
- 열정: 교육에 미쳐 최선을 다할 수 있는 열정
- 인내: 어떠한 역경에도 좌절하지 않는 불굴의 인내심
- 매너: 교육자의 품위를 유지하며 교육생에게 본을 보일 수 있는 자세
- 목소리: 교육생에게 호소력 있는 맑고 힘찬 목소리
- 자기개발: 변화에 대처하여 앞서가는 지속적인 자기개발

② 임무

교육운영자는 조직의 발전이 곧 교육에 있음을 명심하고 다음 사항을 유념하여 실천한다.

- 경영이념의 이해
- 경영풍토의 파악 이해: 타사나 경쟁사와 경영특색 설립이념과 발전 유지단계
- 교육훈련에 가치 제고: 교육에 관한 부서장과 의사 일치, 현업부서에서 제기되는 문제점과 교육적 요구에 정보수집, 인사부서와 유기적 관계유지
- 학습을 보전하는 전문가
- 자신 조직 내의 문제 해결에 협력할 것
- 교육의 질을 제고시킬 수 있는 교육훈련기법 개발
- 지속적인 자아개발

③ 외모

- 복장은 단정히 한다.
- 두발은 항상 깨끗이 하며 개성에 맞는 헤어스타일을 한다.
- 화장은 자연스러운 화장을 한다.
- 구두는 복장과 어울리는 색으로 하며 항상 깨끗이 한다.
- 화려한 액세서리는 피한다.

④ 표정

- 항상 밝고 명랑하며 웃음을 잃지 않는다.
- 불쾌하고 짜증스런 일이 있어도 감정표현을 하지 않는다.
- 진행 시 지친 표정을 보이지 않는다.
- 웃는 얼굴로 먼저 인사한다.

⑤ 말과 행동

- 언행일치로 학습자에게 신뢰감을 준다.
- 프로그램 이외의 불필요한 언행을 하지 않는다.
- 말은 친절하고 상냥하게 한다.
- 학습자 및 진행자 상호 간에 존대어를 사용한다.
- 학습자와 대화 시 전문 용어를 피한다.

⑥ 태도

- 겸손한 태도를 지닌다.
- 손을 뒤로 돌려 뒷짐 지는 것을 피한다.
- 몸을 뒤로 젖히는 것을 피한다.
- 팔짱을 끼지 않는다.

- 학습자의 휴식 시간을 절대 보장한다.
- 몸을 흔들지 않는다.
- 손가락으로 물건을 만지작거리지 않는다.
- 항상 침착한 태도를 지닌다.
- 학습자를 성심 성의껏 보살펴 주고 관심을 갖는 태도를 지닌다.
- 교육 진행 시 시간을 엄수한다.

⑦ 지참물

- 메모 생활화: 수첩, 필기구
- 진행 매뉴얼: 진행 시나리오, 멘트 자료

⑧ 자기개발

- 전문지식
  - 이론적 지식
  - 훈련방법
  - 안전진행
  - 시설유지
- 교양지식
  - 일반상식
  - 음악 감상
  - 여가선용
  - 생활법률
- 자기관리
  - 인격: 말과 행동이 일치
  - 행동: 매사에 모범이 되어야 함.

- 인간관계
  - 직장 내 상사와 부하
  - 부서 내 동료
  - 외부 교수자
  - 협력업체
- 교육자료(정보) 수집
  - 손쉬운 수집: 교육관련 세미나 참가, 타사 견학, 교육진행자 월례 미팅 참석, 해당 전문서적, 신문 스크랩, 타사 사보에서, 인터넷활용
  - 꾸준한 수집: 지속적인 교육진행자 미팅에 참석, 해당학회 가입 및 참석

2) 교 · 강사

좋은 교 · 강사의 선정이 좋은 프로그램을 결정한다고 해도 과언이 아니다. 그만큼 교육 프로그램의 성공에서 교 · 강사가 차지하는 비중은 대단히 크다.

(1) 유능한 교 · 강사의 조건

① 전문지식

교 · 강사는 프로그램 내용에 대해서 충분한 지식을 가지고 있어야 한다. 교수자가 그 내용에 대하여 잘 모른다면 학습자들은 어떻게 수업을 이해할 수 있을까? 자연적으로 지식이 없으면 수업에 깊이가 없고, 경험이 없으면 수업에 박력이 없다. 즉, 어떤 수학교사가 가장 좋으냐고 물으면 일단은 그 수업내용을 잘 아는 사람이다.

② 가르치는 기술

지식이 많은 것과 가르치는 능력은 다르다. 같은 시간에 같은 내용을 전달하더라도 교수자의 수업기술(Instruction Skill)에 따라서 학습자들이 느끼는 것은 다르다. 교수자

는 이야기할 내용을 가지고 있을 뿐 아니라 그것을 바르게 전달하는 기술적인 능력도 갖추고 있어야 한다. 강단에 선 이상 학습자에게 무언가 유익한 것을 보여 줄 수 있어야 한다. 따라서 교수자는 수업을 시작하기에 앞서 자기가 내용을 얼마만큼 충실하게 준비했는가, 또 그것을 얼마만큼 잘 이해시킬 능력이 있는가를 돌이켜 볼 필요가 있다.

③ 변화 적응력

수업 현장에서는 예측하지 못한 여러 가지 일들이 일어날 수 있다. 갑자기 이상한 질문을 하는 학습자가 있을 수도 있고 기자재가 필요한 수업에서 기자재가 갑자기 문제를 일으키는 상황이 생길 수도 있다. 이에 교수자는 돌발적인 상황도 자연스럽게 대처할 수 있는 임기응변의 적응력이 있어야 한다.

④ 교수자의 열정

교수자의 열정은 여러 가지 측면에서 말할 수 있지만 무엇보다도 열의 없는 교수자의 수업은 수면제는 될지언정 학습자의 잠재능력을 깨우치는 자극제는 될 수 없다. 교수자가 불타지 않고서 학습자를 불태울 수 없는 것이다. 교수자의 정열을 불태우는 에너지는 어디서 나오는가? 교수자 자신이 수업내용과 자기의 임무에 대해 의의를 발견하고, 달성하려는 성취욕에서 나온다.

⑤ 좋은 인간관계

수업을 진행하면서 교수자는 학습자와의 거리를 없애고자 노력할 필요가 있다. 심리적인 거리감이 학습자의 귀를 멀리해 버리기 때문이다. 아무리 기술이 뛰어나고 지식이 많다고 해도 인간적인 매력이 없으면 교수자와 학습자 사이에 친밀감이 생기지 않는다. 따라서 교수자는 교육장의 분위기를 활발하게 조성하기 위해 인간관계도 원만하게 처리하는 능력을 갖추고 있어야 한다.

⑥ **평가의 척도**

교수자의 임무 중 중요한 하나가 학습자들을 평가하는 것이다. 공정하고 타당성 있게 평가를 하는 것은 가르치는 일 만큼 중요한 일이다.

(2) 교수자의 능력

① **통찰력**

어떤 것으로부터 여러 가지 사항을 바르게 판단하고 미래를 내다볼 수 있는 힘을 가지고 있어야 한다.

② **추리력**

어떤 일에 직면했을 때 '어째서', '왜', '글쎄', '그럴까?'하는 왕성한 추리력이 수업 내용의 밀도를 높여 준다.

③ **기획력**

수업 내용의 화제 선택과 이야기의 구성에 크게 영향을 미치는 중요한 자질이다.

④ **창의력**

내용에 대한 접근 방식, 진행 방식, 보조자료 활용 방식 등에서 남들과 색다르게 하기 위해서 독창성이 요구된다.

⑤ **표현력**

말하고자 하는 내용을 충분히 전달할 수 있을 정도로 학습자의 조건에 맞는 대응력과 매력적으로 말하는 기술이 겸비되어야 한다.

지금까지 살펴본 내용들은 가장 이상적인 교수자의 자질이며 교수자는 가능한 여기에 가까워지도록 노력해야 한다.

아래 〈표 9-1〉은 교수자의 행동을 효율적 행동과 비효율적 행동으로 구분하여 정리한 것이다.

〈표 9-1〉 교수자의 효율적, 비효율적 행동

	효율적인 행동	비효율적인 행동
1	열정적으로 가르친다.	냉담하고 싫증난 듯이 가르친다.
2	학습자에게 관심을 많이 가진다.	학습자들에게 관심이 적다.
3	언제나 즐거워 보이고 낙천적이다.	침울해 보이고 염세적이다.
4	교실에서 쉽게 화내지 않는다.	강의실에서 쉽게 화낸다.
5	학습자와 함께하기를 즐기고 유머를 발휘한다.	지나치게 심각하고 진지하다.
6	자신의 잘못을 학습자들 앞에서 인정한다.	자신의 잘못을 모르거나 인정하지 않는다.
7	학습자들에게 공정하고 객관적이다.	학습자들에게 불공정하고 편애한다.
8	인내심을 가진다.	인내심이 약하다.
9	학습자들을 이해하고자 노력한다.	학습자들을 이해하지 못하고 때로 조롱한다.
10	학습자들을 다정하고 따뜻하게 대한다.	학습자들과 간격을 두고 대한다.
11	교육적인 문제뿐 아니라 학습자들 개인의 신상문제도 도와준다.	학생들 개인의 신상문제에는 관심이 적다.
12	잘한 일에 대해서는 칭찬을 아끼지 않는다.	학습자들을 칭찬하는 경우가 없다.
13	교육 성취가 나쁜 학습자라도 그의 성실한 노력을 인정한다.	교육 성취가 나쁘면 그의 성실성까지 의심한다.
14	언제나 타인의 반응을 받아들인다.	타인의 반응을 거부한다.
15	학습자들이 항상 최선을 다하도록 격려한다.	학습자들을 제대로 격려하지 못한다.
16	강의 준비를 철저히 한다.	교육 준비에 불성실하다.
17	강의는 전체 계획 속에서 항상 융통적이다.	교육을 계획대로 하나 유연성이 없이 실시한다.
18	학습자 개개인의 요구가 다름을 인정한다.	개인차를 인정하지 않는다.
19	흥미롭고 새로운 교육 자료와 방법을 연구한다.	교육 자료와 방법에 관심이 적다.
20	시범과 설명은 분명하고 구체적으로 한다.	설명이 모호하고 시범이 불분명하다.
21	방향 제시가 분명하고 철저하다.	방향제시가 불완전하고 모호하다.
22	학습자가 스스로 공부하고 스스로 평가하도록 고취한다.	학습자 개개인의 자율적인 학습을 인정하지 않는다.

	효율적인 행동	비효율적인 행동
23	야단을 쳐도 조용히 위엄 있게 긍정적으로 친다.	야단을 칠 때 잔소리가 많고 조롱한다.
24	기꺼이 도와준다.	도와주는 데 인색하다.

출처: 이복희 외(2020)

(3) 교·강사 인력풀 구축

평생교육기관의 효율적인 운영을 위해 다양한 분야의 평생교육 프로그램의 교육과정별 교·강사 인력풀을 구축·관리·활용할 수 있으며, 기관 특성에 따라 교·강사의 경력 개발을 위한 강의 이력 DB를 구축하여 다양한 프로그램 운영에 활용할 수 있다.

① 교·강사 인력풀 관리

교·강사 인력풀은 기관 운영 시스템 관리에 따라 온라인, 오프라인으로 구분해 관리할 수 있다. 중앙기관이 인력풀을 구축·관리하여, 직속 기관 또는 협력기관과의 인력풀로 활용할 수 있다.

- 온라인 인력풀 관리
  온라인 인력풀 관리 시스템을 구축하여, 다양한 영역의 인적자원이 구인·구직의 통로 역할을 할 수 있는 인력풀 시스템을 구축할 수 있다. 또 실질적으로 우수한 인적자원을 바탕으로 기관 운영에 효율성을 기할 수 있다. 실제 운영되고 있는 소속 교·강사의 자체 연수 등 역량 강화를 통해 다양한 영역의 인력풀을 관리할 수 있다.
  또한 지역 인적자원 구축 연계 통로 역할을 할 수 있다. 예를 들면 서울시교육청은 학교의 다양한 영역과 지역의 유휴 인적자원의 연계 통로 역할을 지원하기 위해 인력풀 시스템을 홈페이지에서 구축·운영하고 있다. 학교평생교육에서 다양하게 운영되고 있는 방과후학교, 초등돌봄교실 또는 다양한 영역의 인적자원 구인・구직망을 구축하여 학교 현장과 일선 기관에서 인적자원을 연계・활용할 수 있는 시스템을 지원하고 있다. 기관마다 인력풀을 구축 운영하는 인력 낭비를 줄이고, 중앙 기관에서 총괄하는 효율적인 시스템이다.

- 오프라인 인력풀 관리

오프라인 인력풀 관리는 평생교육기관 자체 위촉하는 교・강사 또는 인근 기관의 우수인적자원을 연계 활용하는 시스템으로, 교・강사를 실무자들이 서로 추천하여 연계하는 방법과 인터넷 등으로 위촉(채용), 재위촉하고 있다. 이러한 경우는 지역적 특성, 학습대상에 따라, 교・강사 과목에 따라 프로그램은 유사한 영역을 개발・운영할 수 있다. 교・강사 인력풀 관리는 [그림 9-2]와 같이 목록을 작성, 교・강사의 개인 정보 수집 동의서를 받아 대장으로 정리하여 활용할 수 있다.

연번	이름	전공과목	연령/성	연락처	주소지	비고
1	홍길동	영문학과	61 / 남	123-4567-8901	B구 H동	특기
2	이교육	역사학과	72 / 여	098-7654-3210	A구 C동	...
3	...	...	...	...	...	...
4	...	...	...	...	...	...

[그림 9-2] 교・강사 인력풀 목록 작성 활용

② 교・강사 경력 개발을 통한 DB 관리

평생교육 과정 교・강사에게는 체계적인 직무 연수 시스템이 구축되어 있지 않다. 따라서 평생교육 강사로 활동하는 교・강사는 개인이 노력하여 개별적으로 다양한 영역의 연수 이수를 수행하고 있다. 시대적 변화에 대한 대응력을 향상시키기 위한 교・강사의 역량 강화와 연수 지원이 필요하다. 이에 평생교육 교・강사의 직무연수

제도의 체계화가 필요한 시점이지만, 현재의 시·도 운영 체제와 교육청 운영 체제의 이중 구조적인 한계점 등이 있다. 이는 우리나라의 학교교육 중심 구조에서는 아직도 쉽지 않은 상황이다. 이에 평생교육기관에서 좋은 인적자원을 구축·활용할 수 있는 체계적인 시스템을 모색해 가는 것이 효율적이다.

③ **교·강사 경력 개발**

교·강사 인력풀을 구축해 경력 개발을 관리·지원하면, 인력풀 인적자원으로 다양한 영역의 프로그램을 개발·운영·활용할 수 있다.

- 경력 개발 관리

  평생교육기관에서는 우수한 교·강사를 확보하기 위해 이미 활동하고 있는 교·강사 인력풀을 지속적으로 관리하고, 자체 교육 또는 연수 기회 제공 또는 정보 제공을 한다. 기관은 운영에 필요한 교양, 전문 영역 재교육 등 일정한 기준의 연수제도를 운영할 수 있다. 재교육 등을 통해 영역별로 일정한 기준을 제시하여, 시대적 변화에 대응할 수 있도록 평생교육기관 운영 규정에 알맞은 교육을 실시할 수 있다

(4) 교수자 선정

① **교수자 선정 개요**

- 교수자 선정의 기준

  교수자의 전공과 주요 수업과목, 출강하는 기관 및 대상 등을 다른 기관의 교육 담당자들과의 정보 교환을 통하여 사전에 충분히 파악하여야 한다.
  우리 기관과 그리고 의뢰한 교육과정 성격과의 부합 여부도 면밀히 따져 본다. 의외로 명성에 비해 수업내용이 부실한 경우와 지명도는 없어도 수업이 충실한 경우가 있으니 프로그램담당자는 교육에서 교수자의 중요성을 인식하여 적절한

교수자를 확보하는 것이 매우 중요하다.

- 교수자 인력풀(Pool) 확보

  프로그램 담당 교수자를 결정할 때 이미 그 과정에 맞는 전문가의 인적 사항을 다수 확보하고 있어야 한다.

- 교수자 인선위원회

  교수자를 선택해야 할 경우 교육담당자 혼자 결정하기가 부담스러울 수 있다. 이 때 자체 교수자 인선위원회를 개설해서 합리적이고 객관적인 평가를 내린 후 결정하는 것도 바람직한 방법이다.

② 교수자 선정 시 고려할 점

- 학습자들이 받아들이기 쉬운 교수자, 교수자의 성별, 경력, 사회적 평가, 직위 태도 등 모든 요소를 간과해서는 안 된다.
- 학습내용에 대해 숙지하고 그것을 전달할 수 있는 표현력이 있는 사람을 선정한다.
- 교수자 후보자는 복수로 해 두고, 빨리 접촉하여 본인의 승낙을 얻을 필요가 있다.
- 기관 내 교수자의 경우, 전문 교수자가 아니기 때문에 충분한 준비 기간을 가질 수 있도록 배려할 필요가 있다.
- 외부 교수자의 경우에도 일반적으로 본인의 스케줄이 있기 때문에 희망하는 시기를 확보하기 위해서는 가능한 한 빨리 섭외할 필요가 있다.

③ 교수자 선정의 절차

- 교육프로그램을 확인한다.
- 기관이 보유하고 있는 교수자 인력풀을 활용해 수업에 적합한 교수자 후보자를 선정한다.
- 기관 외 정보를 활용하여 수업에 적합한 교수자 후보자를 추천 받는다.
- 교수자 후보자를 놓고 적임자를 선정하는 회의를 한다.

- 교수자 후보자의 순위를 매긴다.
- 1순위 교수자부터 전화로 수업 의뢰를 한다.
  - 이때는 수업 내용을 팩스 또는 e-mail을 이용하여 발송한다.
  - 교수자가 먼저 교수자료에 대한 문의를 할 때는 정확하게 알려준다. 단, 지속적으로 수업을 해 온 교수자에게는 특별히 통보할 필요가 없다.
  - 교육담당자의 연락처를 남겨 놓고 교수자 후보자의 결정을 기다린다.
  - 결정 사항을 알려주기로 한 기한까지 연락이 없으면 다시 의뢰한다.
- 교수자의 수업 수락이 떨어지면 수업 의뢰서와 기관 안내 자료 등을 발송한다.
  - 기관의 이념, 교육의 목적, 학습자 집단, 전체 프로그램 내용, 교육기관에 대한 소개, 과거의 교육내용 등이 포함되어야 한다.
  - 주차 여부와 교육장소 약도 등 세부적인 사항에 관한 내용도 알려준다.
  - 교육 담당자의 휴대폰 번호를 알려주어 교육 당일 만약의 사태에 대비한다.
- 프로그램 실시 하루 전쯤 수업과 수업장소 등을 전화와 e-mail로 확인시켜 준다.
  - 변동사항은 즉각 통보해 주어야 한다.
  - 프로그램 실시 당일 교통상황, 기후관계, 장소변동 등을 교수자에게 통보해 줌으로써 도착에 차질이 없도록 한다.
- 교육 당일 교육담당자의 휴대폰은 교수자가 무사히 도착하기 전까지 켜 놓아야 한다.

④ 기관 내 교수자에 대한 배려

기관 내 교수자에 대해서는 전문 교수자와 달리 다음과 같은 지원 및 가이드가 필요하다.

- 교육실시 경위, 기대하는 학습내용, 학습자의 상황 등 필요한 자료를 정리해 설명한다.

- 지도방법에 대한 정보를 제공하고 상담한다. 필요에 따라 연구 기회를 주고 지도 매뉴얼을 제공한다.
- 텍스트, 자료의 선택, 작성을 지원한다.
- 필요에 따라 교수방법, 화법 등에 대해 교육기회를 주어 교수방법에 대한 이해를 돕는다.
- 교재, 기자재를 제공하고 그 사용방법을 돕는다.
- 지도연습을 위해 학습자의 모델역할과 상대역이 된다.
- 실행 시 진행 보조역을 하고 자료배포, 기자재의 사용을 돕는다.

⑤ 교수자 확정 및 사전 협의

- 교수자와의 협의 사항
  - 교육목표와 전체 프로그램
  - 교육의 구체적 운영방법
  - 의뢰하는 부분의 주제와 내용, 기대하는 달성수준
  - 대상자의 인원, 연령, 직업, 학습목표에 대한 현재수준, 관심의 정도
  - 일시, 장소, 전화번호, 교통편
  - 교재원고의 청탁
  - 기타
- 이 밖에 교수자와 협의해 두어야 할 내용

  텍스트, 자료 등의 유무, 사용방법, 교실의 운영방법, 시청각 교재의 사용방법, 숙박유무, 긴급 연락망, 기타 주의사항, 교수자 프로파일 등

⑥ 교수자가 열의를 갖게 되는 경우

- 프로그램담당자가 교육에 대한 열의와 자신에 대해서 큰 기대를 가지고 있다고 느낄 때

- 자신의 지식, 경험, 기능에 대한 이해와 자신에 대한 담당자의 배려와 관심을 느낄 때
- 교육내용과 그 수단에 대한 담당자의 깊은 이해와 적극적인 원조 자세를 느낄 때

(5) 교수자 오리엔테이션

프로그램을 개발한 프로그램개발자는 교수자에게 프로그램의 개발 배경, 학습자에 대한 정보, 기관의 교육 이념 방침 등에 대하여 오리엔테이션을 할 필요가 있다. 오리엔테이션을 함으로써 그 기관에 대하여 귀속감 및 자긍심을 갖게 되고 프로그램개발자의 개발 취지에 따라서 프로그램의 강의를 수행할 수 있게 된다.

〈인적 자원 배정 예시 1〉

인적자원	교수자 및 스텝	• 진행자 1명 • 레크레이션 교수자 1명 • 가족상담(가족치료사) 1명 • 영양교사 및 조리원 자원봉사자 3명 • 의료 간호사 1명 • 기타 스텝 8명(기사 2명 포함) • 자원봉사자 3명

〈인적 자원 배정 예시 2〉

- 교수자: 외부교수자 3명
- 행정업무 담당자(운영자): 1명
- 상담사: 1명

3) 자원봉사

평생교육기관은 평생교육 프로그램 수료자, 심화과정 상급단계로 승급하는 학습자 등 서로 학습 영역이 일치하는 수료자들을 대상으로 학습 동아리(소모임)를 구성할 수 있다. 학습 동아리 구성원들은 지역 문제 해결 또는 전문적인 학습 토론 활동을 지원할 수 있고, 또는 전문가 과정을 수료하여 지도자로서 봉사활동을 할 수 있다. 자원봉사자들은 다양한 경로로 성장한 지역 유휴 인적자원을 체계적으로 구축・활용할 수 있다. 전문 인적자원을 구축하였으나, 활동 수요처가 연결되지 않으면 인력풀 구축의 의미가 없다. 인력풀을 구축하면, 이를 활용할 수 있는 활동 수요처 발굴도 중요하다.

(1) 활동 수요처 조사

봉사단 구성 영역에 따라 활동 수요처 발굴도 필요하다. 마포평생학습관(서울평생교육정보센터)에서 운영하고 있는 [그림 9-3]의 '서울평생교육봉사단 구축 흐름도'를 살펴보자. 서울평생교육봉사단의 활동 목적인 '교육 봉사'활동으로 진행되고 있으며, 이는 '금빛평생교육봉사단' 활동을 단순 봉사가 아닌, '교육봉사'로 구축한 배경과 같다. 또 서울 지역 평생교육기관 활동과 초등학교 돌봄교실을 중심으로 전문 영역 인적자원이 '교육봉사' 활동을 지원하고 있다. 서울시는 박물관, 지역 평생교육기관, 직업 훈련 기관, 사회 복지관 등 다양한 영역에서 지역과 연결하여 자원봉사자들이 활동할 수 있도록 연계 지원하고 있다.

단계	내용
수요조사	• 학교평생교육거점학교 담당교사들 대상으로 설문조사
봉사단 구성	• 학부모 및 평생학습동아리 등 지역의 인적자원 중심 • 전문가 양성을 통한 초등돌봄교실 실습 및 봉사단 활동
봉사단 운영	• 기본교육실시 후 초등돌봄교실 프로그램 활동지원
평가	• 활동학교모니터링 및 사업운영에 관한 자체 평가 실시

[그림 9-3] 서울평생교육봉사단 구축 흐름

(2) 활동 배치

봉사단으로 위촉된 단원은 봉사자의 활동 영역에 알맞은 활동 수요처의 요청으로 활동할 수 있도록 연계된다. 이때 활동 수요처는 봉사자와 '봉사 활동 합의서'를 작성하며, 봉사 활동 상황을 체크하고, 매달 담당자에게 송부하여 봉사 활동을 기록한다. 이는 활동 실비와 연결된다.

① 담당자 역할

담당자는 활동 수요처의 요청 사항을 파악하여 봉사자 인력풀에서 적합한 봉사자를 찾는다. 이때 담당자는 봉사자의 활동 영역, 활동 기간을 완료할 수 있는지, 교통 편의 등을 확인하고 봉사자에게 활동 안내를 한다. 활동 기관 담당자와 합의가 이루어지면 봉사 활동을 배치한다. 매달 활동 상황부를 확인하고 예산이 책정되어 있으면 활동 실비를 지급하고, 그렇지 않은 경우는 활동 실적을 포털 시스템에 등록 관리한다.

② 봉사자 역할

봉사자는 수요처와 합의에 의한 자신의 재능을 지역에 기부할 수 있도록 요청 기관 담당자와 현장을 방문한다. 요청기관 담당자와 합의에 의한 봉사활동기관을 결정한다. 봉사영역이 결정되면 봉사자는 교육 과정(커리큘럼)을 준비해 수업에 임한다. 이때 봉사자는 봉사 마인드로 자신의 재능을 지역에 환원하는 자세로 활동한다.

③ **활동 기관 담당자**

활동 기관 담당자는 활동을 지원하기 위해 방문한 봉사자의 활동에 대한 의지, 열정, 봉사자의 자세 등을 확인하고, 활동 기관 운영에 적합하면 활동 영역을 설명하고 합의서를 작성하여 봉사 담당자에게 활동을 요청한다. 활동 기관 담당자는 봉사 활동 합의서와 매달 활동 상황부를 담당 기관에 송부한다.

④ **활동 결과 인정**

활동 기관과 봉사자의 합의에 의해 봉사 활동이 이루어지면 봉사자에 대한 인적사항, 활동 영역, 활동 기간 등을 문서로 처리하고, 대장에 정리하여 활동 결과를 인정한다.

3. 물적 자원의 선정과 관리

1) 평생교육 물적자원

평생교육 물적자원이란 평생교육에 활용되는 자원 중 물리적 자원을 의미한다. 평생교육의 물적자원은 교육에 활용할 수 있는 자원 중에 인적자원, 재정자원, 정보자원을 제외한 대부분의 자원은 물적자원이라고 할 수 있다. 지역사회에 소재하고 있는 여러 종류의 자원이 물적자원에 해당한다. 즉, 넓은 의미에서 볼 때 지역사회의 지리적 환경, 자연환경, 동식물과 산과 하천, 평야 등도 물리적 자원이다. 지역사회에 위치하고 있는 건물, 기관, 시설도 물적자원이다. 이 같은 건물, 기관, 시설도 교육과 직접적으로 관련된 것도 있고 교육과 간접적으로 관련된 것도 있다. 지역사회에 위치하고 있는 기관과 시설은 그 용도 별로 다양하게 분류할 수 있다. 즉, 상업시설, 기업시설, 문화시설, 보건시설, 여가시설, 교육시설, 복지시설, 스포츠 시설 등은 모두 지역사회에 위치하고 있는 기관과 시설들이다.

이 같은 시설 가운데 교육에 직접적으로 관련되거나 활용할 수 있는 것도 있고 교육과는 거리가 먼 것도 있다. 예를 들어, 도서관, 미술관, 박물관, 문화센터 등은 교육에 직접적으로 활용할 수 있는 자원이고, 우체국, 은행, 공연장 등은 평생교육에 부수적으로 활용할 수 있는 시설이다.

지역사회의 물적자원에는 교육설비도 물적자원이라고 할 수 있다. 교육과 관련된 시설 혹은 설비도 지역사회의 물적자원이다. 강의실, 운동장, 수영장, 체험학습장, 실습장 등은 교육과 직접적으로 관련된 시설이다

(1) 지역사회의 물적자원과 학습권역

프로그램을 운영할 지역사회가 보유하고 있는 물적자원은 다양한 종류가 있다. 지역사회의 물적자원으로는 지역사회의 자연자원, 기관, 시설물, 설비, 교육자료 등이 있다. 이 같은 지역사회 내 물적자원은 지역사회의 특정 지역에 위치하고 있다. 어떤 종류의 물적자원이 어느 지역에 소재하고 있는가 하는 것은 평생교육을 계획하는 데 있어서 중요한 참고자료가 된다. 지역사회의 구체적 공간 안에서 교육이 이루어지므로 물적자원에 따라 지역사회의 학습권역을 달리 계획할 필요가 있다. 지역사회에 소재하고 있는 물적자원의 경우 특히, 기관과 시설자원의 경우는 특정 지역에 편포되어 있을 수 있으며, 자연자원의 경우에도 해당 자원이 위치하고 있는 지역은 해당 자원을 활용한 교육프로그램 운영에 동원할 수 있다. 이처럼 지역사회의 어느 위치에 어떤 종류의 물적자원이 어느 정도 분포하는가는 향후 지역사회의 학습권역을 설정하고, 해당 지역사회에 운영할 적절한 프로그램을 설정하는데 유용하게 활용할 수 있다.

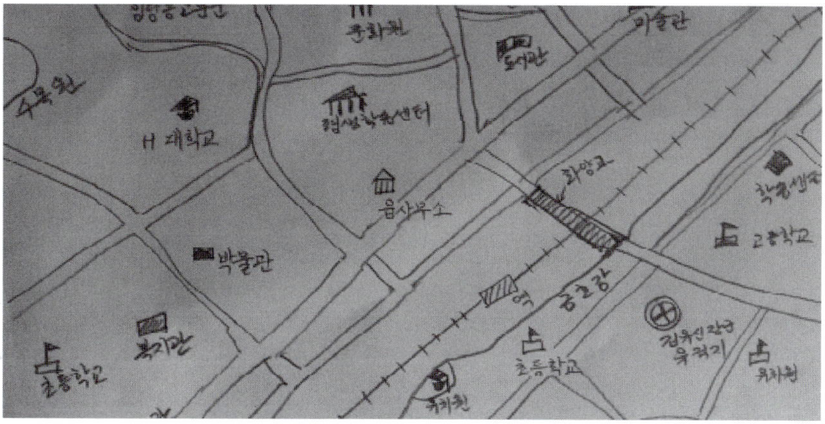

[그림 9-4] 지역사회의 물적자원 지도 예시

(2) 프로그램 관련 물적자원

평생교육 프로그램 관련 물적자원이란 평생교육 프로그램 운영과 직접적으로 관련된 물적자원을 의미한다. 즉, 프로그램 운영과 관련된 자연자원, 동식물자원, 기관자원, 시설자원, 설비자원, 교육기자재, 교육자료 등의 자원을 말한다. 프로그램 관련 물적자원이란 특정프로그램을 운영하는데 직접적으로 관련된 물적자원을 의미한다. 그러므로 물적자원의 조사에 있어서는 프로그램이 어떤 프로그램인가를 확인하는 것이 중요하다.

- 프로그램 관련 물적자원 조사

  프로그램 관련 물적자원이란 특정 프로그램을 운영하는데 필요한 물적자원을 의미한다. 특정 프로그램을 운영하는데 필요한 물적자원을 조사하기 위해서는 우선 해당 프로그램에 필요한 물적자원이 무엇인가를 파악하는 것이 필요하다. 즉, 해당 프로그램을 운영하는데 필요한 물적자원으로 어떤 종류의 자원이 어느 정도 필요한지를 파악하는 것이 필요하다.

  자연자원, 동·실물자원, 기관자원, 시설자원 등의 자원 중에 어떤 종류의 자원이 어느 정도 필요한가를 파악하는 것이 필요하다.

• 물적자원 목록

물적자원 목록은 물적자원 리스트라고 할 수 있다. 물적자원 목록은 평생교육 프로그램 관련 물적자원의 목록을 의미한다. 개발하고자 하는 평생교육 프로그램 운영과 관련된 물적자원의 종류가 무엇인지, 물적자원의 수량이 어느 정도 필요한지를 유목화하여 구체적인 목록을 작성하는 것을 프로그램 관련 물적자원 목록작성이라고 한다.

2) 교육장소 및 기자재 선정

교육 프로그램을 운영・진행하기 위해서는 시설과 설비를 필요로 한다. 이러한 물적환경은 프로그램 효과에 많은 영향을 준다. 특히 성인학습을 운영하면서 설비나 시설들이 성인에게 적합하지 않은 일반 학생들이 사용하는 설비나 시설은 성인학습자들이 많은 불편함을 느끼기 때문에 프로그램의 성과가 현저히 떨어진다.

또한 성인들은 학습이 본업이 아니기 때문에 학습하는데 불편함이 없는 기자재가 선정되어야 할 것이다. 물적자원 선정에서 프로그램에 직접적으로 영향을 미치는 시설은 교육장소 및 학습 프로그램을 지원하는 기자재들이라고 볼 수 있다.

이러한 장소나 기자재는 대상자의 인원 수, 프로그램 내용, 프로그램 목표에 따라서 달라질 수 있다. 성인들의 학습 현장에서 효과적으로 사용되고 있는 참여식 학습을 운영하기 위해서는 많은 기자재가 지원되어야 한다. 이에 물적자원의 선정에서 중요한 요소인 교육장소 및 기자재 선정에 대하여 살펴보고자 한다.

프로그램이 시작되기 전에 장소와 관련된 많은 항목들을 점검하는 것이 교육프로그램 담당자의 중요한 책무이다. 장소로 인한 문제점을 극복하고 적절한 학습 분위기를 조성하지 못한다면 교육담당자로서의 역할을 포기하는 것이다.

(1) 교육장소 선정의 원칙

① 교육장소는 학습 분위기를 수용할 수 있어야 한다.

② 교육장소는 학습자 규모에 적합한 크기와 원래 의도한 용도에 맞아야 된다.

③ 교육인원이 소규모일 경우에는 가급적 기관 내 교육장소를 활용하는 것이 좋다.

④ 연수와 같이 합숙교육일 때는 외부 장소를 활용하는 것이 좋은데, 이때 대상자의 인원과 연령, 환경, 시설, 거리, 비용 등을 감안하여 선정하되 특히 비용(예산 범위 내)을 감안한다.

⑤ 교육장소는 반드시 사전 답사해야 한다.

⑥ 학습자들의 수준에 따라 교육장소를 선택해야 한다.

⑦ 일반인들이 많이 사용하는 복합휴양시설은 특별한 목적이 없는 한 피해야 한다.

⑧ 교육장소로 인한 문제점을 극복하고 적절한 학습 분위기 조성을 위해 교육훈련 담당자는 상상력과 창의력을 발휘할 필요가 있다.

(2) 교육장소 선정의 기준

① 참석인원의 수: 정원을 초과한 교육장소에 더 많은 인원을 억지로 수용해서는 안 된다.

② 교육장의 크기

- 책걸상 일체형: 학습자 1인당 2～2.5㎡
- 의자와 책상 분리 회의형: 학습자 1인당 2.5～3.5㎡

③ 교육장 배열: 교육프로그램에 맞게 그리고 어떤 자리 배치이든 모든 사람들이 정확하게 보고 들을 수 있도록 해야 한다.

④ 적합한 의자와 책상: 책상은 폭 0.5m, 길이 1.8m 정도

⑤ 의자와 책상의 배열에 유념해서 선정해야 한다.

⑥ 조명: 학습자들이 필기할 때 지장이 없도록 해야 한다.

⑦ 소음: 작업장으로부터 멀리 떨어진 장소를 선정해야 한다.

⑧ 온도: 섭씨 20~25℃ 정도를 유지하도록 냉난방에 신경써야 한다.

⑨ 교통 편의: 대중교통 시설, 주차공간, 장애인 시설 등을 고려해야 한다.

⑩ 부대 시설물: 휴게실, 자동판매기, 공중전화, 화장실, 비상출입문, 숙박시설 등을 고려한다.

⑪ 주위 산만: 주위를 산만하게 할 만한 것을 사전에 제거한다. 예를 들어, 교육과 무관한 포스터나 그림 등을 가리기 위해 블라인드를 사용하는 방법 등이 있다.

⑫ 음향시설: 교육담당자와 교수자의 목소리가 주도적인 소리가 되어야 한다.

⑬ 전기시설: 전기설비의 사용가능 여부와 전원코드의 위치를 점검해야 한다.

⑭ 교육용 기자재: 구비 여부, 정상 작동, 대여 가능성 등을 점검해야 한다.

⑮ 여분의 비품: 여분의 준비물을 구비하고 그것의 교체방법도 알고 있어야 한다. 슬라이드, 전구, 수업용 펜, 종이 등

⑯ 비품 보관장소: 여분의 교육용 장비, 배포 자료, 기자재 등을 보관할 공간이 있어야 한다.

(3) 교육장소 선정의 과정

① 교육 참여 인원 수를 결정한다.

② 교육장소 후보 시설을 선정한다.

③ 교육장소 후보 시설들에 대한 정보(비용, 위치, 연락처, 환경 등)를 요청한다.

④ 수집된 정보를 가지고 준비한 체크리스트에 따라 필요한 사항들을 점검한다.

⑤ 체크리스트 점검 결과에 따라 교육장소 후보 시설들의 순위를 매긴다.

⑥ 1순위 후보 시설부터 연락한다.

⑦ 사전 답사를 실시한다.

(4) 지역 내 대여 가능한 교육시설

① 수업실: 시민회관, 여성회관, 주민자치센터, 지역사회복지관, 기업, 대학

② 세미나실(토론실): 시민회관, 여성회관, 문화원, 기업, 종교시설의 교육관

③ 강당: 구청, 구민회관, 시민회관, 사회복지시설, 기업

④ 회합장소: 시민회관, 주민자치센터, 종교시설

⑤ 연습실: 청소년문화의 집, 지역사회복지관

⑥ 운동장: 초등학교, 중학교, 고등학교, 대학교

(5) 교육장소 준비를 위한 체크리스트

〈표 9-2〉 **교육장소 체크리스트**

	항 목	점 검	점검 중	미점검
1	참석 인원			
2	교육장 크기			
3	교육장 배열			
4	교육용으로 적합한 의자와 책상			
5	교육장 내 가구들의 배치			
6	교육장 조명			
7	교육장 내외의 소음			
8	교육장의 위치(접근의 편이성)			
9	필요 설비(시설물)			
10	주의 산만 요소들			
11	교육장 내 음향 상태			
12	전기설비			
13	전원 추가확보 가능 여부			
14	프로젝터			
15	화이트보드 및 마커			
16	비디오 및 모니터			
17	투사기			
18	여분의 비품			
19	확성 장치			

	항 목	점 검	점검 중	미점검
20	비품 보관 장소			
21				
22				
23				
24				

〈물적 자원 선정 예시 1〉

물적자원	장소 선정	• 충남 평생교육원 강당(O.T장소) • 충남 임해수련원(숙박 및 숙식, 교육장소) • 대천 오서산(등반코스)

〈물적 자원 선정 예시 2〉

• 장　　소: 롯데마트 문화센터 천안점
• 협력업체: ○○ 유업(분유회사), 롯데마트에서 물품 협력 또는 원가지원

4. 금전적 자원의 확보 및 관리

프로그램 예산은 일반적으로 개발비용, 전달비용, 평가비용 등으로 구분된다. 개발비용이란 프로그램을 개발하는 데 소요되는 비용으로서 자체에서 개발하거나 외부전문가에게 의뢰하였거나 아웃소싱에 의한 경우 지급되는 비용이며 일반적으로 요구분석, 설계, 개발에 소요되는 비용이다. 지금까지는 개발에 드는 비용을 적게 투자하는 경향이 있었는데 좋은 프로그램이 되기 위해서는 개발 비용에 많은 비용이 투자되어야 할 것이다. 전달비용이란 프로그램을 실시하는 과정에서 소요되는 비용으로서 직원 월급, 참여자 비용, 시설 임대료, 수업 자료비 등이 여기에 속한다. 또한, 전달비용은 준비비용, 직접비용, 기타 행정비 등으로 나눌 수 있다. 평가비용이란 프로그램 결

과를 사후평가 하는 데 소요되는 비용이다. 좋은 프로그램이 되기 위해서는 프로그램을 운영하는 데 그치지 않고 프로그램의 결과를 평가하여 다음 프로그램개발에 반영하여야 할 것이다. 그러기 위해서는 프로그램 평가에도 많은 비용이 책정되어야 한다.

1) 예산

(1) 예산 준비

평생교육 담당자는 평생교육기관의 예산 분류 체계와 그에 따른 예산 범주에 대하여 이해하고 있어야 한다. 예산 준비 과정에서는 다음과 같은 사항을 고려해야 한다(권인탁 · 임영희, 2011).

- 프로그램 및 서비스의 목적
- 프로그램 및 서비스를 제공하는 데 필요한 세부적인 활동 및 절차
- 각 프로그램 및 서비스를 위한 사람의 요구와 비용
- 필요한 인력 지원과 비용
- 프로그램 및 서비스를 위한 장비와 설비
- 각 프로그램 및 서비스를 위한 건물 및 장소
- 프로그램, 서비스 활동, 비용, 순익 인력에 대한 과거 평가

(2) 예산 확보(수입 관리)

평생교육기관의 수입 구성 항목은 [그림 9-5]와 같이 수강료, 외부 보조금, 후원금 또는 기부금, 수익 사업으로 구분된다. 보통 지자체 산하의 평생교육기관은 수강료가 무료이거나 저렴하나 영리를 목적으로 하는 민간 평생교육기관에서는 수입원으로 수강료의 의존도가 높다. 외부 보조금 수입은 중앙정부 및 지방자치단체의 다양한 공모사업을 통해 지원받는 경우이며, 비영리 평생교육기관의 경우 기부금이나 후원금의 의존도가 높다

[그림 9-5] 수입 예산 항목

• 수강료

수강료는 학습자가 납부하는 것으로 평생교육기관의 대표적인 수입원이다. 보조금이나 후원금을 받지 않는 영리 평생교육기관은 수강료에 의존하여 기관을 운영하기 때문에 수강 금액이 고액인 경우가 많다. 반면 비영리 평생교육기관이나 공공 영역의 평생교육기관들은 수강료가 무료이거나 소액을 받는다.

• 외부 보조금

중앙정부 및 지방자치단체, 공익 단체 등을 통해 이루어지는 보조 사업들이 모두 외부 보조금을 지원받는 경우이다. 각 행정 부처마다 다양한 보조 사업들을 연초에 공모를 통해 선정하고 있기 때문에, 평생교육 담당자는 외부 보조금 공모 사업의 현황과 선정 시기에 대한 정보를 알고 있어야 한다.

• 수익 사업

평생교육기관에서 수익 사업은 프로그램 외에 얻게 되는 수입원을 의미한다. 예를 들어 강의실 대여와 같은 시설 임대, 바자회, 일일 학습 마켓 등을 통해 얻는 수입원이다. 이러한 수익은 기관 운영이나 프로그램 운영에 투자하게 된다.

• 후원금 및 기부금

후원금이나 기부금은 개인·단체·기업 등이 자발적으로 후원함으로써 확보되는 수입원으로 사회적 공익을 추구하는 비영리 평생교육기관일수록 후원금의 의존도는 높다. 후원금이 많을수록 평생교육기관은 양질의 프로그램을 제공할 수 있고, 후원자들로 하여금 후원의 의미를 갖게 하는 반면, 어느 순간 후원이 줄어들어 수입 구조가 약화되었을 때는 기관 운영에 타격을 받는다. 따라서 후원금은 항상 외부 환경 변화에 영향을 받는 요인이 되므로, 담당자는 이에 대한 대비책을 강구해야 한다.

(3) 예산 집행(지출 관리)

평생교육 담당자는 승인된 예산에 대하여 목적대로 집행한다. 지출 항목은 각 기관마다. 예산 편성 기준에 따라 항목이 달라질 수 있으나, 일반적으로 고정비, 변동비, 직접비, 간접비 등으로 구성한다. 고정비와 변동비는 학습자 수의 영향에 따라 지출이 달라지며, 직접비와 간접비는 프로그램 운영과 관련한다. 즉, 인건비, 수당, 프로그램 운영비, 홍보비, 여비, 회의비 등의 각종 지출 경비들이 이러한 편성 기준 항목에 따라 지출된다. 최근에는 예산 집행 업무의 복잡한 처리 절차와 시간, 노력에 대한 절감의 필요성으로 자동화된 회계 처리 시스템에 의해 처리되는 추세이다(정민승 · 허준, 2016).

- 고정비

  고정적으로 지출되는 경비로 기관 내부 직원 인건비, 교 · 강사 강의료, 수당, 보조 인력 인건비, 광고 및 홍보비, 시설 임대 유지비 등이 속한다.

- 변동비

  참여하는 학습자 수에 따라 발생 비용이 변동되는 지출로 교재비, 재료비, 다과비, 식비, 소모품 구입비 등이 속한다.

- 직접비

  프로그램이나 특강, 강좌를 운영하는 데 직접 소요되는 경비이다. 인건비, 홍보비와 같은 고정 비용 성격과 교통비, 회의비, 업무 추진비, 교재비, 숙박비, 식비 등과 같은 변동 비용 성격의 비용을 포함한다. 직접비는 직접적인 원가를 산출할 수 있다.

- 간접비

  프로그램이나 특강, 강좌를 운영하는 데, 직접적인 원가를 파악할 수 없는 비용으로, 통신비, 전기세, 수도세, 교육설비 사용료 등이 여기에 속한다.

2) 적정예산 수립방법

프로그램을 개발할 때 예산 관련부분은 신중하게 고려해야 하는 부분이다. 프로그램 담당자는 원가의식의 중요성을 알고 있어야 하며 항상 비용에 대한 수익의 결과를 생각하는 투자수익 마인드를 가져야 한다.

(1) 예산수립의 원리

효율적인 프로그램 운영을 위하여 적정한 예산수립이 요구되는데, 이때 다음 몇 가지 원리를 중심으로 이루어지도록 한다.

① 예산승인과 재정담당자를 고려한다.
② 교육 참가자들의 기회비용도 비용에 고려한다.
③ 시설물의 감각상각비도 고려한다.
④ 재정의 충당금과 보조금을 고려한다.
⑤ 교육개발비용과 평가비용도 고려한다.
⑥ 수업료 이외의 수입원을 고려한다.
⑦ 참여자들의 수업료 부담 정도를 정한다.
⑧ 비용이 정확히 측정되어야 한다.
⑨ 실질적 접근방법을 사용하여야 한다.

(2) 프로그램 비용감소를 위한 전략(R. Caffarella, 1994)

적정예산 수립을 위해서는 프로그램 관련 비용을 감소시키는 것은 중요하다. 그러나 교육프로그램은 적정예산이 소요됨으로 무조건 비용감소만을 생각할 수는 없다. 그러나 비용 감소를 하기 위해서 노력하는 것은 필요하다. 비용감소를 위한 전략은 다음과 같다.

① 프로그램을 계획, 운영, 평가하는 데 필요한 담당자의 수를 줄여라.
② 비영리기관인 경우에는 참가자의 수를 줄여라.
③ 저렴한 학습형태와 테크닉을 사용하라.
④ 참가자들로 하여금 그들의 음식과 간식을 준비하게 하라.
⑤ 현재의 프로그램을 줄이고 구성을 타이트하게 하라.
⑥ 교육 참가자들의 기회비용을 줄이기 위하여 야간수업도 고려해 보아야 한다.
⑦ 참가자들에게 모든 자료를 제공하기보다는 도서관에서 빌리게 하라.
⑧ 교수자료를 줄이기 위하여 기관 내의 교수자를 활용해 볼 수 있다.
⑨ 프로그램에 대한 엄격한 평가를 통하여 불필요하게 제공되고 있다고 생각하는 행동, 지원 등을 삭제하라.
⑩ 교육의 본질에 관계없는 비용은 줄여 나간다.
⑪ 합숙교육 방법만이 아닌 자기주도 학습, 원격교육 방법 등을 고려해 본다.

(3) 재정확보방법

적게 쓰는 것과 함께 다양한 방법으로 재원을 확보하는 것도 중요하다. 재원의 출처는 기관의 성격과 운영 프로그램의 내용에 따라 다르다. 즉, 공공평생교육기관, 민간평생교육기관, 수익형 평생교육기관, 비영리형 평생교육기관 등에 따라서 달라질 수 있다. 재정확보 방법으로는

① 참여자의 학습비 부담을 증가시킨다.
② 기관・단체의 일반재정으로 충당하는 방법이다.
③ 국가, 지방자치단체 등의 공적 자금 관련 사업에 제안하여 선정될 수 있다.
④ 개인 및 기관으로부터 기부금을 획득하는 방법이다.

일반적으로 프로그램 운영재원은 참여자의 학습비에 의한다는 수익자 부담의 원칙을 기본으로 한다. 이와 함께 기관의 비전에 맞는 프로그램을 운영할 경우에 기관의

일반재정에서 충당하는 경우도 있다. 또한, 공적 사업의 경우는 국가나 지방자치단체 등의 공공기관으로부터 사업 제안서를 제출하여 선정될 수도 있다. 교육과학기술부, 평생교육진흥원의 소외계층 지원과정, 주말과정, 평생학습 중심대학 사업, 보건복지부의 다문화 가족지원과정, 시・도교육청의 평생교육 프로그램 공모과정, 노동부의 실업자재취업과정이나 재직자능력향상과정, 계좌제 사업, 자치단체에서 여성지도자 과정이나 청소년어울마당 또는 동아리 지원 등과 같은 특별사업에 대한 재정지원을 받을 수 있다. 마지막으로 기관의 비전이나 프로그램의 목적에 찬성하는 사람들이나 기업체로부터 기부금을 획득하는 방안도 있을 수 있다. 지역의 기업에서 지역발전을 위한 기금을 출연할 경우, 이와 관련되는 평생교육 프로그램을 개발하면서 재정지원을 받을 수 있을 것이다.

(4) 프로그램 재정의 적정수준을 결정하기 위한 원리

① 프로그램에 필요한 비용과 수입을 고려하여 재정운영 목적을 수립한다.

② 수입을 확보하기 위한 세부계획을 세운다.

③ 비용은 공인을 받아 사용되어야 한다.

④ 모든 재정상의 거래는 정확하게 기록되어야 한다.

⑤ 모든 회계사항은 적어도 1년에 한 번씩 관계자에게 보고하여야 하며, 이러한 기록은 실제비용과 수입의 항목에 따라 구성되어야 한다.

⑥ 모든 프로그램을 무료로 하는 것보다는 교육의 참여를 위해서는 일부 수익자 부담을 하는 것도 고려해 볼 수 있다(이화정 외, 2003: 143-145).

(5) 예산편성의 절차

일반적으로 예산편성의 절차는 다음 [그림 9-6]와 같다.

예산 편성지침

○○년도 교육 중점사항

○○년도 교육계획

교육예산 편성

교육예산 확정(승인)

승인예산의 재편성

[그림 9-6] 예산 편성의 절차

(6) 경비 산정

경비를 산정하는 방법은 교수자료, 숙식비, 간담회비, 교재비 등 소요경비별로 분류하여 산정하는 방법과 분석비용, 개발비용, 실시비용 등과 같이 과정 기능적으로 분류하여 산정하는 방법이 있다. 단, 정부의 보조금으로 운영되는 경우는 정부기관의 보조금 운영기준에 따라 예산을 산출해야 한다.

〈소요경비별 예산산출 내역 예시〉

사업명	지출항목	금액(천 원)	산출(기초)
계		7,755	
마을 활동가 양성과정	강사비	4,130	• 강사비(1급강사 기준) 230,000원×1시간×7회=1,610,000원 120,000원×2시간×7회=1,680,000원 • 보조강사비 40,000원×3시간×7회=840,000원
	홍보비	140	• 현수막(개강식, 수료식) 50,000원×2식=100,000원 • 배너 40,000원×1식=40,000원
	재료비	680	• 교재 인쇄 및 제본비 13,000원×20권(15명×130%)=260,000원 • 수업실습재료비: 60,000×7회=420,000원

사업명	지출항목	금액(천 원)	산출(기초)
	견학비	1,840	• 버스임대료 495,000원×1식=495,000원(부가세포함) • 보험료 3,000원×20명=60,000원 • 선진지 견학비 200,000×1식=200,000원 • 주강사비: 230,000원×1시간=230,000원 • 인솔강사비 40,000원×7시간=280,000원 • 견학중식비 8,000원×20명=160,000원 • 현수막 50,000원×1식=50,000원 • 다과비 3,000원×15명=45,000원
	운영비	1,285	• 다과비 3,000원×15명×7회=315,000원 • 프로그램 기획·개발비 800,000원×1식=800,000원 • 행사비(개강식, 수료식) 170,000원×1식=170,000원

3) 학습비 결정방법

학습비 선정은 프로그램개발과정에서 가장 고민하게 되는 민감한 사안 중의 하나이다. 또한 그러면서도 중요한 사항 중에 하나이다. 수강료 결정에 영향을 미치는 요인은 기관의 성격, 운영철학, 보조금지원관계, 기관의 시장점유율 등 다양한 요소들이 있다. 또한 수강료 결정에 따라 교육생의 수가 많아지거나 적어질 수도 있어서 경영에 가장 큰 영향을 미치는 요소이기 때문에 수강료 결정방법은 기관경영에서 가장 중요한 의사결정의 하나이다. 수강료 결정의 원리라고 할 수 있는 세 가지 기본적 접근을 살펴보면 다음과 같다(이화정 외, 2003: 178).

(1) 학습비 결정의 접근방법

① 전체 비용가격에 기초한 가격 결정

예상되는 전체 프로그램비용을 산출해 보고 거기에 따라서 수입을 조달하기 위하여 학습비를 결정하는 방법이다.

교육상황에서 이것은 매우 적절한 방법이 될 수 있지만, 여기서의 어려운 점은 참여자의 수를 파악하기가 힘들다는 데에 있다. 이때의 대책은 최소한의 등록인원을 설정해 두고 이에 따라 프로그램 수강료를 결정하는 것이다.

② 시중의 현재가격에 의한 가격 결정

시중에서 유통되는 비슷한 프로그램의 가격에 의해서 학습비 결정을 접근하는 방법이다. 이때에도 같은 프로그램을 운영하더라도 기관의 성격, 기관이 있는 위치, 대상자의 수준 등을 고려하여 결정하여야 한다. 그러나 이것은 너무 안이한 방법으로 그 기관의 정책, 철학도 반영하여야 한다.

③ 이윤주의에 의한 가격 결정

본 프로그램을 운영해서 이익이 나올 수 있는 가격으로 결정하는 방법으로 손익분기점분석방법으로 나온 수강료에 얼마만큼의 이윤을 낼 것인가를 결정하여 그만큼 학습비에 반영하는 접근방법이다.

이 접근방법의 어려운 점은 수요 대 가격에 영향을 미치는 진정한 정보의 획득이 어렵다는 점에 있다. 이러한 이유로 이윤주의는 실제에 적용하기에는 어려움이 따른다. 높은 가격의 프로그램들은 질의 면에서는 어느 정도 받쳐 준다는 이점이 있는 반면에 높은 가격의 프로그램은 교육대상 집단을 감소시키게 마련이다. 따라서 이 두 가지 요소를 모두 고려해야만 하는 것이다.

그러나 어느 한 가지 접근방법으로 학습비를 결정한다는 것은 위험하고 이 세 가지 접근방법을 다 같이 고려하여 접근하여야 할 것이다.

(2) 프로그램 수강료 책정방법

일반적인 수강료 책정방법으로서는 총 수입 및 지출내용을 토대로 한 손익분기점 분석방법이 있다.

① 손익분기점 분석방법

손익분기점 방법은 총 수입액과 총 지출액이 같은 금액이 되도록 수강료를 책정하는 방법이다. 총 경비내역에는 교수자료, 시설사용료, 광고비, 교재비, 숙식비 등을 들 수 있으며, 총 수입내역은 기관내부지원금, 기관외부지원금으로 구성된다.

총 수입내역을 (A), 총 경비내역을 (B), 최소참가자 수를 (C), 수강료를 (D)로 정했을 때 수강료 결정 공식은 D = {(B - A)/C} 이다.

〈수강료 산정 예시〉

- 총 수입내역(A): 기관내부 지원금: 1,000,000원
  기관외부 지원금: 1,000,000원
  합계: 2,000,000원
- 총 지출내역(B): 교수자료: 1,000,000원
  숙박비: 700,000원
  교재비: 200,000원
  소모품: 100,000원
  간식비: 100,000원
  워크샵: 300,000원
  합계: 2,400,000원
- 최소참가 예상인원(C): 40명
- 수강료: 2,400,000 - 2,000,000 / 40 = 10,000원

② 최소 참여자 수의 결정방법

프로그램이 존속하기 위한 최소 참여자 수의 결정하는 방법은 다음과 같다. 참가자 수는 결국 수강료에 의한 손익분기점이 되는 셈이다(오혁진, 2003: 247-248).

최소 참여자 수(손익분기점)=프로그램운영 고정비용 / 프로그램의 수강료 - 참가자 1인당 가변비용

예를 들어, 프로그램을 운영하기 위한 고정비(시설임대료, 전기요금, 냉난방비, 교수 자료)가 7,000,000원이고 프로그램 수강료를 70,000원으로 책정하였으며 가변비용(교재, 차량, 식사, 간식, 소모품)이 40,000원이 든다고 하였을 때 프로그램이 자립적으로 운영되기 위한 최소한의 교육프로그램 참여자 수는 다음과 같다.

최소 참여자 수: 7,000,000원 / 70,000원 - 40,000원 = 233

따라서 최소 233명이 참석하여야 손익분기점을 맞출 수 있다.

이처럼 프로그램 수강료 책정에 있어서는 최소 참여자 수를 고려하여만 한다.

연구문제

1. 유능한 교육 담당자의 조건에 비추어서 본인은 어떠한가를 평가해 보고 부족한 자질 및 조건은 어떻게 보완할지를 계획 세워 보시오.

2. 교육 장소를 잘못 선정하여 교육 프로그램이 실패한 경우와 잘 선정하여 성공한 사례를 토의하여 보시오.

3. 잘 알고 있는 프로그램의 예산을 과정 기능적 분류에 따라서 예산을 수립하여 보시오.

Step 6 활동지: 자원배분

6단계에서는 인적자원, 물적자원, 재정자원을 배분하는 단계이다. 인적자원이라 하면 강사나 보조강사, 운영직원 등을 말하며, 물적자원은 강의실이나, 기자재 등을 들 수 있다. 재정자원에서는 총 수입내역과 총 지출내역, 그리고 최소 참가 인원을 예상하여 손익분기점 분석을 통하여 수강료 결정을 할 수 있다. 또한 전체 프로그램을 운영하기 위한 일정표를 작성한다.

〈자원배분을 위한 활동지〉

1. 강사 선정

2. 담당자 선정

3. 교육장소 선정

4. 시설 설비선정

5. 총 지출내역

6. 총 수입내역

7. 수강료 결정

developing programs in lifelong education | chapter 10

프로그램 마케팅과 홍보

Step 7 프로그램 마케팅과 홍보

[학습개요]

마케팅이란 기업이나 조직에서 고객의 요구를 연구하고, 고객이 원하는 제품(상품, 아이디어, 서비스)을 개발하며, 그것에 효과적인 가격을 책정하고, 고객이 쉽게 구매하도록 유통시키면서 고객과 지속적인 관계를 유지하는 일련의 활동이다. 이 장에서는 평생교육 프로그램개발과 관련하여 마케팅의 개념과 새로운 마케팅의 추세, 마케팅의 절차를 살펴본다.

아울러 평생교육 프로그램개발에 있어서 홍보의 중요성과 다양한 홍보방법을 프로그램개발에 어떻게 적용하고 활용할 수 있는지를 모색해 보고자 한다.

[학습목표]

1. 마케팅의 개념과 평생교육 프로그램개발에 있어서 새로운 마케팅의 추세를 설명할 수 있다.
2. 마케팅의 절차를 이해하고 마케팅의 전략체계를 프로그램개발에 적용할 수 있다.
3. 마케팅 전략수립의 4가지 구성요소인 제품전략, 가격전략, 유통경로전략, 촉진전략을 평생교육 프로그램개발에 적용할 수 있다.
4. 마케팅 방법 중 홍보매체의 특성을 설명할 수 있다.

1. 프로그램 마케팅의 이해

1) 프로그램 마케팅의 개념

프로그램 마케팅이란 개발된 프로그램에 학습자들의 참여를 유도하기 위해 취해지는 여러 가지 활동을 포괄적으로 지칭하는 개념을 말한다(김진화, 2011). 마케팅은 단순히 인쇄물을 만들어 배포하는 것에서부터 잠재적 학습자가 프로그램에 참여하도록 유도하고, 프로그램을 운영하는 과정에서 기관과 담당자, 학습자의 상호작용을 포함하는 복잡한 과정이다.

우리나라의 평생교육에 마케팅이 적용되기 시작한 것은 1990년대 중반 이후로, 마케팅의 중요성이 제기되었다(오혁진, 1996). 초기의 평생교육기관 마케팅의 개념은 평생교육 프로그램을 잠재적 학습자들에게 알려서 프로그램에 적극 참여하도록 홍보하는 데 목적이 있었다. 한국마케팅학회에서는 마케팅을 "조직이나 개인이 자신의 목적을 달성시키는 교환을 창출하고 유지할 수 있도록 시장을 정의하고 관리하는 과정"이라고 정의한다. 미국마케팅학회에서는 1985년에 "개인과 조직의 목적을 만족시키는 교환을 창출하기 위해 아이디어, 제품과 서비스의 창안, 가격설정, 촉진 및 유통을 기획하고 집행하는 과정"이라고 정의하였다. 따라서, 현대사회의 마케팅은 판매행위를 통해 고객의 욕구를 충족시키는 과정이라는 관점을 넘어, 고객욕구를 이해하고, 고객이 가치 있게 여기는 것에 주목하여(Drucker, 2010) 제품과 서비스를 개발하고, 효과적인 가격책정, 유통정책, 촉진정책을 개발해야 한다.

마케팅 개념은 사회 경제적 배경과 고객의 특성에 따라 다양하게 변화되어 왔다. 프로그램 마케팅의 모형에는 시멀리(R. Simerly)가 제시한 전통적 모형, 교환모형, 적응모형이 있다(R. Simerly and Associates, 1989: 5). 이 세 가지 모형은 평생교육현장에서 단독적으로 적용되기보다는 매우 복합적으로 활용된다.

〈표 10-1〉 R. Simerly and Associates(1989)**마케팅 모형 비교**

구분	전통모형	교환모형	적응모형
관심	평생교육기관	평생교육기관, 학습자	학습자
관점	기관이 일방적으로 개발한 프로그램을 고객에 일방적으로 설득하여 참여시키려고 함	프로그램의 가치를 학습자의 욕구와 필요의 교환을 통해 획득	학습자의 요구와 흥미에 대한 평생교육기관의 대응강조
장점	마케팅 활동 계획 시 고려할 요인이 거의 없음	요구분석과 협의를 통해 평생교육기관의 지속적인 변화 촉진	학습자의 만족을 강조, 변화 촉진에 매우 적극적
단점	외적환경변화를 무시 학습자에 대한 무관심	계속적인 협의와 장시간의 요구분석으로 기관의 변화가 점진적으로 이루어짐	평생교육기관의 목적이나 필요, 기준, 가치들을 도외시하는 경향 있음

출처: 강은이(2017).

2) 마케팅의 변화 추세

21세기의 시장은 변화 속도가 매우 빠르고 급격하여 얼마나 빠르게 변화에 대응할 수 있는지가 경쟁우위를 판가름한다고 할 수 있다. 앞으로 사람들이 살아가는 것에 있어서 평생학습이 중요한 이유는 사회변화의 양이 아니라 변화의 속도를 따라잡기 위해서이다. 이러한 변화에 맞추어 평생교육 프로그램 마케팅도 변해야 한다.

마케팅환경을 변화시키고 마케팅전략의 변신이 요구되는 주요 추세와 변화 주도요인을 온라인, 모바일, 소셜미디어 마케팅으로 구분하여 살펴보고자 한다.

[그림 10-1] 새로운 마케팅 추세

디지털 기술의 급속한 성장은 삶의 방식, 즉 의사소통하고, 정보를 공유하고, 오락물에 접근하고, 쇼핑하는 방식에서 근본적인 변화를 초래했다. 대략 30억 명의 사람이 온라인에 접속하고 있다. 현재 한국은 선진 18개 국가 중 스마트폰 보급률 1위를 차지하고 있다. 성인의 95%가 스마트폰을 갖고 있고, 이들 중 76%가 모바일 기기를 이용한 소셜 미디어를 사용하고 있다. 앞으로 디지털 기술이 더욱 폭발적으로 성장함에 따라 모바일 이용자와 소셜 미디어 사용자는 더욱 늘어날 것이다.

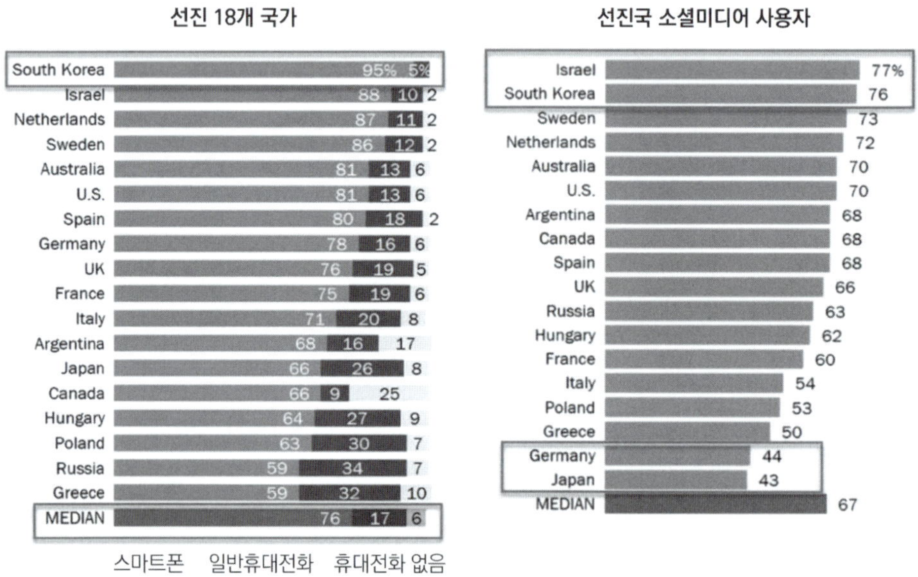

[그림 10-2] 선진국 소셜미디어 사용 순위

출처: https: //mn.kbs.co.kr/news/view.do?ncd=4135732

이와 같이 디지털과 소셜 미디어의 급속한 발전과 인터넷은 마케팅 세계에 큰 변화를 가져왔다. 코틀러는 디지털 마케팅과 소셜 미디어 마케팅(digital and socal media maketing)은 웹 사이트, 소셜 미디어, 모바일 광고와 앱, 온라인 동영상, 이메일, 블로그 그리고 기타 디지털 플랫폼 등의 디지털 마케팅도구를 이용하는 것으로, 이러한 플랫폼들은 컴퓨터, 스마트폰, 태블릿, 인터넷 TV 등의 디지털 도구를 통해 시간과 장소에 구애됨이 없이 소비자들의 참여를 가능하게 한다고 말한다.

국내에 잘 알려진 대표적인 소셜 미디어로는 블로그, 페이스북, 트위터, 유튜브, 플리커, 핀터레스트, 미투데이, 카카오톡, 카카오스토리, 인스타그램 등이 있다.

3) 마케팅의 절차

평생교육시장은 다양한 학습자들로 구성되어 있으며 이들의 욕구, 자원, 선택 기준 등은 동일하지 않다.

평생교육기관은 이러한 상황에 어떻게 대처해야 할까? 학습자의 교육수요를 파악하고 가치를 판단하여 수요에 맞는 교육 프로그램과 서비스를 개발해야 한다. 이때 개발된 프로그램을 학습자들에게 알리고, 학습자들이 참여하기 이전에 이미 마케팅 활동은 시작된다는 점에서 마케팅은 프로그램개발의 전체 과정을 포괄한다고 볼 수 있으며, 마케팅의 절차가 프로그램개발 단계와 겹쳐진다고도 볼 수 있다.

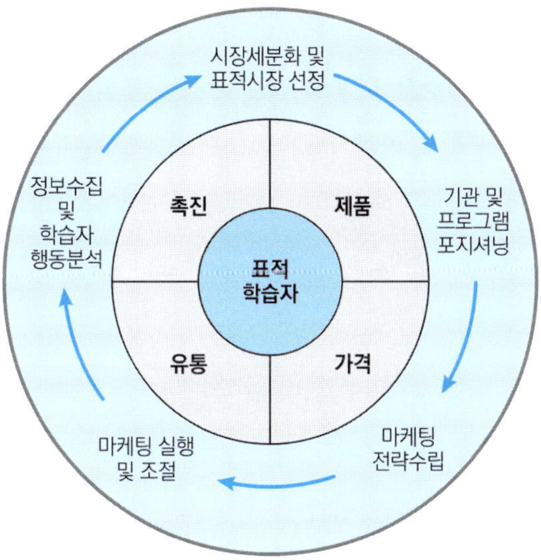

[그림 10-3] 프로그램 마케팅의 절차

평생교육 프로그램개발에 있어서 마케팅 절차는 일반적으로 5단계를 거친다. [그림 10-3]과 같이 정보수집 및 학습자 행동분석 → 시장세분화 및 표적시장 선정 → 기관 및 프로그램 포지셔닝 → 마케팅전략 수립 → 마케팅 실행 및 조절의 단계로 이루어지며, 각각의 단계는 필요에 따라 피드백과정을 거치며 순환하면서 진행된다.

2. 프로그램 마케팅의 전략체계

프로그램 마케팅 전략체계는 정보수집 및 학습자 행동분석, 시장세분화 및 표적시장 선택, 기관 및 프로그램 포지셔닝으로 구성된다.

1) 정보수집 및 학습자 행동분석

마케팅 절차의 첫 단계는 잠재적인 학습자 집단에 대한 정보수집 및 학습자 행동분석을 바탕으로 시장 세분화 및 표적시장 선정과 프로그램 포지셔닝을 하는 활동과 표적 집단의 학습자들에게 프로그램에 대한 다각적인 정보를 효과적으로 전달할 수 있는 전략을 수립하는 과정으로 이루어진다. 학습자가 어떤 프로그램을 선택하는 데에는 다양한 요인들이 영향을 미치기 때문이다. 이 단계에서는 학습자와 경쟁자, 자원봉사자 등의 욕구와 인식을 파악하고 분석하는 과정이다(O.C. Ferrell, Michael D. Hartline, George H. Lucas, 1999).

- 우리는 누구인가?
- 우리의 주 고객은 누구인가?
- 주 고객의 욕구, 인식, 서비스에 대한 기대는 무엇인가?
- 우리 기관의 운영철학은 무엇인가?
- 우리 기관의 직원, 지역사회, 사회문제 및 환경(고객, 자원봉사자, 경쟁자 등을 포함하는 시장의 트랜드)과 관련된 우리의 관심사는 무엇인가?

• 우리 기관은 시장의 변화에 어떻게 대응할 것인가?

마케팅의 효과를 높이기 위해서는 첫째, 지역분석 자료와 둘째, 인구통계 자료를 수집하여 분석하는 것이 필요하며, 셋째, 생활양식 자료와 넷째, 행동양식 자료를 수집하여 학습자들의 행동을 유형화해야 한다.

첫째, 지역분석은 교육시장에서 학습자들을 세분화할 수 있는 기초자료를 제공한다. 학습자들의 욕구와 선호도가 거주 지역에 따라 다르게 나타날 수 있기 때문이다. 교육시장은 행정구역과 인구규모에 따라 대도시, 중소도시 등의 지역단위로 나눌 수 있으며, 학습자가 거주하는 일정한 지역 내에 유사한 교육 프로그램을 제공하는 평생교육기관이나 학습자 거주지와 평생교육기관 간의 통학거리 등을 분석해야 한다.

둘째, 인구통계 자료는 교육시장을 구성하는 학습자들의 특성을 분석하는 데 기초자료가 된다. 연령, 성별, 가족규모, 가족생활주기, 수입, 직업, 교육정도, 종교, 인종, 국적 등의 분석 자료를 수집한다. 특히 연령과 함께 가족의 생애주기(신혼기, 자녀형성기, 자녀성장기, 자녀결혼기, 자녀분가기, 독신생활기 등) 특성, 사회경제적 지위(수입, 직업, 교육정도)를 나타내는 요소는 학습자들의 구매형태 방향을 제시한다는 점에서 중요하다고 볼 수 있다.

지역분석 자료와 인구통계 자료는 주로 정부나 지방자치단체 등 공적 기관에서 발행한 서면자료를 수집하여 분석한다.

셋째, 잠재적 학습자들은 평생교육기관의 다양한 마케팅 활동에 자극을 받아서 개개인의 특성에 따라 교육 프로그램을 선택하고 등록한다. 마케팅 활동의 성패는 학습자들의 행동특성과 프로그램 등록 시 의사결정과정을 분석하는 데 달려 있다. 학습자들의 행동특성은 그들의 생활양식 자료와 행동양식 자료를 수집하여 분석한다.

학습자들의 생활양식은 그들의 일상생활이 배어 있는 고유한 행동, 의견, 흥미를 말하며, 심층면접이나 전문가의 도움을 받아서 자료를 수집하고 분석한다.

넷째, 행동양식 자료는 학습자들의 구매행동을 분석하는 것이다. 마케팅 전략을 수립하는 데 있어서 가장 중요한 기초자료가 된다고 볼 수 있다. 먼저 학습자의 구매, 소비와 관련된 프로세스를 파악해야 한다. 구매 전 단계에서 고객들은 어떻게 필요를 느끼게 되는지, 정보는 어디에서 얻는지, 구매 단계에서는 실제로 결정한 프로그램을 구매하는지 등을 알아야 한다(김재일 외, 2018). 또한 구매액, 구매회수, 구매인원 등 구매행동의 규모를 세분화하고 고객의 상태에 따라 비고객, 잠재고객, 첫 번째 고객, 단골고객 등으로 세분화하여 분석한다. 또한 고객이 서비스 구매를 통하여 얻은 이익을 고객의 관점에서 파악하고 이익을 세분화하며, 특정 서비스에 대한 고객의 선호도(충성도)를 세분화하여 구매행동을 분석한다(김용현 외, 2014). 이를 통해 도출된 학습자 행동 정보는 마케팅 전략 결정에 중요한 참고자료로 활용된다.

2) 시장세분화 및 표적시장 선택

시장세분화는 특정한 교육 프로그램에 대하여 비슷한 성향을 가진 학습자들을 구분하여 하나의 집단으로 묶는 것을 의미한다. 시장을 세분화할 때 학습자들이 어떠한 욕구, 동기, 태도, 과거 경험 등을 갖고 있는지를 준거로 삼을 수 있다.

시장세분화는 분(E. Boone)이 제안한 학습집단 매핑(Mapping of Publics)과 유사하다(이화정 외, 2003: 156-158). 학습집단 매핑은 평생교육기관이 앞으로 개발할 교육 프로그램에 참여가 예상되는 잠재적 학습집단의 윤곽을 정하는 것이다. 평생교육기관은 앞으로 개발될 프로그램에 참여가 예상되는 가용학습자는 누구이며, 이들의 거주지는 주로 어느 곳인지를 대략적으로 파악하고 있어야 한다.

또한 학습 집단 매핑과 세분화의 준거를 활용하여 시장을 세분화할 때는 한 가지 준거만이 아니라 여러 가지 준거를 적절하게 조합하여 효율성을 높일 수 있게 해야 한다.

〈표 10-2〉 교육시장 세분화

학습자 세분화	주요 특성	전달 체제
고학력 학습자	• 교육이 주요 수단이자 목적이라는 것을 알고 있음 • 학습의 지속성과 성공가능성 높음 • 결과에 대한 요구 높음	• 주로 학교 등의 교육기관 활용 • 원격교육 등을 통한 학습지원 선호
실용적 학습자	• 고용상의 지위향상 및 유지 목적을 위한 교육의 가치창조 • 목적 지향적인 학습	• 자격증 교육 • 원격학습 • 직장에서의 학습 • 고등교육 기관을 통한 학습
초보적인 학습자	• 즉각적인 보상 및 요구충족 • 고용지향적인 학습(기술, 정보) • 인정이나 칭찬 중시	• 고용주에 의한 학습 • 고등단계의 직업교육 • 교수활동 지원 • 원격 온라인 학습
여러지향적 학습자	• 자기 자신을 위한 학습 중시 • 자격증 취득은 2차적이며, 인정이나 정서적 등이 중요	• 문화센터, 주민자치센터 등 • 학습동아리 • 웹상에서의 학습
실직상태의 학습자	• 학습은 새로운 도약을 위한 도구 • 내재적인 목적은 중시하지 않음	• 학습에의 유연성 • 실제 지향적 • 취업지향적인 학습중시
무목표 학습자	• 계속적인 학습이나 교육기회를 통한 발전에 대한 동기 결핍 • 자신의 능력에 대한 확신감 결여 • 인식된 학습요구 전무상태	• 지역사회의 중심의 교육기관 • 교육접근성 중시
기초학습 능력결여 학습자	• 교육이나 학습에 대한 두려움 • 기초생활능력에 대한 동기	• 지역사회의 여러 교육기관 • 지역의 대학이나 정규 교육기관

출처: 권두승 외(2009)

현실적으로 교육시장의 모든 학습자를 대상으로 마케팅 활동을 펼치는 것은 비용도 많이 들고 효과도 적기 때문에 최소의 비용으로 최대의 효과를 얻기 위해서는 표적 집단과 시장을 설정하는 것이 중요하다. 따라서 세분시장에 대한 평가와 함께 다음의 사항들을 검토해야 한다.

첫째, 기관은 마케팅 활동에 투입할 수 있는 자원을 얼마나 보유하고 있는가? 기관의 자원이 충분하다면 다수의 세분시장을 표적으로 삼을 수 있지만, 자원이 부족한 상황이라면 한 개 또는 소수의 표적시장을 선택해야 한다.

둘째, 시장과 프로그램의 동질성은 어떠한가? 세분시장별로 학습자들이 원하는 프로그램이 비슷하다면 하나의 프로그램으로 여러 개의 세분시장에 진출하는 표적 시장 선택이 가능하다. 한편 프로그램의 동질성이 높고 세분시장에 대한 깊은 이해와 관계구축이 우월하다면 하나의 시장에 여러 개의 프로그램을 취급하는 표적시장을 선택할 수 있다.

셋째, 비용, 기술 등에 있어 세분시장들 간 관련성을 검토해야 한다. 관련성이 높으면 복수의 세분시장에 진출할 수 있다.

넷째, 경쟁기관이 어떠한 표적시장 선택 전략을 추진하는지를 파악하고 고려해야 한다. 시장에서 성공을 거두기 위해서는 경쟁기관이 어떠한 표적시장 선택 전략을 추구하는지 파악하고 경쟁에 있어 자기의 위치나 경쟁력을 고려해서 표적시장을 선택해야 한다. 예를 들어, 주된 경쟁사가 전체 세분시장에 진출하고자 하고 있고, 유사한 경쟁사와의 전면전을 고려하고 있다면 전체 세분시장을 표적시장으로 선정하는 것이다. 표적시장을 선정한 이후에는 표적시장의 학습자들에게 기관의 프로그램을 어떻게 인식시킬 것인가를 결정해야 한다.

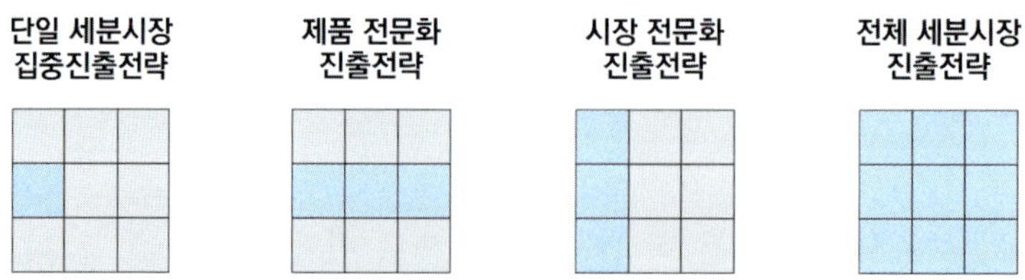

[그림 10-4] 표적시장 선택전략 유형

출처: 김재일 외(2018).

3) 프로그램 포지셔닝(Positioning)

포지셔닝이란 표적집단의 마음속에 의미 있고, 경쟁기관의 프로그램과 비교하여 명확하고, 차별화된 이미지를 각인시키려는 노력을 의미한다. 표적집단을 만족시켜 주기 위해서는 다른 경쟁기관과 차별화된 교육기관의 이미지와 프로그램의 특성을 인식시키는 활동이 필요하다. 프로그램 포지셔닝은 학습자가 마음속에서 경쟁기관들과 비교하여 우리 기관의 프로그램이 차지하는 상대적 위치를 말한다.

프로그램을 포지셔닝 함에 있어 기관은 우선 어떤 것으로 경쟁우위를 제공할 고객가치를 차별화할지 정확히 밝혀야 하는데, 이는 프로그램 포지션의 근간이 된다. 경쟁기관보다 더 낮은 수업료를 책정하거나 혹은 더 비싼 가격에 더 많은 혜택을 제공함으로써 더 높은 고객가치를 제공할 수 있다(Philip Kotler & Gary Armstrong, 2017).

아울러 표적집단의 마음속에 우리 프로그램의 위치를 확보할 수 있는 마케팅 전략을 수립하는 것이 필요하다.

3. 프로그램 마케팅 전략수립

평생교육기관과 프로그램의 포지셔닝을 결정하고 나면, 표적시장에서 마케팅 활동을 펼치는 데 적합한 마케팅 전략을 수립해야 한다. 마케팅 전략은 일반적으로 마케팅의 핵심적인 4가지 구성요소(4P: Product, Price, Place, Promotion)를 결합하여 수립한다. 평생교육기관들은 이러한 4가지 구성요소를 적절하게 결합하고, 개선시킴으로써 학습자들을 프로그램에 참여시키기 위한 전략을 수립한다.

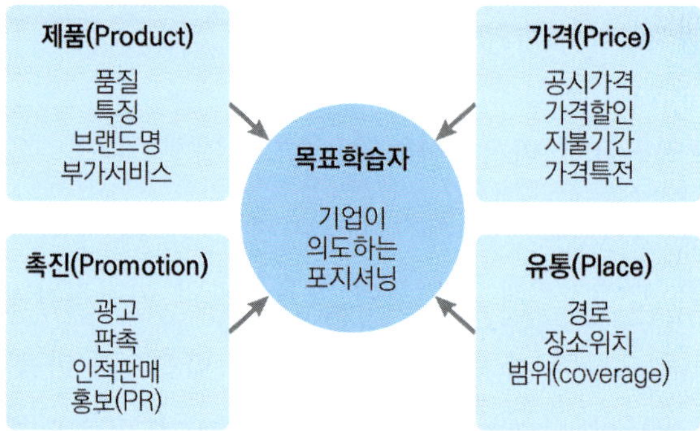

[그림 10-5] 평생교육 프로그램 마케팅 믹스 4P

1) 제품(Product) 전략

평생교육기관에서 제공되는 교육 프로그램이나 서비스를 의미하는 것으로 마케팅 전략의 가장 핵심적인 요소이다. 여기에서 교육 프로그램이나 서비스에는 학습자의 특정한 문제를 해결하고 욕구를 충족시켜 주기 위하여 제공되는 모든 것을 말한다. 과거에는 유형적인 제품과 무형적인 서비스로 구분하였으나 시대의 변화에 따라 모든 제품과 서비스는 유・무형적인 요소를 모두 포함하게 되었다. 학습자가 특정 프로그램에 등록하여 학습함으로써 얻게 되는 이익으로 프로그램 그 자체가 될 수도 있으며, 브랜드 네임, 활용도, 보상 서비스, 인간관계 등이 모두 제품의 구성요소에 포함된다.

평생교육 프로그램이나 서비스는 잠재적인 학습자 집단의 변화하는 요구와 필요를 바탕으로 설계되어야 한다. 따라서 평생교육기관이 반드시 물어야 할 질문은 학습자가 구매하고자 하는 것이 무엇이며, 이 질문에 대한 답이 주어지면 팔리는 것이 무엇인지를 규정하고 학습자에게 돌아가는 이익의 관점에서 프로그램과 서비스를 계획하는 것이 중요하다.

2) 가격(Price) 전략

가격(Price)이란 협의의 의미로 볼 때 제품이나 서비스에 부과된 화폐량을 말한다. 넓은 의미로는 제품 혹은 서비스의 구매로 얻게 될 편익을 위해 고객이 포기해야 할 모든 가치의 합을 말한다(Philip Kotler & Gary Armstrong, 2017).

평생교육 프로그램에서 가격전략이란 프로그램의 유형이나 교・강사의 수준, 프로그램의 전문화 및 진부화의 정도, 프로그램의 수명과 마케팅 비용 등을 고려하여 결정한다(권두승, 2000). 특히, 수강료 책정 시에는 지나치게 원가 중심으로 책정하거나, 타 기관의 변화를 모른 채 결정하거나, 타 프로그램의 가격이나 시장에 따라 수강료의 차이는 어떠한지 등을 세밀하게 검토해야 함을 강조한다.

코틀러(Kotler)는 세 가지 범주에서 가격결정 전략을 제시한 바 있다. 고객가치기반 가격결정・원가기반 가격결정・경쟁기반 가격결정이다.

첫째, 고객가치기반 가격결정(customer value-based pricing)이다. 고객가치 기반형은 판매자의 원가가 아닌 구매자의 가치지각에 기초한 가격결정이다. 가치기반 가격결정은 기관이 제품과 마케팅프로그램을 먼저 설계한 다음에 가격을 결정할 수 없다. 기관은 고객의 제품가치지각에 근거하여 목표가격을 설정한다. 그 다음으로 목표로 삼은 제품가치와 가격에 맞추어 제품을 설계하고 이를 생산하는 데 드는 비용을 추정한다. 따라서 가격결정은 고객의 욕구와 가치지각을 분석하는 것에서 시작되며, 가격은 고객의 지각된 가치에 맞추어 책정된다. 단, 우수한 가치의 제품이 저렴한 가격을 의미하는 것은 아니다.

둘째는 원가기반 가격결정(cost-based pricing)이다. 원가 기반형은 제품을 생산・유통・판매하는 데 드는 비용에 적정수준의 마진을 더하여 가격을 책정하는 것이다.

고객의 가치지각이 가격의 상한선을 결정한다면 원가는 제품가격의 하한선을 결정한다.

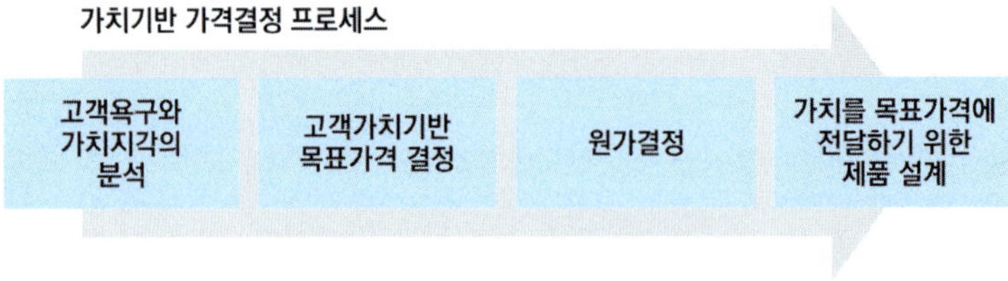

[그림 10-6] 가치기반 가격결정 프로세스

셋째는 경쟁기반 가격결정(competition-based pricing)이다. 경쟁자들의 전략, 원가, 가격, 시장제공물 등을 고려해 가격을 결정하는 것이다. 우리 기관의 프로그램이나 서비스가 경쟁 기관보다 더 많은 가치를 제공한다고 지각된다면 더 높은 가격을 책정할 수 도 있다. 또한 경쟁기관이 가치에 비해 높은 가격을 책정하고 있다면, 그들보다 낮은 가격을 책정하여 경쟁에서 앞서 나갈 수 있다. 즉, 평생교육기관은 어떤 수준에서 가격을 책정하더라도 가격에 맞추어 학습자들에게 탁월한 가치를 제공할 수 있어야 한다.

3) 유통(Place)전략

유통전략이란 평생교육 프로그램이나 서비스를 학습자들에게 효과적으로 전달하기 위한 전략이다. 프로그램의 질이 높고 경쟁력 있는 가격이 결정되면 효과적인 유통경로를 결정해야 한다. 이를 위해 고객서비스의 수준과 품질, 시설 디자인, 시간의 배정 등은 의사결정을 하는 데 중요한 요소이다. 평생교육기관은 유통전략을 세우는 데 있어서 고객에게 근본적으로 최선의 프로그램과 서비스를 제공해야 하지만, 기관의 현실적 여건도 고려되어야 한다(정민승, 허준, 2016).

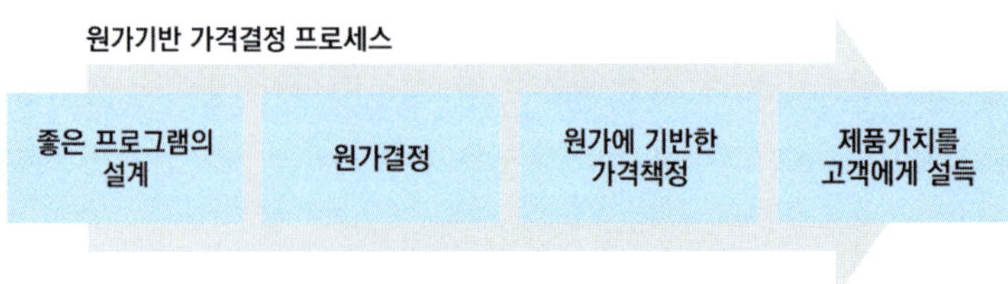

[그림 10-7] 원가기반 가격결정 프로세스

4) 촉진(Promotion)전략

촉진전략이란 평생교육기관이 광고(Advertising), 홍보, 인적판매, 판매촉진, 직접마케팅 등 다양한 수단을 활용하여 개발한 프로그램을 학습자에게 알리는 것을 의미한다. 질 좋은 프로그램과 가격, 유통전략이 아무리 좋다할지라도 학습자가 이를 지각하지 못한다면 마케팅은 성공할 수 없다. 각각의 수단들은 고객과 커뮤니케이션하기 위해 개별적인 촉진수단들을 가지고 있다. 광고에는 방송, 인쇄물, 온라인, 모바일, 옥외 광고 등의 수단, 판매촉진에는 할인, 쿠폰, 전시 등, 인적판매에는 제품소개, 트레이드 쇼, 인센티브 프로그램 등이 있다. 홍보의 수단으로는 보도자료, 스폰서십, 이벤트 등이 있으며, 직접마케팅에는 광고용 유편물, 카탈로그, 소셜미디어, 모바일 마케팅 등의 수단이 있다.

광고와 판매촉진 기법은 소비자에게 제품을 인지시키고 관심을 끄는 효과는 홍보나 인적판매 기법보다 크다는 장점을 가지고 있지만, 구매하는 행위로 이어지는 효과는 상대적으로 약하다는 단점을 가지고 있다. 반면에 홍보와 인적판매 기법은 소비자에게 제품을 인지시키고 관심을 끄는 효과는 광고나 판매촉진 기법보다 약하지만 제품을 사용해 보고 구매(수용)하는 행위로 이어지는 효과는 상대적으로 크다고 볼 수 있다(김용현 외, 2014).

4. 평생교육 프로그램 홍보

1) 홍보의 중요성

홍보(publicity)란 기업 등이 자사와 관련된 내용을 전파할 목적으로 각종 매체에 보도되도록 하는 일을 말한다. 홍보는 대중관계(public relation)의 한 부문으로 단순한 홍보뿐만 아니라 대중관계 업무까지 수행하는 동시에 마케팅 커뮤니케이션도구의 하나이다.

평생교육에서 홍보(Public Relation)란 평생교육기관이나 기관에서 개발한 교육 프로그램을 대중들에게 널리 알리는 행위를 말한다. 특정기관이 자기 기관의 교육프로그램이나 서비스에 대한 수요를 자극하는 데 궁극적인 목표를 두고, 원칙적으로 금전지불 없이(without payment) 해당 기관에게 유익한 내용들이 언론보도, 인터뷰, 입소문 등의 매스미디어를 통해 전달되도록 하는 커뮤니케이션 방법이다.

홍보는 평생교육기관의 교육프로그램과 서비스의 판매를 직접적으로 촉진시킬 수 있는 활동들, 학습자들에게 간접적으로 어필하는 데 목적을 둔 활동 등 기관 활동과 관련된 모든 사항들을 포함시킨다는 특성을 가지고 있다(반병길 외, 2000: p475).

평생교육 기관의 담당자는 프로그램개발이 완료되고 나면 강좌를 개설한다는 것을 잠재적 학습자에게 널리 알려야 한다. 아무리 질 좋은 강좌라고 하더라도 고객에게 그 내용을 충분히 알리지 못한다면 그 강좌는 성공을 거둘 수가 없기 때문에 홍보는 매우 중요하다.

2) 홍보의 원칙

홍보의 목적은 일차적으로 잠재적인 학습자들에게 교육 프로그램에 정보를 널리 알려서 이들의 신념과 행동을 변화시키고 프로그램에 등록하도록 유도하는 데 있다.

홍보는 효과의 극대화를 위하여 대중에 대한 일관성 있는 원칙을 가지고 이루어져야 한다. 홍보의 구체적이고 일반적인 원칙을 살펴보면 다음과 같다(권인탁, 임영희, 2017).

① 홍보의 목적, 내용, 방법, 시간, 장소, 대상의 육하원칙에 의해 제시한다.

② 과대홍보가 되지 않도록 한다. 과대홍보로 학습자들로 하여금 신뢰가 떨어지지 않도록 유의해야 한다.

③ 적절한 시기를 포착한다. 프로그램을 시기적 환경이나 조건을 반영하여 홍보한다.

④ 어떠한 환경이나 조건에서도 홍보에 대한 아이디어를 얻을 수 있는 마인드를 갖는다. 예를 들어, TV 드라마나 광고영상을 볼 때, 전시회나 연극, 지인들과의 대화에서도 홍보 아이디어를 찾을 수 있다.

⑤ 소비자행동이론을 이해하고 상품차별화 및 시장 차별화 전략을 구사한다.

⑥ 홍보문구는 가급적 단순하고 흥미롭고 간단명료해서 읽기에 쉬워야 한다. 특히 평생교육기관의 성인학습자들은 신체적, 인지적 특성상 많은 문장을 읽거나 해석하는 것에 어려움을 느낄 수 있기 때문에 가급적 읽고 해석하기 쉽게 작성해야 한다.

3) 홍보의 내용

홍보의 내용은 기관의 소식, 교육 프로그램, 평생교육 관련소식 등으로 구성될 수 있다. 홍보를 하기 위해서는 다음과 같은 방법으로 내용을 구성하도록 한다.

① 학습자에게 교육 프로그램에 대한 정확한 정보가 전달되도록 6하 원칙에 따라 내용을 작성한다.

② 최소한의 내용만으로도 잠재적 학습자의 학습동기를 유발하고 학습계획을 수립할 수 있도록 구성해야 한다.

③ 짧은 문장으로 기술하되 어려운 외국어는 가급적 피하고, 명료하고 간결하며, 직접적이고 명확한 표현법을 사용한다.

④ 학습자가 자신의 것으로 인식하도록 홍보내용은 학습자와 친숙한 내용으로 구성해야 한다.

예시) 홍보지 작성방법

1page	2page	3page	4page
프로그램명 주제 교육기간 교육장소 접수기간	모집대상 교육내용 교육기간 교육장소 접수기간 제출서류 수강료	프로그램 세부일정	약도 찾아오는 길 접수문의 및 상담

4) 홍보의 단계별 전략

학습자들이 교육 프로그램에의 등록결정이 갑자기 일어나는 것은 아니다. 관심을 갖고 등록하기까지에는 여러 단계의 복잡한 의사결정과정을 거쳐서 일어나므로, 홍보가 효과적으로 실행되기 위해서는 [그림 10-8]과 같은 5단계의 과정(AIDMA)에 성공해야 한다.

주의 (Attention)	➡	관심 (Interest)	➡	욕구 (Desire)	➡	기억 (Memory)	➡	행동 (Action)
주의집중		흥미유발		욕구환기		등록의도 형성		실제 등록

[그림 10-8] 홍보의 5단계 (AIDMA)

- 주의단계(Attention): 학습자의 주의를 불러일으키고 관심을 끈다.
- 관심단계(Interest): 프로그램에 대해 더욱 흥미를 느낄 수 있도록 어필한다.
- 욕구단계(Desire): 함께하고 싶다는 감정을 전달하여 학습자의 욕구를 불러일으킨다.
- 기억단계(Memory): 프로그램에 대해 학습자에게 기억시킨다.
- 행동단계(Action): 기회가 되면 학습자가 실제로 등록 결정하도록 한다.

5) 홍보방법 선정의 기준

홍보 방법 선정 기준은 크게 학습자의 특성, 프로그램의 특성, 프로그램 예산 등에 대한 고려에 의해 마련된다(NCS국가직무능력표준, 평생교육 프로그램개발).

〈표 10-3〉 홍보방법의 선정기준

학습자의 특성		프로그램의 특성		프로그램의 예산	
구분	내용	구분	내용	구분	내용
인구통계학적 요인	성별, 연령, 학력, 소득, 직업, 사회적 지위, 종교 등	대상별 특성	유아동, 청소년, 청년, 중년, 노인, 여성, 전업주부, 직장여성, 직장인, 외국인, 다문화인, 비문해자, 장애인, 학교중도탈락 청소년, 군인 등	프로그램의 예산	프로그램개발 과정에 소요되는 총수입과 수입 세부 내용, 총 지출과 지출 세부내용, 총 수입과 순이익 등을 고려
생애주기	유아, 아동, 청소년, 청년, 중년, 장년, 노인, 취업 준비생, 사회초년생, 젊은 부부, 퇴직 예정자, 은퇴자 등				
심리적 요인	신세대, 미시족 등과 같은 생활 방식, 삶의 가치관 및 태도 등	내용별 특성	평생교육 프로그램 6대 영역의 특성별로 접근		
학습자 행동변수	학습지향, 실용지향, 인간관계지향 등				

6) 홍보매체 선정의 원칙

홍보매체를 선정할 때 고려해야 할 기본 원칙에 따라 프로그램개발자는 마케팅 및 홍보계획 수립을 위한 워크시트를 만들어 활용할 수 있어야 한다.

홍보매체를 선정할 때 고려해야 할 기본원칙은 다음과 같다(권인탁 외, 2017: 222).

- 홍보매체의 특성을 감안하여 주 매체를 선정하고 그 매체의 단점을 보완할 수 있는 보조매체를 다각적으로 활용한다.
- 무료홍보수단(지역신문 등)을 보조홍보매체로 최대한 활용한다.
- 홍보내용이 간단한 것은 '눈보다는 귀', 복잡한 내용은 '귀보다는 눈'을 활용하는

홍보매체를 선택한다.

- 교육 프로그램의 내용을 고려하여 그 대상의 지적 수준이 낮은 사람일 경우는 청각매체를 활용하고, 높을수록 시각매체를 활용하는 것이 바람직하다.
- 적은 비용으로 최대의 홍보효과를 얻을 수 있는 매체를 선택한다.
- 빠른 전달이 가능한 동시성 있는 매체를 선정한다.
- 내용을 정확하게 전달할 수 있는 매체를 선택한다.

〈표 10-4〉 마케팅 및 홍보계획 수립을 위한 활동지

구분	내용
홍보목적은 무엇인가?	
홍보대상은 누구인가?	
대상학습자의 학력수준은 어떠한가?	
대상학습자의 거주 지역은 어떠한가?	
홍보예산은 얼마인가?	
홍보기법은 무엇이며, 선정기준은 무엇인가?	
홍보지역과 게시 장소는 어디인가?	
홍보기간과 수량은 얼마인가?	

7) 홍보매체의 특성

(1) 인쇄 및 홍보물

프로그램홍보를 위해 가장 널리 사용되는 홍보방법의 하나이다. 평생교육기관은 그 기관의 특성에 알맞게 소식지, 팸플릿, 전단지, 안내책자, 현수막을 제작하거나 기념품과 같은 별도 홍보물을 제작하여 배포함으로써 고객들이나 지역주민의 관심을 유발시키기도 한다.

예시) 홍보인쇄물

(2) 우편물

우편물은 평생교육 프로그램을 홍보하기 위한 전통적인 홍보수단이라고 할 수 있다. 우편물을 활용하기 위해서는 수신자의 주소와 이름이 분명해야 하므로 개인정보 보호가 중요시되는 요즘은 홍보방법으로서의 한계가 존재한다. 따라서 기관에서는 고객들에게 홍보를 위한 개인정보 활용 동의서를 받아 두는 것이 매우 중요하다.

우편물을 통한 홍보 시에는 내용은 짧고 간결하며, 분명한 메시지로 잠재적 고객들에게 전달해야 한다.

(3) 전화

홍보매체로서 전화는 시·공간, 물리적 거리의 한계를 극복하는 실시간의 개념으로 당사자와 직접 대화를 할 수 있는 쌍방향 매체이다. 전화를 통한 프로그램의 홍보는 들이는 시간에 비해서 홍보의 실적이 저조하고 프로그램 담당자의 소진을 불러일으킬 가능성이 크기 때문에 참여의사를 밝힌 고객을 대상으로 프로그램에 대한 세부적인 내용을 전달할 때 이용하는 것이 효과적이다. 이때 개인정보 활용 동의 여부에 유의해야 한다.

(4) 신문 및 방송매체

광범위한 표적집단을 대상으로 홍보하는 데 매우 적합한 수단이다. 그러나 높은 비용을 지불해야 한다는 점에서 비영리단체나 영세한 평생교육기관들이 이용하기에는 한계가 있다. 그러나 참신하고 독특한 프로그램이 개발되었을 때 신문사나 방송사의 기자에게 제안하여 홍보목적을 달성할 수도 있다(최은수 외, 2016).

(5) SNS: social network service

SNS는 온라인상에서 여러 사람들과 관계를 맺고 상호작용을 하는 모든 서비스를 말한다. SNS는 웹을 기반으로 전자우편이나 인스턴트 메신저 서비스를 통해 사용자들끼리 서로 연락할 수 있는 수단을 제공한다. SNS를 이용하면 개인의 정보를 공유하

고 의사소통을 도와주는 1인 미디어나 1인 커뮤니티가 가능하다. 스마트폰 보급이 본격화되면서 언제 어디서나 SNS에 접속할 수 있게 되자 SNS는 급속히 성장하게 되었고 사용자가 급증했다.

세계적으로 사용되는 SNS로는 인스타그램, 페이스북, 트위터 등이 있고, 지역이나 나라에 따라 북미의 마이스페이스와 링크드 인, 중국의 웨이보, 한국의 카카오스토리 등 특화된 SNS도 있다.

특히 인스타그램은 밀레니엄 세대를 대상으로 하는 시각적 SNS이다. 인스타그램은 미디어 컨텐츠와 해시태그를 통해 접근이 쉽다는 특성을 지니고 있어 효과적인 마케팅 방법으로 자리 잡았다. 인스타그램에 게시할 때는 브랜딩, 디자인, 사진에 신경을 써야 한다. 사용자 제작 콘텐츠, 사진, 디자인, 맞춤형 게시물을 적극 활용하여 홍보의 효과를 높일 수 있다.

페이스 북에서는 레스토랑, 호텔, 부티크, 의료 시설, 엔터테인먼트 서비스와 같은 지역 비즈니스가 특히 잘된다. 자신만의 페이스북 스토어를 만들면 커뮤니티를 키울 수 있을 뿐만 아니라 교육프로그램이나 서비스를 고객에게 직접 홍보할 수 있다.

트위터는 다른 플랫폼과 달리 B2B(기업 대 기업, Business-to-Business)와 B2C(기업 대 소비자, business-to-consumer) 거래의 모든 잠재 고객을 지원한다. 교육프로그램과 기관의 서비스를 널리 퍼뜨려 줄 인기 있는 해시 태그를 사용해 잠재적 학습자에게 브랜드와 기관에 관한 정보를 알리고 고객과 적극적으로 소통하는 홍보매체이다.

(6) 기타

평생교육 프로그램의 홍보를 위해서 그 밖에 사용될 수 있는 방법으로는 인터넷 홈페이지 소개, 구전홍보, 기관의 오프라인 게시판 등을 이용하는 방법 등이 있다.

연구문제

1. 마케팅의 개념과 새로운 마케팅의 추세에 대해 토론하시오.

2. 마케팅의 전략체계의 구성요소를 평생교육 프로그램개발의 관점에서 설명하시오.

3. 마케팅 전략수립의 4가지 구성요소인 제품전략, 가격전략, 유통경로전략, 촉진전략을 평생교육 프로그램의 입장에서 설명해 보시오.

4. 평생교육 프로그램개발에 활용될 수 있는 다양한 홍보매체의 활용방안을 구체적으로 제시해 보시오.

Step 7 활동지: 마케팅과 홍보

7단계에서는 효과적인 마케팅을 위해서 마케팅 전략 수립과 구체적인 홍보계획을 세우는 단계이다.

구체적으로 홍보대상을 정하고 홍보기간은 언제로 할 것이며, 홍보는 어떤 기법을 통해서 할 것인지에 대해 정하는 단계이다.

1. 홍보대상

2 홍보 방법선정

3. 홍보지역과 게시장소

4. 홍보 기간

5. 홍보지료 제작

6. 홍보예산

developing programs in lifelong education | chapter 11

평생교육 프로그램의 운영

Step 8 프로그램 운영

[학습개요]

교육프로그램에 있어서 운영담당자는 드라마를 만드는 연출자와 같다. 과정개발의 결과를 가지고 실제로 교육현장에서 수행하는 사람이 운영담당자이기 때문이다. 따라서 프로그램의 효과를 극대화하고, 프로그램을 효율적으로 운영하기 위해서는 프로그램 진행과정 등에 관한 사항들을 확인·점검하면서 프로그램 진행의 전체를 확인하고 점검하면서 운영에 임해야 한다.

이 장에서는 효과적인 교육실행을 위해 프로그램운영에 대하여 구체적으로 살펴본다.

[학습목표]

1. 프로그램 진행을 위한 사항들에 대해 설명할 수 있다.
2. 프로그램 실행 단계에 대하여 설명할 수 있다.
3. 프로그램 운영담당자로서의 역할을 설명할 수 있다.

1. 평생교육 프로그램 실행

프로그램의 효과와 효율적인 프로그램 실행을 위해서 운영 담당자는 학습에 적합한 환경을 조성하고 교육진행에 관한 사항들을 확인하면서 실행에 임해야 한다.

프로그램 실행은 개발된 교육 프로그램을 실제 학습대상자들에게 적용할 뿐만 아니라 지속적으로 유지하고 관리하는 활동을 말한다.

1) 프로그램 실행

프로그램 실행이란 개발된 프로그램을 실제로 운영하는 단계이다. 실제 교육과정을 운영하는 방법에 초점을 맞추어 살펴볼 내용은 〈표 11-1〉과 같다.

〈표 11-1〉 교육 실행계획 체크리스트

항목	점검 내용	확인
목적분석	1. 교육목적: 리더양성, 역량강화, 성과 공유, 네트워크 등	
환경분석	1. 강의 장소 섭외 확인 2. 강의 장소 관련 담당자 확인 3. 강의 장소 약도 및 주소(이동시간) 4. 강의장 외부환경 확인: 주차장 및 위락시설 5. 강의장 내부 환경: 강의장 배치형태 마이크, 빔 프로젝트, 인터넷 등	
참석자분석	1. 전체 참여인원 2. 남녀 구성비 3. 소속형태(필요시 활동영역, 학력, 경력, 연령 등) 4. 분임조 형태	
강사관련 확인	1. 강사 사전 섭외(강사 약력, 전문성 여부, 강의 의뢰 및 승낙서 등) 2. 강의 방법(수업운영방법, 매체활용여부 등) 3. 강의 교재(강의원고 접수 및 검토 확인)	

항목	점검 내용	확인
교육내용	1. 교육일정표(강의장 내·외부 게시, 교재내 등) 2. 교재 3. 교육보조자료 4. 교육평가자료(설문지 등) 5. 교육결과준비(사진, 동영상 촬영 등)	
예산관련	1. 강의장 사용료, 식비, 다과비, 숙박비 등 2. 강사료, 과정코디네이터 인건비 등 3. 문구류 사무용품비 4. 차량임차료 5. 교재비 6. 기타: 보험료, 플랭카드, 다과비, 간담회비 등	
기타 준비물	1. 문구류: 필기구, 전지, 유성펜, 포스트 잇, A4용지, 스카치테프 등 2. 교육매체: 빔 프로젝트, 노트북 등 3. 진행관련: 명찰, 명패, 교육일정표, 교재, 출석부 등 4. 간식: 커피, 음료수, 간식, 의약품 등	

2) 개강 준비 및 운영 관리

(1) 개강 준비

평생교육 프로그램 운영을 개설하고 모집된 수강생들에게 [그림 11-1]과 같이 개강에 따른 준비 절차를 수행한다. 담당자는 과정별 담당 교·강사는 출근부, 출석부를 작성하여, 등록 수강생들을 관리할 수 있도록 하며, 수강생에게 강좌 개설, 준비물 등을 안내한다.

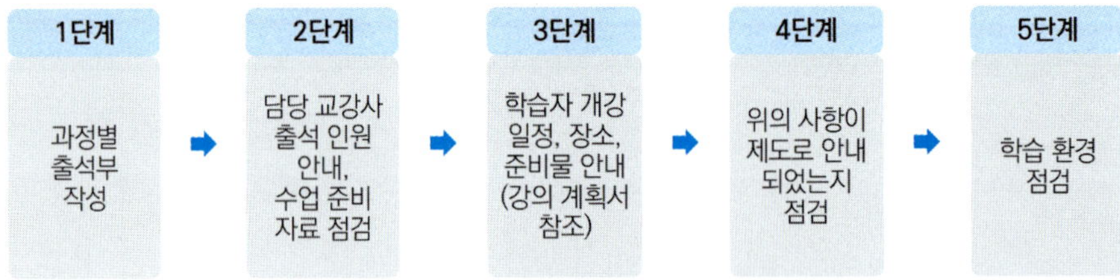

[그림 11-1] 개강에 따른 준비 절차

① 학습자 안내

등록된 학습자에게 온라인(문자 메시지 등), 오프라인(전화), 에버러닝(게시판) 등으로 수업 개강을 안내한다. 이때 일정, 교육 장소, 교육에 필요한 준비도 함께 안내한다.

② 교·강사 안내 등록된 학습자 현황, 참고 사항 등을 지도 강사에게 제공해 수업 준비를 할 수 있도록 안내한다.

③ 학습 환경 점검

개설 강좌가 결정되는 교육장 등의 학습 환경을 점검한다. 교육 과정별 학습 환경에 적합한 시스템이 구동되는지, 과정별·대상별·프로그램 운영에 따라 교육 장비와 계절에 따른 시설 환경 구성과 학습자들 이동 경로, 안전 등을 확인한다. 시스템상 준비가 어려운 부분은 사전에 교·강사에게 안내하여 오리엔테이션에서 학습자들에게 설명하여 안내한다.

3) 개설 강좌 운영 관리

개설 강좌의 성공을 위해 담당자, 교·강사, 학습자가 적극적으로 협력해야 한다. 개설 강좌별로 학습자 출석부를 작성하여 담당 강사가 지속적으로 관리하도록 안내하며, 중도 포기자는 취소 처리하고, 수강료 납부인 경우 환불 처리하여야 한다.

(1) 출결 관리

과정별 개설 강좌는 학습자 출석부를 작성하여 담당 강사가 출결 관리를 할 수 있도록 안내한다. 지속적인 학습 참여를 위해 다양한 방법으로 출결 관리가 이루어져야 하며, 결석 학습자가 빈번하게 나타날 경우 연락을 취하여 학습 참여를 유도한다. 또 지속적인 학습 참여를 독려하고 학습 동기를 유발・유지할 수 있도록 출결 관리를 한다. 이때 수강료 감면 등록자는 출결 상황에 따라 취소 처리하는 내부 규정을 마련하여, 지속적으로 결석할 경우 수강 취소가 된다는 안내를 해야 한다. 수강료 감면 학습자들은 본인의 의지보다는 무료로 수강할 수 있어 쉽게 등록하고 쉽게 포기하는 경우가 많아 학습 분위기를 해치는 경우가 있다. 이에 출결 관리를 지속적으로 해야 하며, 수강료 감면자에 대한 학습 동기 유발을 위해 다양한 노력이 필요하다.

(2) 환불 처리

수강료 납부 과정 중 학습자 개인 사정에 따라 취소하는 경우, 개강 이전/이후 취소 처리는 달리 운영된다. 〈표 1-2〉와 같이 '평생교육법 시행령'(학습비 반환 규정)에 의해 온라인(인터넷) 등록 과정의 경우, 개강 이전 등록 취소자는 인터넷상으로 납부금액 전액 취소 처리되며, 오프라인(방문 접수)의 경우는 방문하여 취소 처리를 하여야 납부금액 전액을 환불받을 수 있다. 그리고 개강 이후 등록 취소하는 경우는 방문하여 환불 신청서를 작성・제출하면, 학습비 반환 기준에 의거, 법령에 준하는 규정에 따라 등록 강좌 납부 금액, 발생일과 운영 일수를 계산・정산하여 5일 이내 환불 처리한다. 취소자가 발생하면 대기자가 있는 경우 대기자에게 등록할 수 있도록 안내한다.

특히, 학습비 반환은 환불 신청서 작성일로 처리한다. 간혹 수강료 납부를 동료 학습자 또는 자녀 등, 학습자 본인이 아닌 제3자가 환불 신청하는 사례가 발생한다. 수강료 환불은 학습자 본인에게 환불되어야 한다. 부득이한 경우, 학습자 본인의 확인 등, 그 사유를 기재하고 재정 담당 부서와 협의하여 수강료 반환(환불) 서식을 작성, 제출 받아 정산 처리한다.

〈표 1-2〉 평생교육법 시행령(학습비 반환 규정)

〈법령: 평생교육법 시행령 제23조 학습비의 반환 등〉

평생교육법 시행령 제23조(학습비의 반환 등)
① 법 제28조 제4항에 따른 학습비 등의 반환 사유는 다음 각 호와 같다.
1. 법 제42조 제1항에 따라 평생교육 시설의 설치 인가 또는 등록이 취소되거나 평생교육 과정이 폐쇄되거나 운영정지된 경우
2. 평생교육기관의 설치·운영자가 교습을 할 수 없게 된 경우
3. 학습자가 본인의 의사로 학습을 포기한 경우
② 제1항에 따른 반환 사유가 발생한 경우에는 '별표 3'의 반환 기준에 따라 학습비 등을 반환 사유가 발생한 날부터 5일 이내에 반환하여야 한다.

4) 교육실행을 위한 활동

(1) 학습환경 조성

학습환경 조성이란 개발된 프로그램을 실행함에 있어 가장 효율적이고 효과적인 운영이 가능하도록 학습을 위한 환경을 조성하는 것을 의미한다. 학습환경의 범위는 건물의 위치, 강의실 내부구조, 기자재 환경 등 다양하게 생각할 수 있다. 학습환경 중 가장 기본적인 요소에 해당하는 강의실은 학습하는 내용, 학습자의 특성에 따라 구성되며 기본적인 강의실을 포함하여 다양한 실습이 가능한 실습실로 구분할 수 있다.

① 기자재

교수자에 따라 기자재가 추가로 필요한 경우가 있다. 빔 프로젝터, 레이저 포인터, 보조용 테이블, 화이트보드 등이 필요하거나, 프로그램의 특징에 따라 요구하는 내용이 있을 수 있다. 강의가 효과적으로 진행될 수 있도록 컴퓨터 프로그램 실행 파일도 미리 확인해 두는 것이 좋다.

② 강의실 구성 배치

교수자는 교수 방법에 따라 강의실 내 좌석 배치를 요구하기도 한다. 프로그램의 내용이 학습자 간 소통이 필요한 경우나 조를 짜서 운영하는 경우 조별 좌석의 배치를 정해 요구한다. 강의식 과정에서는 앞을 보고 책상을 배치하고, 전체 참여자의 소통이 필요한 경우는 큰 원 형태의 책상 배치를 요구하기도 한다. 프로그램을 준비하면서 반드시 교수자와 전화, 이메일을 통해 필요한 사항을 체크하고, 잊지 않고 기록해 두었다가 준비한다. 아래 [그림 11-2]에서 보면 일반 강의식, 토론식, 실험・실습, 책상이 없는 교육장 배치 등 교수법, 학습 내용에 따라 다양한 교육장 배치가 있을 수 있다.

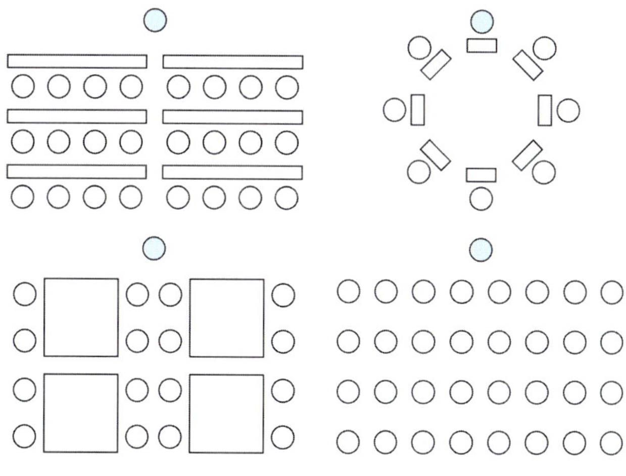

[그림 11-2] 유형별 교육장 배치도

(2) 프로그램 실행을 위한 점검 및 확인

사업 및 프로그램이 본격적으로 진행되기 위해서는 사전에 준비해야 할 일들이 있다. 학습자 모집, 강사 섭외, 장소 섭외 등이 이에 속한다. 또한 교육 운영 전일, 교육 운영 당일, 교육종료 후 실행해야 할 사항들은 다음과 같다.

〈표 11-3〉 교육 전 체크리스트

항목	점검 내용	기한
기획 및 계획	1. SWOT 분석 및 학습자 요구분석	D-90
	2. 기획안 작성	D-60
	3. 사업 계획수립 및 계획서 작성	D-60
	4. 강사 섭외	D-60
	5. 강의 장소 답사 및 선정	D-60
	6. 협조공문 발송	D-60
홍보	1. 홍보물(포스터 및 전단지)제작 및 배포	D-30
	2. 현수막 제작 및 게시	D-14
	3. 언론 홍보	D-20
참여자 모집/관리	1. 신청자 접수	D-30
	2. 참여자 상담 및 안내	D-30
	3. 참여자 확정 및 통보	D-10
	4. 참여자 출석가능 여부 확인 및 개강 안내	D-2
	5. 참여자 개강 안내	D-1
강사 관리	1. 강사 섭외 및 강의 의뢰서 발송	D-30
	2. 과정 및 대상자 특성 정보제공	D-30
	3. 강의 원고 요청 및 요구사항 확인	D-20
	4. 강의 방법 및 매체사용 여부, 책상배치 확인	D-20
	4. 강사 확인/연락	D-3, D-1
	5. 주차안내 및 오시는 길 안내	D-day
인쇄물 제작	1. 교재 및 기타 인쇄자료 제작	D-7
	2. 명찰제작	D-1
개강식 및 의전	1. 내빈 참석여부 확인	D-7
	2. 개강식 준비	D-1

항목	점검 내용	기한
강의장 시설점검	1. 교육기자재 점검	D-3
	2. 문구류 및 의약품 구비	D-3
	3. 교육장 테이블 세팅	D-1
	4. 수업준비물 세팅	D-1
	5. 교육매체(빔 프로젝트, 노트북 등) 점검 및 확인	D-1
	6. 기타: 보험료, 플랭카드, 다과비, 간담회비 등	D-3
	· · ·	

〈표 11-4〉 교육 당일 체크리스트

항목	점검내용	기한
교육장 및 환경관리	1. 교육장비 점검	D-day
	2. 교육장 내 일정표 부착 여부	D-day
	3. 학습준비물 상태 점검	D-day
	4. 강사대기실 세팅상태 점검	D-day
	5. 교육장 냉·난방 상태 점검	D-day
개강식	1. 내빈소개 및 인사말	D-day
	2. 계획된 의식진행	D-day
오리엔테이션	1. 과정개설의 목적 및 목표 설명	D-day
	2. 교육일정 소개	D-day
	3. 질의&응답	D-day
시간 관리	1. 휴식시간 체크	D-day
	2. 시작/종료시간 체크	D-day
강사 관리	1. 강사 접대	D-day
	2. 강사 소개	D-day
	3. 강의 모니터링	D-day
	4. 강의 확인서 서명 확인	D-day
	5. 강사 배웅	D-day
참여자 관리	1. 출결 체크 및 결석자 확인	D-day
	2. 학습상담 및 불만사항 체크	D-day
	3. 간식 및 다과 제공	D-day
	4. 학습동아리 안내 및 구성	D-day
	5. 학습자 모니터링(컨디션 체크, 필요사항 등)	D-day
기타	1. 특이사항 체크	D-day
	2. 평가	D-day
· · ·	· · ·	

〈표 11-5〉 교육 종료 및 이후 체크리스트

항목	점검 내용	기한
수료식	1. 수료자 확정 및 수료증 제작	D-1
	2. 수료식 참석 내빈 확인	D-1
	3. 수료식 진행	D-day
교육과정	1. 교육과정 요약	D-day
	2. 향후 프로그램 안내	D-day
	3. 교육과정 만족도 설문지 작성	D-day
	4. 학습동아리 조직구성 및 활동 독려	D-day
교육장 정리	1. 시설 정리	D-day
	2. 스탭 격려	D-day
평가	1. 설문지 분석(문제점 및 개선사항)	D+3
	2. 자체 평가회의	D+3
결과보고	1. 정산 및 결과보고서 작성	D+10
	2. 정산서 및 결과보고서 제출	D+15

2. 프로그램 운영담당자의 역할

분(Boone, 1985)은 평생교육사가 프로그램을 실행하고 운영・관리하는 과정에서 반드시 이해하고 실천해야 할 역할을 제시했다(김진화, 2001, 최은수 외, 2016).

첫째, 프로그램 운영담당자는 설계된 프로그램을 실행하는 데 필요한 환경을 조성하고 마련함에 있어서 다양한 기법과 전략을 활용해야 한다. 프로그램의 참여자들이 활동에 적극적으로 참여하도록 촉진하는 것에서부터 프로그램 운영과 관련한 모든 면에 활용할 수 있는 물적 자원을 적극 확보하고, 이를 활용할 수 있는 전략가여야 한다.

둘째, 프로그램 실행이 보다 효과적으로 이루어질 수 있도록 인적・물적 자원을 연계하고 동력화하며 이를 발전적으로 이용할 수 있어야 한다. 프로그램 실행에 필요한 자원에 대해 적절한 역할 분담과 그 역할을 활성화시키기 위한 네트워커여야 한다.

셋째, 계획된 프로그램의 실행과정은 더 나은 실행을 위해 필요하다면 적절히 조정할 수 있어야 한다. 일단 프로그램이 실행되면 그 활동의 진행과정을 주의 깊게 관찰·탐색하고, 보다 나은 실행을 위해 수정·보완하는 등의 유연성을 가진 조정자가 되어야 한다.

넷째, 프로그램 실행과정에서 운영담당자는 참여자들에게 계속적인 강화요인을 제공해야 한다. 개별 클라이언트나 그 집단으로 하여금 교육의 목적을 달성하기 위해서는 고객들의 활동에 대하여 보상을 포함한 피드백을 적극적으로 제공해야 한다.

다섯째, 프로그램 실행활동에 학습자들의 경험을 적응시키고 재조정함에 있어서 학습자의 반응을 기꺼이 수용할 수 있어야 한다. 평생교육활동이 효과적으로 일어날 수 있도록 하기 위해서는 학습자의 변화상태를 감지하고 이해할 수 있는 감수성과 이해력이 있어야 한다.

연구문제

1. 운영담당자의 점검확인 사항에 대하여 체크리스트를 작성하여 보시오.

2. 프로그램 운영담당자의 역할에 대해 토론하시오.

3. 평생교육 기관 한 곳을 선정하여 그 기관의 운영담당자의 역할에 대하여 분석하여 보시오.

Step 8 활동지: 프로그램 운영

8단계에서는 효과적이고 효율적인 프로그램 운영을 위해 효과성이나 목표달성 여부에 대한 판단 및 더 좋은 프로그램개발과 개선을 위한 기반 제공을 하기 위하여 평가를 실시한다. 또한 보고서를 작성함으로써 관계자에게 정보를 제공한다.

1. 체크리스트(교육전, 교육 당일, 교육종료)

2. 본 교육프로그램과 관련한 운영담당자 역할

   1. 교육생

   2. 강사

   3. 운영 준비물

   4. 기타

developing programs in lifelong education | part

06

프로그램 평가

developing programs in lifelong education | chapter 12

프로그램 평가 개요

Step 9 평가 및 보고서 작성

[학습개요]

교육은 인간을 대상으로 하고 있다는 점에서, 평가가 중요하고 매우 어려운 일이기도 하다. 평생교육 프로그램개발에 있어서 평가의 의미는 무엇인가? 평가의 종류는 어떻게 구분할 수 있으며, 교육평가의 어려움은 무엇인가?

평가의 종류만큼이나 평가모형도 다양하다. 각 평가모형의 특징과 장·단점은 무엇인지 살펴보는 것이 필요하다.

[학습목표]

1. 프로그램 평가의 개념과 종류를 구분하여 정의할 수 있다.
2. 프로그램 평가모형의 각 특징과 장·단점을 구분하여 기술할 수 있다.

1. 프로그램 평가의 목적과 항목결정

1) 프로그램 평가의 목적

평생교육 프로그램은 다양한 목적과 목표를 위하여 기획되고 운영된다. 개인 및 조직적 차원의 지식, 기술, 태도의 지속적 변화에서부터 사회적 차원의 사회체제 변화에 이르기까지 다양하다. 평생교육 프로그램 평가는 바로 프로그램이 의도한 목적과 목표를 달성했는지를 판단하는 일련의 과정이라 할 수 있다.

프로그램 평가는 크게 프로그램의 개발 과정 혹은 프로그램 실시 도중 프로그램의 개선을 위해 시행되는 형성평가와 프로그램 실시 후 프로그램의 효과성 및 효율성을 측정하고자 시행되는 총괄평가로 나눌 수 있다. 이에 따라 평생교육 프로그램 평가의 목적도 형성평가와 총괄평가에 따라 구분해 볼 수 있으며, 다음과 같이 기술될 수 있다(전주성, 임경미, 김미자, 2016).

(1) 형성평가의 목적

형성평가는 평생교육 프로그램 개발의 기획단계에서부터 시작되며 개발하려는 평생교육 프로그램이 요구분석으로 도출된 문제를 해결해 줄 수 있는 최선의 솔루션인지를 확인하는 것으로 형성평가의 주요목적은 다음과 같다.

- 프로그램의 개발에 관여하는 이해관계자 및 이들의 역할과 권한, 이해를 파악한다.
- 프로그램개발의 방향, 개발 일정, 관리 계획 등의 타당성을 검증한다.
- 프로그램 이해관계자의 프로그램에 대한 요구가 제대로 분석되었는지를 검증한다.
- 교육요구의 우선순위가 바르게 설정되었는지를 검증한다.
- 프로그램이 실행되는 환경(물리적 · 심리적) 및 맥락을 분석한다.
- 프로그램의 목표가 바르게 설정되었는지를 검증한다.
- 프로그램에 대한 마케팅 계획 및 실행이 효과적 · 효율적인지를 검증한다.

- 프로그램이 실행되는 동안 프로그램 활동들에 대한 개발, 전달방법, 관리, 평가 과정 등을 수정한다.
- 프로그램 평가를 위한 평가 준거, 수단 등을 갖추고 있는지 그리고 이들이 적절한지를 판단한다.
- 수집한 데이터가 적합하고, 신뢰할 만하며, 유효한지를 검증한다.
- 메타평가를 위한 체계와 수단을 갖추고 있는지 그리고 이들이 적절한지를 판단한다.
- 프로그램의 실행과정과 결과에 영향을 미치는 정치적, 경제적, 사회적, 조직적 맥락을 분석한다.
- 프로그램 시행 전 혹은 시행 중 취소 여부를 결정한다.

(2) 총괄평가의 목적

총괄평가는 프로그램 실시 후 프로그램의 효과성 및 효율성을 측정하고자 시행된다. 총괄평가의 주요 목적은 다음과 같다.

- 프로그램이 효과성 및 효율성 측면에서 성공적이었는지를 검증한다.
- 프로그램이 계획된 대로 수행되었는지를 검증한다.
- 프로그램에 영향을 끼친 의도되지 않은 정치적, 경제적, 사회적, 조직적 맥락을 분석한다.
- 현 프로그램을 수정·보완한다.
- 프로그램의 지속 여부를 결정한다.
- 프로그램의 실패 이유를 분석한다.
- 향후 개발될 필요가 있는 평생교육 프로그램에 대한 요구 및 아이디어를 제공한다.
- 평생교육 프로그램 이외의 다른 솔루션을 제안한다.

2) 평생교육 프로그램 평가의 목표

프로그램 평가의 목적이 다소 추상적으로 기술되고 하위의 여러 목표들을 포괄한다면, 목표는 보다 구체적으로 기술된다. 예컨대, 평가의 목적이 '프로그램의 지속 여부를 결정한다.'라면 평가의 목표는 '① 프로그램의 지속 여부 결정을 위한 관련 정보 수집 및 분석하기, ② 프로그램의 지속 여부 결정을 위한 유효한 정보 제공하기, ③ 프로그램의 지속 여부 결정을 위한 권고사항 제안하기' 등이 될 수 있다.

3) 평가목표에 따른 평가항목의 결정

프로그램 평가목표가 결정되고 나면 각 평가목표에 따른 평가항목을 결정하는 일이 수반된다. 평가항목의 결정은 무엇보다 해당 평가항목이 평가목표를 측정하는 데 적합한지 여부를 먼저 판단해야 한다. 그리고 프로그램 목적과의 일관성 여부, 평가를 위해 확보할 수 있는 자원(인력, 시간, 예산)의 규모, 평가항목에의 접근성 여부, 이해관계자의 협조를 구할 수 있는지 여부 등을 종합적으로 고려하여 판단한다.

2. 프로그램 평가모형

1) 평생교육 프로그램 평가모델

평가담당자는 평생교육 프로그램의 내용에 따라 어떤 방법을 이용하여 평가 프로젝트를 수행할지 결정해야 한다. 대표적인 프로그램 평가모델에는 Kirkpatrick(1959)의 4수준 평가모델, Phillips(1997)의 투자수익률(ROI) 평가모델, Brinkerhoff(2003)의 성공사례기법(SCM) 평가모델, Stufflebeam(1967)의 CIPP 평가모델 등이 있다(전주성, 임경미, 김미자, 2016 재구성).

(1) Kirkpatrick의 4단계 평가모델

Kirkpatrick의 4단계 평가모델은 1단계 반응평가(만족도 평가)에서부터 2단계 학습평가(교육성취도 평가), 3단계 행동평가(활용정도 평가), 마지막으로 4단계인 결과평가(기관 기여도 평가) 등으로 구성된다(〈표 12-1〉 참조). Kirkpatrick(2006)은 어떤 단계도 우회하여 건너뛸 수 없음을 지적하면서 1단계부터 평가를 시작하여 시간과 기회가 허락하는 한 다음 단계로 나아갈 것을 주장한다.

- 반응평가는 고객만족도 평가로도 불리며 교육훈련 프로그램 참여자(학습자)들이 자신이 참여한 프로그램의 교육내용, 강사, 강사가 이용한 교육방법, 교육기자재 및 시설(환경), 교육시간(일정), 교육지원서비스, 기타 등에 얼마나 만족했는가를 묻는 평가이다.
- 학습평가는 교육훈련 프로그램을 통해 학습자가 실제로 얻은 것이 무엇(태도의 변화, 지식의 증가, 기술의 향상)인가를 평가하는 것이다. 학습이 되었다고 하는 것은 태도가 변화했거나, 지식이 증가했거나, 혹은 기술이 향상된 것을 의미한다. 즉, 이 단계에서는 교육훈련 프로그램의 목표달성 여부를 평가하는 것이다.
- 행동평가는 교육훈련 프로그램의 참여를 통해 학습자들의 행동변화의 정도를 측정하는 것이다
- 결과평가는 교육훈련 프로그램의 참여로 발생하는 조직차원의 최종적인 산출물을 평가하는 것이다

〈표 12-1〉 Kirkpatrick의 평가모형

평가 단계	직업훈련	영양교육	성인문제
1. 반응	학습자들이 프로그램 만족하고 있는지?	참여자들이 프로그램에 만족하고 있는지?	학습자들이 프로그램에 만족하고 있는지?
2. 학습	학습자들이 배운 기능을 시현할 수 있는지?	참여자들이 좋은 다이어트에 대한 지식을 보여 줄 수 있는지?	학습자들이 읽기와 쓰기기능의 습득 결과를 보여 줄 수 있는지?
3. 행동 (기능의 적용)	기능을 직업현장에서 활용하고 있는지?	식품 구매 습관이 변화하고 있는지?	학습자들이 집에서도 책을 읽는지?
4. 결과 (지역사회영향)	산출이 향상되고 있는지?	병원 입원율이 낮아지고 있는지?	공공도서관의 이용률이 높아지고 있는가?

출처: 김용현(2009).

(2) 의사결정중심 평가모형

의사결정중심 평가모형 중 널리 활용되는 것은 스터플빔(D.Stufflebeam)이 1968년 제안한 CIPP(Context-Input-Process-Product)모형이다. 스터플빔(D.Stufflebeam)은 '평가는 개선목적으로 활용되어야 한다'는 철학(The most important purpose of evaluation is not prove but to improve)을 바탕으로 기존의 평가모형과는 달리 프로그램 개선을 목적으로 의사결정을 보조하기 위한 새로운 평가모형을 발표하였다(배호순, 1994: 116-122). 의사결정에 필요한 정보제공을 위하여 다음과 같은 4가지 형식의 평가틀을 개발하였다.

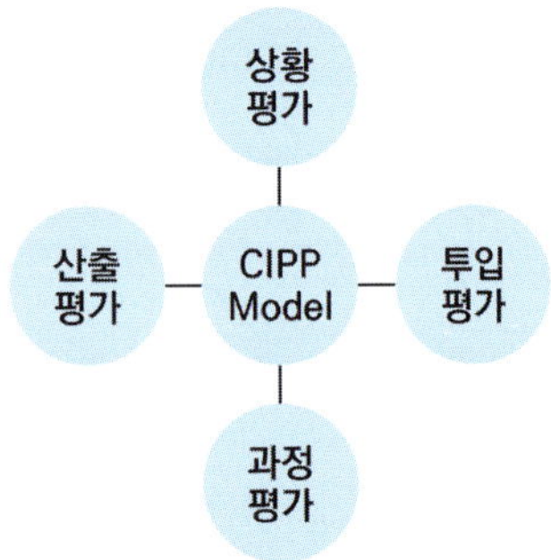

[그림 12-1] 스터플빔(D.Stufflebeam)의 CIPP모델

① **상황평가**(Context Evaluation)

상황평가는 조직이나 개인이 직면한 상황이나 배경과 프로그램의 목표 간의 적합성을 평가하는 것이다. 프로그램의 학습목표를 설정하기 위한 타당한 근거를 제공하기 위하여 이루어지는 기본적인 평가단계이다. 프로그램의 요구분석과 상황분석을 통해서 학습목표를 설정하고, 학습자들의 요구를 파악하며, 그들의 참여전략을 구체화시키기 위한 근거를 파악해야 한다.

상황평가의 주된 내용은 프로그램을 위한 적절한 환경을 규정하고, 실제적인 환경을 기술하며, 학습자들의 충족되지 않은 욕구와 활용되지 않은 기회를 규정하는 것이다.

② **투입평가**(Input Evaluation)

투입평가는 프로그램의 목표를 달성하기 위하여 자원을 어떻게 활용해야 하는지를 평가하는 것이다. 프로그램의 목표를 달성하기 위하여 필요한 자원은 매우 다양하다. 프로그램 담당자의 역량, 적절한 예산계획과 시간계획, 프로그램 운영을 뒷받침하는 각종 시설 및 기자재, 프로그램 운영기관의 각종 지원 등 다양한 요소를 평가하는 것이 필요하다.

평가방법으로는 참고문헌 탐색, 현지방문이나 답사, 사전탐색적 시행 등의 방법을 활용한다. 프로그램 운영의 적절성, 실천가능성, 경제성을 파악하기 위하여 사용가능한 인적자원이나 물적자원, 해결방안이나 절차를 기술하고 분석하는 데 중점을 두고 있다.

③ **과정평가**(Process Evaluation)

과정평가는 프로그램 실천단계에서 실천과정이나 절차상의 문제점을 파악하고 프로그램 담당자에게 주기적인 피드백을 제공하는 평가를 말한다. 특히 과정평가에서는 프로그램운영에 부정적인 영향을 주는 환경상의 장애요인을 사전에 확인하는 것이 중요하다. 실패할 소지가 있는 자원을 조사하고, 프로그램 운영과정상의 결점을 찾아내고 이를 보완하는 평가단계이다.

따라서 프로그램 운영과정에서 실제로 어떠한 일이 일어나는지를 기술하고, 프로그램 담당자들과 지속적으로 접촉하여 운영과정상의 문제점이나 결함을 파악하고, 그것을 의사결정자에게 제공하는 것에 초점을 두고 있다.

④ **산출평가**(Product Evaluation)

산출평가는 프로그램의 실시단계와 종료단계에서 프로그램을 통하여 산출된 결과를 측정하고 해석하기 위하여 이루어지는 평가이다. 산출된 결과를 프로그램의 목표나 상황, 투입, 과정과 관련된 정보와 연계시키는 데 중점을 두고 있다. 목표와 연계된 준거를 조작적으로 정의하고 측정하며, 측정결과를 사전에 결정된 기준과 비교하고, 산출결과를 상황, 투입, 과정 정보와 관련시켜 해석하는 방법론을 활용한다.

CIPP모형에서 배경평가는 학습목표를 설정하는 데 도움을 주고, 투입평가는 프로그램설계에 도움을 주며, 과정평가는 평가실시를 안내하고, 산출평가는 피드백에 도움을 준다. 따라서 이 모형은 의사결정자에게 계속적으로 새로운 정보를 제공해 줌으로써 초기 결정에 대한 재검증을 가능하게 해 준다. 이 모형은 기존의 평가모형에 비하여 평가대상의 폭이 넓고, 프로그램의 여러 상황에 대한 평가가 가능하며, 의사결정과 평가 간의 체계적인 접근이 가능하다는 장점을 지니고 있다.

그러나 CIPP모형은 평가자가 가치판단을 회피하고 주요한 가치판단을 의사결정자에게 위임한다는 약점을 지고 있다. 또한 평가가 너무 복잡하고 완벽하게 실천되기 위해서는 많은 비용이 소요된다는 제한점을 지니고 있다.

산출평가는 해결책이 표적 요구를 충족시켰는지를 확인하고 분석하는 것이다.

(3) 평생교육 프로그램의 내용 파악 및 평가 일정 수립

평생교육 프로그램 내용의 규모에 따라 평가 일정의 전체적인 윤곽이 그려진다. 평가 일정 수립은 효과적이고 효율적인 평가 일정 관리를 목적으로 한다. 작은 규모의 단일 평생교육 프로그램의 경우는 평가에 관여하는 인력 및 예산, 시간이 상대적으로 작을 것이다. 하지만, 여러 평생교육 프로그램을 대상으로 하는 경우는 평가에 상당한 인력, 예산, 시간이 소요된다.

이 경우 평가팀원 간의 협업을 위한 원활한 의사소통이 필수적이다. 평가 일정은 평가 수행에 필요한 예산, 시간, 인력 등을 고려하여 작성한다.

연구문제

1. 평가의 개념과 종류를 구분하여 정의하시오.

2. 평가의 중요성과 평가의 어려움은 무엇인지 설명하시오.

3. 프로그램 평가모형으로 4가지 모형의 특징과 장·단점을 비교하여 기술하시오.

developing programs in lifelong education | chapter 13

프로그램 평가계획 수립 및 평가결과 보고

[학습개요]

프로그램 평가를 위해서는 평가과정에 대한 면밀한 계획이 필요하다. 또한 결과보고서를 활용하는 것이 중요하다. 프로그램 평가의 계획수립과 평가도구, 평가자료 분석이 끝나면 평가결과를 보고하고 활용하는 것이 필요하다.

따라서 이 장에서는 평가과정 설계와 평가방법 선정 및 평가도구 개발과 결과보고서는 어떻게 작성하고 보고서의 활용방안은 어떻게 수립되어야 하는지를 탐색해 보고자 한다.

[학습목표]

1. 평가과정을 설계해야 할 때 고려해야 할 요소에 대해 설명할 수 있다.
2. 평가방법 중 질문지법, 면접법, 관찰법, 논평, 녹음과 녹화의 특징을 설명하고 자료분석 방법을 활용할 수 있다.
3. 평가결과 활용의 정도와 반응을 추적·조사하는 등의 계획을 수립할 수 있다.

1. 프로그램 평가의 방법 및 절차

모든 평가가 그러하듯이 프로그램 평가도 프로그램이 실행되기 전부터 계획되고 실시되는 계속적인 과정이다. 일반적으로 평가방법 및 절차는 평가과정 설계→평가도구 선정 및 개발→평가 자료수집 및 분석→평가결과 보고 및 활용 등의 단계를 거쳐서 시행된다.

1) 평가과정 설계

프로그램 평가를 위해서는 평가과정에 대한 면밀한 계획이 필요하다. 아울러 평가결과를 어떻게 활용할 것인지에 대한 설계가 선행되어야 한다. 배호순은 평가과정을 설계할 때 고려해야 할 요소로 다음과 같은 6가지를 들고 있다(배호순, 1994: 222).

- 어떤 목적으로 평가하고자 하는가?
- 평가 요구자와 핵심 관련자는 누구인가?
- 어떤 접근 방법으로 평가하고자 하는가?
- 특별히 고려할 점은 무엇인가?
- 중요한 평가 준거와 기준은 무엇인가?
- 평가자원은 무엇인가?

또한 카파렐라(R. Caffarella)는 평생교육과정을 체계적으로 설계하는 방법으로 다음과 같은 12가지를 제안하였다(R. Caffarella, 1994: 121-123).

- 평가결과에 영향을 미치는 사람으로부터 평가에 대한 지원을 확보하라.
- 평가를 기획하고 감독할 사람을 선정하라.
- 평가의 목적과 평가결과의 활용방법을 확정하라.
- 평가의 내용과 문항을 구체화하라.

- 평가를 누가할 것인지를 결정하라.
- 활용할 평가방법을 구체화하라.
- 자료수집 방법과 시기를 결정하라.
- 분석절차를 구체화하라.
- 평가의 기준과 준거를 구체화하라.
- 구체적인 평가일정과 예산을 결정하라.
- 평가를 실시하고 제안사항을 정리하라.
- 평가결과 제안사항에 대한 기관의 반응을 유도하라.

이러한 점들을 살펴볼 때, 평가과정 설계는 평가를 위한 판단근거를 수집하고 설정하는 일을 어떻게 수행하고 전개할 것인가라는 질문에 답변하는 일이라고 할 수 있다. 먼저 거시적인 관점에서 평가의 골격을 정한 다음 미시적으로 구체적인 평가활동을 단계별로 계획하는 것이 필요하다.

2) 평가방법 선정 및 평가도구 개발

(1) 평생교육 프로그램 평가도구의 제작

평생교육 프로그램 평가도구는 프로그램 평가를 위한 자료수집 도구를 의미한다. 평가도구의 제작은 우선 프로그램 평가의 목적과 목표를 확인하는 데서부터 시작된다. 큰 틀에서 평가 목적 및 목표가 확인되면 평가담당자는 평가자료수집을 위해 앞에서 다루었던 주요 평가모델 가운데 하나를 선택하여 이용하거나 여러 모델을 변용하여 이용할 수 있다.

혹은 특정 평가모델의 일부분만을 이용할 수도 있다. 각각의 평가모델은 평가를 실시하는 나름의 독특한 평가 목적과 목표를 보유하고 있고, 이의 달성을 위한 구체적인 방법과 절차를 보여 준다. 평가도구는 평가모델의 각 수준 혹은 영역에서 왜 평가를 수행하는지에 대한 답을 찾기 위한 정보를 수집하는 수단이기 때문에 평가목적 및 목표에 가장 부합하는 도구를 제작할 필요가 있다. 또 해당 평가도구를 제작하는 데 있어 가용한 자원(시간, 예산, 인력 등) 및 평가도구의 효과성과 효율성, 평가도구 이용 시의 제약조건 등을 동시에 고려해야 한다.

(2) 평생교육 프로그램 평가도구의 종류

아래에서는 Caffarella와 Daffron(2013)이 제시하는 형성평가 및 총괄평가를 위한 주요 평가도구를 다룬다.

① 형성평가를 위한 평가도구

- 관찰: 프로그램개발자 혹은 학습자의 업무 수행 관찰 및 지식, 기술, 문제발견·문제해결 능력, 이들이 표현하는 가치 및 태도 기록
- 인터뷰: 프로그램개발과정 혹은 프로그램 시행 중 이해관계자(학습자, 프로그램 개발자, 프로그램 자금제공자 등)를 대상으로 개인/그룹으로 인터뷰 진행
- 질문지: 프로그램개발자, 학습자, 자금제공자 등 이해관계자를 대상으로 프로그램개발과정 혹은 프로그램 실행 도중에 프로그램개발, 전달, 임시적 결과 등에 대한 의견, 인식, 혹은 신념을 잘 조직화된 질문지로 수집
- 산출물 리뷰: 프로그램개발과정에서 개발자들이 만들어 낸 산출물 혹은 학습자들이 프로그램 참여 시 산출한 임시 산출물 평가
- 수행 리뷰: 프로그램개발자가 프로그램개발과정에서 보여 준 특정 기술이나 절차 혹은 학습자가 프로그램 참여 도중 보여 주는 특정 기술이나 절차에 대한 리뷰
- 자기평가: 프로그램개발자가 프로그램개발과정을 잘 관리·운영하는지 혹은 프로그램에 참여하고 있는 학습자가 자신이 참여한 프로그램에 대해 만족하고 있는지 개선사항은 없는지 등을 개인적으로 혹은 그룹으로 평가

② 총괄평가를 위한 평가도구

- 관찰: 학습자의 실제・모의업무 수행 관찰 및 지식, 기술, 문제발견・문제해결 능력, 참여자가 표현하는 가치 및 태도 기록
- 인터뷰: 프로그램 종료 후 프로그램 이해관계자(학습자, 프로그램개발자, 프로그램 자금제공자 등)를 대상으로 개인/그룹으로 인터뷰 진행
- 질문지: 프로그램개발자, 학습자, 자금제공자 등 이해관계자를 대상으로 프로그램 종료 후 프로그램개발, 전달, 결과 등에 대한 의견, 인식, 혹은 신념을 잘 조직화된 질문지로 수집
- 사전/사후 테스트: 학습자의 지식, 기술, 문제발견・문제해결 능력, 학습자가 표현하는 가치 및 태도 등의 측정을 위해 테스트 이용
- 산출물 리뷰: 학습자들이 프로그램 참여결과로 산출한 산출물(예, 포트폴리오, 동영상, 예술작품) 평가
- 수행 리뷰: 학습자들이 보여 주는 특정 기술이나 절차에 대한 리뷰
- 조직/지역사회 기록물: 조직이나 지역사회에서 발간하는 연간보고서 등 평가
- 포트폴리오: 학습자가 프로그램 참여 동안 이루어 낸 이벤트, 활동, 산출물, 혹은 성취 등에 대한 수집물
- 비용효과분석: 프로그램개발 및 운영에 투여된 비용 대비 프로그램 효과 분석
- 포커스 그룹인터뷰: 5에서 12명 사이의 동질적인 학습자 혹은 프로그램개발자 그룹을 대상으로 특정 이슈에 대한 심층적인 정성적 데이터를 수집하기 위한 그룹인터뷰
- 자기평가: 학습자가 프로그램을 통해 배운 것과 그것을 자신의 직무(혹은 생활)에 적용할 수 있었는지 개인적으로 혹은 그룹으로 평가
- 스토리텔링: 학습자가 자신의 프로그램 참여경험에 대해 기술

(3) 질문지의 성격, 형식, 그리고 작성방법

앞에서 언급한 바와 같이 평생교육 프로그램 평가를 위한 자료수집 방법은 다양하다. 여기에서는 평생교육 현장에서 형성평가와 총괄평가의 목적으로 가장 많이 활용하는 질문지에 대해 다룬다.

① 질문지의 성격

질문지는 묻는 내용에 따라 객관적인 사실을 알아보기 위한 질문과 어떤 문제나 대상에 대하여 응답자가 가지고 있는 의견이나 태도 등을 조사하기 위한 질문으로 나뉜다(이종승, 2009). 보통 평생교육 프로그램 평가를 위한 자료수집을 위해 질문지를 사용할 경우 응답자의 나이, 학력, 성별, 기타 등의 객관적인 사실과 프로그램에 대한 만족이나 성과에 대한 의견이나 태도를 조사하는 질문 모두를 포함한다.

② 질문지의 형식

질문지는 응답형식에 따라 다음과 같이 폐쇄형의 구조적 질문지와 개방형의 비구조적 질문지로 구분한다(이종승, 2009).

• 구조적 질문지

- 선택형: 한 문항에 두 개 이상의 선택지를 주고 그 가운데서 응답자가 적절한 응답지를 선택하도록 하는 방법이다. 주어진 질문에 어떤 반응이 나올 수 있는지 사전에 충분히 조사하여 될 수 있는 한 여러 가지 가능성이 있는 반응의 내용을 선택지에 모두 포함시켜야 하며 이들은 상호배타적이어야 한다.

---

1. 평생교육사라는 직업은 본인에게 어떤 의미입니까?

① 나에게는 성직이며 천직이다.	② 다른 어떤 직업보다 보람이 있다.
③ 다른 직업과 마찬가지로 평범한 직업이다.	④ 상대적으로 격이 떨어지는 직업이다.
⑤ 할 만한 직업이 못된다.	⑥ 기타 ( )

- 평정척도형: 응답자에게 미리 정해 놓은 척도에 반응하도록 만든 질문지 형식의 척도로 어떤 특성의 정도나 질적 수준을 평가하고자 할 때 사용하는 방법이다. 대표적인 형태가 리커트(Likert) 척도로 다음의 예와 같다.

이번 프로그램 관해서 느낀점을 다음 각 항목별로 평정하시오.

	매우 만족	만족	그저 그렇다	빈약한 편	아주 빈약
내용	1	2	3	4	5
환경	1	2	3	4	5
	1	2	3	4	5
강사	1	2	3	4	5

(사례)

다음은 평생교육사의 직무입니다. 귀하가 생각하기에 가장 중요한 직무부터 1, 2, 3 순위를 매겨 주십시오.

( ) ① 평생교육 프로그램의 요구분석 · 개발 · 운영 · 평가 · 컨설팅

( ) ② 학습자에 대한 학습정보 제공, 생애능력개발 상담 · 교수

( ) ③ 그 밖에 평생교육 진흥 관련 사업계획 등 관련 업무

• 비구조적 질문지

- 자유반응형: 주어진 질문에 자유롭게 반응할 수 있도록 되어 있는 문항형식이다. 자유반응형은 응답자의 표현능력이 높고 성실하게 반응하리라는 점을 확신할 수 있을 때에 한해서 사용하는 것이 바람직하다.

(사례)

1. 현재 우리나라 평생교육이 당면하고 있는 가장 큰 문제는 무엇이라고 생각하십니까?

---

2. 질문지의 작성 방법

질문지의 작성 요령은 다음과 같다(이종승, 2009; Babbie, 1998).

1) 질문지 제작 전 고려사항

- 질문지를 통하여 '무엇'을 조사하고, 그러한 내용을 '누구'에게서 얻을 것인가를 분명히 한다.
- 조사의 목적과 응답자의 특성을 고려하여 그에 알맞은 질문지 형식을 선택한다.
- 질문지 실시방법(우편, 온라인, 전화, 제3자 의뢰, 직접 수집 등)과 익명여부를 결정한다.
- 응답자의 응답 능력을 고려하여 적절한 질문지 형식과 선택지를 선정한다.

2) 문항작성 가이드

- 질문은 부정확한 낱말이나 모호한 표현을 피하고 간단명료하게 작성하여 응답자가 무엇을 묻는지를 분명히 알 수 있도록 해야 한다.
- 문항수가 너무 많으면 응답자가 부담을 느껴 성실한 응답을 하지 않을 가능성이 크므로 조사내용과 직접적인 관련이 없는 질문은 제외하고 꼭 필요한 내용만 질문지에 포함시킨다.
- 응답자를 난처하게 만들거나 감정을 상하게 하는 질문은 피한다.
- 한 문항 안에 두 가지 이상을 묻는 이중질문을 피한다.
- 예비조사를 실시하여 응답자가 이해하지 못한 용어나 적절하지 못한 표현, 반응하기 곤란한 문항을 확인, 수정하고, 질문지 실시방법상의 문제를 찾아내 최종 질문지의 질을 높인다.

(1) 평가방법 선정

평가자료를 수집하고 분석하기 위해서는 먼저 평가방법을 결정해야 한다. 평가자료를 수집하기 위한 평가방법은 여러 가지 방법이 활용될 수 있다. 평가방법은 프로그램의 목표, 학습내용과 수준(인지적 지식, 정의적 지식, 운동기능적 지식), 집단의 규모나 시설여건, 학습자들의 특성(언어능력이나 연령 등), 평가비용 등을 고려하여 선정되어야 한다. 그리고 한 가지 방법만이 아니라 여러 가지 방법을 병행하여 활용할 수 있다.

평생교육 프로그램 평가에서 자주 사용되는 5가지 방법을 소개하면 다음과 같다(차갑부, 1999: 339-340).

첫째, 질문지법이다. 질문지는 가장 일반적으로 활용되는 기법으로 정보를 신속하게 수집하는 객관성 있는 방법이다. 그러나 이 방법은 한계성을 지니고 있으므로 지나치게 의존해서는 안된다. 질문지는 프로그램에 대한 평점을 매기거나 개방적으로 의견을 묻는 질문도 있다. 학습자가 대규모일 경우 질문지는 학습태도에 관한 정보를 신속하게 수집하는 객관성 있는 방법이다. 질문지는 면접처럼 응답자가 자유롭게 논평할 수 없기 때문에 예기치 않은 반응을 평가하기 어려운 단점이 있다. 아울러 잘못 제작된 질문지는 프로그램에 대한 편향된 반응을 유도할 우려도 있다.

둘째, 면접법이다. 면접은 얼굴을 대면하고 서로 개인적인 질문과 대답을 주고받는 것이다. 면접은 사전에 미리 계획되어서 매우 조직적으로 실시될 수도 있고, 완전히 개방적이고 융통성 있게 진행될 수도 있다. 면접법은 평가결과를 쉽게 수량화할 수 없고, 예기치 못한 생각과 반응을 찾아내는 데 가장 적합하다. 면담자와 심리적인 친밀감(Rapport)을 형성하는 것이 중요하다. 일반적으로 면접법은 소수의 주제에 관한 세부적이고 심층적인 정보를 제공해 준다는 장점이 있다. 또한 면접법은 비교적 시간이 적게 소비되고 소규모 집단에 사용하는 것이 적합하다. 그러나 면접에 응한 응답자의 의견이 프로그램에 대한 의견을 대표한다고 보기 어려운 경우도 있고, 면담결과를 분석하기 곤란한 경우도 있다는 점을 유의해야 한다.

셋째, 관찰법이다. 관찰법은 프로그램의 진행과정을 찬찬히 살펴보는 데 유용한 방법이다. 학습자들의 행동을 체계적으로 관찰하고 기록하며, 수행되는 과정에 강조점을 두고 있다. 관찰자는 훈련이 잘 되어 있어야 하고, 관찰을 기록하기 위하여 체계적인 절차가 활용되어야 한다. 관찰법은 교수자의 행동이나 기술수준을 확인하는 데도 매우 유용한 방법이다. 관찰자의 편견이나 선입관이 개입할 위험이 있으며, 관찰하고 있다는 의식을 주지 않도록 유의해야 한다. 관찰법을 실시하기 위해서는 비교적 시간이 많이 소요되지만, 주의 깊고 체계적으로 실시된다면 매우 유용한 자료를 얻을 수 있다. 전체를 대표할 수 있는 행동장면을 표집해야 하며, 관찰자는 어떤 행동을 탐색해야 하고 행동을 객관적이고 일관성 있게 기록하는 방법을 알고 있어야 한다.

넷째, 논평(Comment)이다. 논평은 공식적이거나 비공식적인 기록이다. 프로그램에 참여한 학습자들에게 프로그램 전반에 대하여 자신들의 소감을 기록하도록 하는 것이다. 논평은 사람들의 예기치 않은 반응을 알아보는 데 매우 유용한 방법이다. 그러나 논평은 분석하기 어렵고 대표성이 없는 평가자료를 만들어 낼 가능성도 있다. 논평자료를 수집하는 것은 비교적 쉽지만 결과를 해석하기는 어렵다. 논평자료가 수집되면 모든 자료를 면밀하게 검토하고, 유사한 반응끼리 분류하고 묶어서 결과를 분석하는 것이 필요하다.

다섯째, 녹음과 녹화이다. 녹음기나 비디오를 활용하여 녹음이나 녹화하는 것은 프로그램 진행과정이나 학습자들의 태도를 영구적으로 기록할 수 있는 방법으로 교수자의 질적 수준을 평가하는 방법으로 활용될 수 있다. 또한 녹음과 녹화 결과는 교수자가 자기 자신의 교수활동을 관찰해서 스스로 수정, 보완할 수도 있다.

(2) 평가도구 개발

좋은 평가도구란 먼저 그 도구가 평가하고자 하는 내용과 일치되는 타당성이 있어야 하고, 질문에 응답할 때 평가목표에 알맞은 응답을 정확히 얻어낼 수 있는 신뢰성이 확보되어야 한다, 또한 누가 평가해도 서로 어긋나지 않는 점수를 얻을 수 있는 객관성, 그리고 누구나 쉽게 적용할 수 있는 실용성이 있어야 한다(김진화, 2001: 436).

검사도구의 문항 형태로 많이 활용되는 것은 자유반응형, 선택형, 선다형, 평정형(동간척도형), 서열형, 목록표형 등이 있다(배호순, 1994: 300)

먼저 문항의 형태를 중심으로 한 검사도구의 장점과 단점을 살펴보면 적합한 검사도구를 선정하는 데 도움을 얻을 수 있다.

〈표 13-1〉 검사문항 형태별 장 · 단점 비교

문항 형태	장점	단점
개방형	자유로운 반응 이유 및 근거제시	반응하기 어렵고 시간이 많이 소요됨
목록형	선택하기 용이함 결과 해석이 용이함	반응상의 제한 국한된 방식으로 반응
선다형	선택이 용이함 제한된 질문 내용(명료함)	반응상의 제한 선택의 이유 알 수 없음 정 · 오만을 파악
평정형	준거지향 접근(준거기준)	찬 · 반 방향을 혼돈
서열형	가치판단 정도 확인 규준지향 접근(상대성) 제작 및 활용이 용이함	판단이유 · 근거불명 제한된 동질적인 문제만을 다룰 수밖에 없음

출처: 배오순(2008).

다음으로 평가도구의 예를 몇 가지 살펴보고자 한다. 여기서는 프로그램의 효과를 확인하기 위한 평가목적으로서 학습자 반응 및 태도면을 평가하기 위한 도구를 소개하고자 한다.

교육프로그램의 효과를 학습자의 반응수준에서 평가하고자 하는 경우에는 평가 대상과 내용이 프로그램에 대한 학습자의 반응과 태도에 초점을 두고 있다.

첫째, 학습자 반응조사 질문지(평정형)의 예이다. 이와 같은 반응조사를 위한 척도의 경우에는 질문항목을 보다 상세하게, 구체적으로 제시하고 답지 형태를 균형 있게 조절할 필요가 있다. 즉, 답지의 형태를 '매우만족 - 만족 - 보통 - 불만 - 매우불만' 과 같이 균형 있게 수정하는 동시에 코스의 내용을 '코스내용의 체계성', '내용의 유용성', '내용의 충실성' 등으로 보다 상세화함으로써 무엇에 관한 의견을 파악하려고 하는가를 명료화할 필요가 있다. 또한 '~각 항목별로 평정하시오'를 '각 항목별로 적합한 반응 답지에 표시하시오' 등으로 수정하는 것이 바람직하다.

〈학습자 반응조사 질문지(평정형)〉

이번 연수에 관해서 느낀 바를 다음 각 항목별로 평정하시오.

	매우 만족	만족	그저 그렇다	빈약한 편	아주 빈약
코스의 내용	1	2	3	4	5
학습실 훈련의 질	1	2	3	4	5
실험실 훈련의 질	1	2	3	4	5
연수 환경	1	2	3	4	5

출처: 배호순(1994: 295).

둘째, 학습자 반응조사 질문지(개방형)의 예이다. 다음과 같이 개방형 질문이 중심이 되는 반응조사지인 경우에는 각 질문에 대한 반응을 예상하고, 그 반응을 어떻게 처리하고 해석할 것인가라는 확고한 견해가 없는 경우에는 사용하지 않는 것이 바람직하다. 가능한 한 계획성이 없이 모호한 개방형 질문을 사용하는 것을 삼가고, 반응자가 반응하기에 용이하고 특정한 반응을 파악하기 용이한 형태로 유도하거나 반응의 근거를 밝힐 수 있는 문항으로 제작하는 것이 바람직하다.

〈학습자 반응조사 질문지(개방형)〉

연수에 참여한 결과로 느낀 바를 다음 질문에 따라 응답하시오

1) 이번 연수 프로그램에 소요한 시간은 얼마나 됩니까?
2) 연수 내용이 자신이 업무 수행과 관련해서 어느 정도 기대한 것이라고 생각하십니까?
3) 연수 내용이 자신의 업무 수행에 어느 정도 유용하게 사용될 것이라고 생각하십니까?
4) 연수 교재 중의 워크시트를 사용하기가 어느 정도 용이했습니까?
5) 연수 내용 소요들을 어떤 순서로 활용하였습니까?
6) 연수 내용에 대한 사후 검사는 어느 정도 공정하다고 생각하십니까? …등

출처: 배호순(1994: 296).

셋째, 학습자 반응조사 질문지(양자선택 및 부분적 개방형)의 예이다. 개방형 질문지에 비하여 양자선택 및 부분적 개방형 질문지는 응답자의 반응을 특정한 방향으로 유도하고 응답자의 반응을 파악하기가 비교적 용이하여 활용을 권장할 만하다.

〈학습자 반응조사 질문지(양자선택 및 부분적 개방형)〉

연수 프로그램 대한 평가

1) 참가한 프로그램은 제시한 목표를 충분히 달성했습니까?
   그렇다 ________,
   아니다 ________,
   만일 그렇지 않다면, 그 이유를 간략하게 제시하시오.
2) 코스는 귀하의 요구를 만족시켰습니까?
   그렇다 ________,
   아니다 ________,
   만일 그렇지 않다면, 그 이유를 밝히시오.
3) ____________

출처: 배호순(1994: 297).

〈프로그램 평가 예시〉

1. 평가의 목적:
   - ○ 현재 시행하고 있는 프로그램을 평가하여 앞으로 보다 더 꼭 필요하고 질 높은 프로그램을 개발하기 위함.
   - ○ 프로그램 진행 과정의 모든 의사결정을 위한 정보를 제공하고, 학습활동 과정을 개선하며, 책임감을 높이고, 향후 프로그램 개선방향을 제시함.
2. 평가 방법
   - ○ 설문지에 의한 평가: 프로그램 대상자에게 설문지를 주어, 이 프로그램 어떠한 영향을 끼쳤는지에 대하여 평가함.
   - ○ 예절교육, 음식 만들기, 전통놀이, 전래동화구연 중 각 과정 당 5명 시범강연.
3. 평가 내용
   - ○ 프로그램 계획과 내용에 비추어 평가.
   - ○ 평가는 코스요소와 교수활동을 중심으로 실시함.
   - ○ 평가는 프로그램 사이의 자체평가를 통해서 기본적으로 실시하며, 이와 함께 프로그램 진행자들 사이의 자체평가를 실시함.
   - ○ 학습자용 설문지, 강사용 설문지.
   - ○ 수료생들이 유치원 취업현장에서 강사로 활동할 수 있는지 평가.
4. 평가 시기
   - ○ 프로그램 종료 후 - 사후평가

《학습자용 설문지》

안녕하십니까?
먼저 이번 교육에 참가하여 주신 교육생 여러분께 감사를 드립니다.
다음의 설문은 앞으로 실시될 프로그램을 개선하기 위해 여러분의 고견을 듣고자 합니다. 이번 교육 기간 동안 보고 느끼고 생각하신 점을 솔직하게 답해 주시면 감사하겠습니다.
귀하의 응답 내용은 절대 비밀이 보장되며, 여러분의 소중한 의견은 본 기관의 교육성과를 높이는 데 밑거름이 될 것입니다. 여러 가지로 바쁘시더라도 각 문항마다 성의껏 응답하여 주시면 대단히 감사하겠습니다.

20 년 월

○○ 평생교육원

※ 각 질문에 대해 보기 중에서 해당되는 것을 골라 √표 해 주세요.

1. 귀하는 취업을 위해 이 교육이 꼭 필요하다고 생각하십니까?
   ① 꼭 필요하다 ② 필요하다 ③ 필요하지 않다 ④ 잘모르겠다

2. 이번 교육과정의 만족도는 어떠십니까?
① 매우 만족 ② 만족 ③ 보통 ④ 불만족 ⑤ 매우 불만족

3. 이번 교육과정의 교육기간은 어떠하였습니까?
① 길다 ② 적당하다 ③ 짧다
④ 적당하지 않다(이유:)

4. 교육인원수는 교육받기에 어떠하였습니까?
① 매우 많음 ② 많음 ③ 적당함 ④ 적음 ⑤ 매우 적음

5. 본 교육기관의 실습기자재 등 교육시설은 어떠하였습니까?
① 만족 ② 보통 ③ 불만족(사유:)

6. 본 교육기관의 부대시설 및 후생시설은 어떠하였습니까?
① 만족 ② 보통 ③ 불만족(사유:)

7. 대전시 서구 노인평생교육원 교육에 어떻게 참여하시게 되었습니까?
① 교육원 홈페이지를 통하여 우연히
② 교육원에 다른 용무로 우연히 방문하였다가
③ 교육원에 관한 다른 입소문을 통하여
④ 교육원 소식지나 전단지를 통하여
⑤ 기타( )

8. 이번 교육과정에서 특히 미흡했다고 생각되는 과목은 무엇입니까?
① 예절교육 ② 음식만들기 ③ 전통놀이 ④ 전래동화구연
⑤ 민속마을견학 ⑥ 사유( )

9. 이 교육과정에서 더 필요하다고 생각되는 과목은 무엇입니까?
( )

10. 이 교육과정에 대한 소감 및 느낀점을 기재해 주십시오.
( )

11. 본 교육기관에 대한 건의사항이나 희망사항이 있으면 기재해 주십시오.
( )

* 설문에 응해 주셔서 감사합니다. 더욱 노력하여 발전하는 ○○ 평생교육원이 되겠습니다.

《강사용 설문지》

안녕하십니까?
귀하께서 금번 저희 기관을 위하여 강의를 해 주신 것에 대해 매우 감사드립니다.
본 기관에서는 프로그램의 효율적인 운영과 개선을 위하여 다음과 같은 평가를 실시하고자 합니다.
본 기관을 방문한 기간 중에 혹은 강의운영상에 느끼신 점을 솔직하게 답해 주시기 바랍니다.
귀하의 응답 내용은 절대 비밀이 보장되며, 의견은 본 기관의 교육성과를 높이는 데 밑거름이 될 것입니다. 여러 가지로 바쁘시더라도 각 문항마다 성의껏 응답하여 주시면 대단히 감사하겠습니다.

20 년 월

○○ 평생교육원

※ 각 질문에 대해 보기 중에서 해당되는 것을 골라 √표 해 주시고, 답이 없는 경우에는 기타란 및 빈란에 내용을 적어 주십시오.

1. 본 기관에서 강사를 대하는 태도는 어떠하였습니까?
   ① 매우 만족 ② 만족 ③ 보통 ④ 약간 불만족 ⑤ 불만족
   ※ ④,⑤번 답한 경우 사유( )

2. 강의실 및 교육생들의 분위기는 어떠하였습니까?
   ① 매우 만족 ② 만족 ③ 보통 ④ 약간 불만족 ⑤ 불만족
   ※ ④,⑤번 답한 경우 사유( )

3. 교육 중 문제발생 시 등 직원들의 태도는 어떠하였습니까?
   ① 매우 만족 ② 만족 ③ 보통 ④ 약간 불만족 ⑤ 불만족
   ※ ④,⑤번 답한 경우 사유( )

4. 해당 과목의 교육시간은 어떠하였습니까?
   ① 매우 많음 ② 많음 ③ 적당함 ④ 적음 ⑤ 매우 적음

5. 본 교육기관의 실습기자재 등 교육시설은 어떠하였습니까?
   ① 매우 만족 ② 만족 ③ 보통 ④ 약간 불만족 ⑤ 불만족
   ※ ④,⑤번 답한 경우 사유( )

6. 강사님들과 직원들과의 관계는 어떠하였습니까?
   ① 매우 만족 ② 만족 ③ 보통 ④ 약간 불만족 ⑤ 불만족
   ※ ④,⑤번 답한 경우 사유( )

7. 본 교육기관의 운영상의 문제점이나 개선할 점이 있으면 기재해 주십시오.
( )

8. 본 교육기관에 대한 건의사항이 있으면 기재해 주십시오.
( )

* 설문에 응해 주셔서 감사합니다. 더욱 노력하여 발전하는 ○○ 평생교육원이 되겠습니다.

3) 평가자료 수집 및 분석

(1) 자료수집 시기 및 장소(차갑부, 1999: 340-341)

① 프로그램이 시작되기 전

프로그램이 시작되기 전에는 출발점에서 학습자들의 수준을 알아보기 위해서 그들의 지식이나 기술, 태도에 관한 기초 자료를 수집하는 것이다. 관찰이나 면접, 집단·조직·지역사회의 기록이나 보고서 등을 검토하기도 하고 질문지 조사가 활용되기도 한다.

② 프로그램이 진행되는 도중

프로그램이 진행되는 도중에는 교육이 실시되는 현장에서 평가자료가 수집된다. 프로그램과 학습내용에 대한 학습자와 교수자의 반응을 평가하기 위한 것이다. 질문지나 면접, 테스트가 활용된다.

③ 프로그램이 끝난 직후

프로그램이 끝난 직후에는 교육현장에서 학습자들의 만족도나 반응을 질문지, 면접 등을 통해서 자료를 수집한다. 이러한 자료는 프로그램이 시작되기 전에 수집된 평가자료와 비교하여 학습자들의 수준향상 정도와 개선사항을 밝히는 데 활용될 수 있다.

④ **프로그램이 종료되고 시일이 경과한 후**

프로그램이 종료되고 일정한 시일이 경과한 후에는 추수평가를 통하여 참여자들의 지식수준, 수행능력, 가치와 태도변화 등을 알아본다. 관찰이나 면접, 기록검토, 참가자 주변인을 대상으로 한 다면평가와, 직무수행 평가 등을 통하여 자료가 수집된다.

(2) 자료수집 지침

정확한 평가를 위해서는 올바른 자료수집이 선행되어야 한다. 올바른 자료수집을 위해서는 다음과 같은 지침을 활용하는 것이 필요하다(차갑부, 1999: 342).

① 질문지나 논평은 익명으로 해야 한다.
② 분명하고 정확한 안내문이 제시되어야 한다.
③ 면접, 토론, 관찰은 평가결과에 직접적으로 영향을 끼치지 않는 사람들에 의하여 수행되어야 공정하고 신뢰할 수 있는 결과를 얻을 수 있다.
④ 자료수집 형식이나 방법을 결정하기 위한 적절한 시간이 주어져야 한다. 프로그램이 종료될 무렵에 즉흥적으로 평가를 실시해서는 안된다.
⑤ 시험이나 휴일 같은 특별한 날 직전이나 직후에 정보가 수집되어서는 안된다.
⑥ 학습자들이 교수자와 학습내용에 익숙해질 수 있는 충분한 시간이 주어진 후에 자료가 수집되어야 한다.
⑦ 자연스러운 상황에서 정보가 수집되어야 한다. 남을 의식하는 상황에서는 응답자가 자유롭게 기술하지 못한다.
⑧ 부정확한 정보나 편파적인 생각으로 판단을 해서는 안되기 때문에 가능하다면, 자신의 정보와 다른 정보를 대조하여 검토하는 것이 필요하다.

(3) 자료분석

평가자료가 수집되면 자료를 분석하는 절차에 착수해야 한다. 아무리 훌륭한 자료가 수집되었다고 하더라도 그것에 대한 분석이 충분하지 못하면 효과를 거둘 수 없다. 수집된 자료는 양적인 자료와 질적인 자료로 구분된다. 양적인 자료는 정확한 수량을 나타내는 반면, 질적인 자료는 풍부한 기술적 자료를 제공한다. 앞서 기술한 5가지 평가방법에 따라 자료분석방법을 살펴보고자 한다(차갑부, 1999: 346-348).

① 질문지에 대한 분석

질문지의 결과는 매우 정교한 통계적 기법을 사용하여 분석될 수 있다. 수업향상에 관심 있는 교수자는 응답의 빈도나 평균치에 의한 기법이 적절하다. 경우에 따라서는 문항 간 혹은 특정문항과 다른 문항 사이의 상관관계가 유용하다. 질문결과가 지니고 있는 위험성은 수치에 지나치게 의미를 부여한다는 것이다. 정확한 수치라고 생각하기 쉬우나 통계적으로 조작이 가능하고 다양한 변인들의 영향을 받는다는 점을 염두에 두어야 한다.

② 면접결과에 대한 분석

면접결과에 대한 분석은 범주별로 응답을 기술하는 것으로 구성된다. 면접이 구조적일 경우 범주가 미리 결정되고 필요시 수정될 수 있다. 면접이 비구조적일 경우 응답을 검토한 후 범주가 만들어지며, 범주별로 응답의 빈도에 따라서 결과가 요약된다.

③ 관칠에 대한 분석

관찰은 평가될 행위나 특성에 대한 체크리스트(Checklist)나 평정척도(Rating Scale)를 활용하여 행해진다. 관찰결과에 대한 분석은 체크리스트의 항목에 대한 체크나 평점의 빈도를 측정하여 이루어진다.

④ 논평에 대한 분석

논평은 면접과 유사한 방법으로 분석된다. 각 범주별로 진술의 빈도를 측정하여 응답이 범주화되고 평가결과로 요약된다.

⑤ 녹음과 녹화에 분석

녹음과 녹화는 관찰과 유사한 방법으로 분석된다. 관찰은 일정한 간격으로 시간의 흐름에 따른 표집(Time-Sample)으로 할 수 있다. 예컨대, 5, 10, 15초마다 그 시간에 일어나는 행동을 기록할 수 있다. 이러한 기법은 학습과정이나 분위기에 대한 보다 많은 대표표집을 산출해 낸다.

4) 평가결과 보고 및 활용

평가자료의 분석이 끝나면 평가결과를 어떻게 보고하고 활용할 것인가를 결정해야 한다. 평가결과는 프로그램을 개선하거나 프로그램을 홍보하는 데 활용될 수 있기 때문에 중요하다. 평가결과 보고 및 활용단계에서 평가자는 보고의 목적을 설정하는 일, 보고서의 내용과 형태를 결정하는 일, 보고서 배포시기를 결정하며 보고서를 제출하고 배포할 대상자를 선정하는 일, 보고서를 활용하여 관련자 모두가 읽고 그를 활용하도록 권장하는 일, 보고서에 대한 반응(피드백)을 파악하는 일을 준비해야 한다. 나아가서 평가결과를 활용하고 난 뒤에 예상되는 변화를 지속적으로 파악하고 결과활용의 정도와 반응을 추적·조사하는 등의 계획을 수립할 필요가 있다(배호순, 1994: 398-403).

(1) 평가결과 보고의 목적설정

평가결과를 보고하는 목적은 평가 자체의 목적이나 초점에 의해 크게 좌우되지만 일반적으로 활용되고 있는 주요 목적들을 살펴보면 다음과 같다.

- 책임감을 과시하기 위한 것: 프로그램 관련자 및 평가자
- 프로그램을 정당화 및 타당화하기 위한 것

- 프로그램 관련자의 교육과 계몽을 위한 것(홍보)
- 업적 보존 및 기록을 위한 것
- 대중의 지지나 후원을 얻기 위한 것(홍보)
- 관련자의 프로그램에 대한 이해와 교육을 위한 것
- 프로그램에 대한 의사결정을 위한 것

결국, 평가목적의 성격에 따라서 어떤 내용을 보다 중요시할 것인가, 평가자료를 어떠한 형태로 제시할 것인가, 보고서 양식과 내용제시 방식을 어떤 것으로 선택할 것인가, 그리고 언제, 누구를 대상으로 보고할 것인가가 달라질 수 있다.

(2) 보고서의 형태 및 내용

평가보고서는 평가에 대한 공식적인 기록이며, 평가기간 동안 진행된 각종 활동과 그 결과를 발표하는 것이다. 평가보고서는 그 평가보고서를 읽는 사람이 쉽게 이해할 수 있도록 작성되어야 하며, 신뢰감을 줄 수 있어야 한다. 따라서 체계적인 절차와 논리적인 설명이 필요하다.

일반적으로 평가결과보고서에 포함되어야 할 구성요소는 다음과 같다.

- 평가의 근거와 목적: 평가관련자, 필요성(이유) 등
- 평가대상 프로그램의 간략한 안내: 목적, 대상, 내용, 활동 등
- 평가대상 내용 및 강조점: 평가준거의 설정
- 평가의 기획 및 수행: 평가자료 수집 방법 및 절차 등
- 평가결과의 제시: 주요 평가자료, 평가기준 등
- 평가의 결론 제시: 평가적 판단 결과, 장점과 약점, 제한점 등
- 권고 및 제언

평가보고서를 작성할 때 특히 관심을 두어야 할 것은 보고서의 내용을 어떤 내용으로 어떻게 구성할 것인가에 관한 것이다. 보고서의 내용을 선정하고 조직할 경우 평

가자가 유의해야 할 사항은 다음과 같다.

- 평가목적에 적절한 내용의 선정
- 특정한 편견 없이 공정하고 균형 있는 내용의 선정
- 다양한 평가관련자의 다양한 관점 수용
- 결과 보고 대상자가 이해하기에 용이한 간편하고 쉬운 용어의 사용
- 애매모호한 점이 없는 명료한 진술
- 보고내용의 의도와 초점이 분명한 진술
- 보고서 독자의 반응(피드백)을 유발시킬 수 있는 전략의 사용
- 전반적인 개요를 제시하여 평가결과의 윤곽을 파악할 수 있도록 하는 배려
- 주요내용의 간략한 요약을 제시
- 독자에게 필요한 안내의 제시

(3) 보고시기 및 보고 대상자 결정

평가결과 보고를 언제, 누구를 대상으로, 어떤 일정에 따라 실시해야 하는가에 관한 계획이 없으면 효과적으로 평가결과를 활용할 수 없다. 평가결과를 평가담당자가 직접 브리핑형식으로 보고할 대상은 누구인가, 보고서만을 제출함으로써 보고할 수 있는 대상은 누구인가, 또는 보고서 내용 중 일부만을 발췌해서, 또는 요약해서 공고형식으로, 또는 기사화해서 보고할 대상자는 누구인가 등을 사전에 고려하여 결정해야 한다.

아울러 결과보고의 시기와 일정은 평가요구자가 요청하는 시각에 적절하게 보고할 수 있는가, 필요한 경우에만 경제적으로 보고할 수 있는가, 특정한 시기의 특정 개인이나 기관의 요청에 부응할 수 있는가, 예상치 않은 특별보고 요청에 융통성 있게 대응할 수 있는가, 다른 행사일정과 중복되거나 상충되지는 않는가, 평가팀 내부의 상호통신기능에 부합하는가, 보고 일정 및 방식이 계획적이고 체계적인가 등을 종합적으로 고려하여 판단해야 한다.

(4) 효과적인 결과보고 전략

효과적인 결과보고를 위해서는 다양한 결과보고 형식과 매체의 활용전략을 강구하는 것이 필요하다. 일반적으로 활용되는 서면중심의 보고 형식만을 고집하지 않고 구두로 보고하는 형식을 취하거나 다양한 매체를 활용하는 것이 바람직하다. 다양한 매체를 활용함으로써 보다 많은 관심을 불러일으킬 수 있고 보다 정확하게 보고하며 보다 오래 기억할 수 있도록 하여 결과적으로 평가결과 보고의 효과를 높일 수 있다.

서면보고 형식 외에도 신문 · 라디오 · 텔레비젼 등의 대중매체를 이용하는 방법, 회의 및 집단토의 또는 식사를 통한 모임을 이용하는 방법, 청문회 · 전문가집단의 심의 · 집단을 대상으로 한 발표 등과 같은 단체를 이용하는 방법, 보고서 우송 · 소책자 · 뉴스레터 등의 배포법, 공개석상에서 관련자들과의 인터뷰 방법, 메모나 서신이용법, 전문학술지나 출판을 이용하는 방법, 슬라이드 · 비디오 등 다중매체를 이용하는 방법, 훈련 · 워크숍 등의 회의를 이용하는 방법이 전략적으로 고려되어야 한다.

아울러 서면 보고서에 그래픽, 차트, 도표 등을 복합적으로 활용하는 방법과 서면보고서 내용의 이해를 도모하기 위하여 핵심적인 질문을 이용한 질의응답식이나 요점 중심으로 토의하는 형태를 취하는 것 등 다양한 보고전략을 탐색할 필요가 있다.

(5) 보고서 활용방안

평가보고 대상자로 하여금 평가결과에 대한 의견을 제시할 기회를 주고 반응할 수 있도록 하기 위한 구체적인 방법도 제시할 필요가 있다. 특히 평가결과보고서를 필히 읽도록 권장하고 그것을 충분히 이해했는가, 어떤 점을 의문시하는가, 어떤 점을 필히 이해해야 하는가, 소감이나 건의할 점은 무엇이며 특히 지적할 만한 문제점은 무엇인가를 자유롭게 표현할 수 있도록 구체적인 방법 및 절차를 제시해 주어야 한다.

또한 평가결과 보고를 접한 후에 프로그램 관련자들의 근무 태도 및 행동상에 어떤 변화가 일고 있는가, 평가결과를 자신의 업무수행에 적용하고 있는가, 프로그램에 대한 관심에 어떤 변화가 일고 있는가 등을 지속적으로 파악하고 조사하여 활용하면 프로그램 개선과 평가활동의 개선에 실질적인 도움을 줄 수 있다.

〈표 13-2〉 평가 및 결과보고 계획 수립을 위한 활동지

구분		내 용
평가	주체	
	시기	
	방법	
	내용	• • •
결과보고	목적	
	형식	
	내용	• • •
	시기	
	대상	
	활용방안	• • •

연구문제

1. 평가과정을 설계해야 할 때 고려해야 할 요소에 대해 토론하시오..

2. 프로그램 평가에서 자주 사용하는 5가지를 설명하고 각각의 자료분석 방법을 제시하시오.

3. 평가결과 보고서 작성의 절차와 활용방안은 무엇인지 설명하시오.

Step 9 활동지: 평가 및 보고서 작성

9단계에서는 프로그램의 효과성이나 목표달성 여부에 대한 판단 및 더 좋은 프로그램개발과 개선을 위한 기반 제공을 하기 위하여 평가를 실시한다. 또한 보고서를 작성함으로써 관계자에게 정보를 제공한다.

1. 평가
   1) 평가목적

   2) 평가방법 및 평가도구 제작

   3) 평가시기

2. 보고서
   1) 보고대상

   2) 보고시기

   3) 보고서내용

developing programs in lifelong education | chapter

부록

프로그램개발의 실습

본 워크시트는 프로그램개발 시 절차에 따라 실습을 할 수 있도록 한 실습가이드이다.

1장에서 13장까지의 배운 내용을 토대로 9단계에 걸쳐 프로그램개발을 하도록 되어 있다. 하지만 상황이나 여건에 따라 단계를 달리 구성할 수도 있다.

이 실습가이드를 이용하여 여러분 스스로가 한번 프로그램을 개발해 보도록 하자.

---

1. 조를 편성한다(5~7인).
2. 조별로 개발할 프로그램 주제를 정한다.
3. 각 조는 실습가이드 순서에 따라 단계별로 정한 주제에 대해 프로그램을 개발한다.
4. 교수자는 각 조가 개발한 실습단계를 피드백한다.

■ 프로그램개발의 전 과정

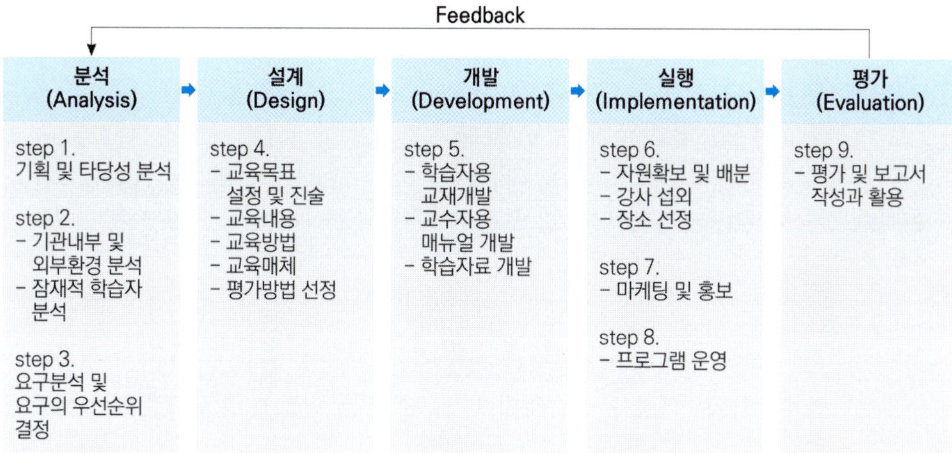

Step 1. 프로그램 기획 및 타당성 분석(개발 필요성 검토 및 추진 여부 결정)
Step 2. 기관내부/외부 환경 분석, 잠재적 학습자분석
Step 3. 요구분석 및 요구의 우선순위결정
Step 4. 교육목표설정 및 진술, 프로그램 내용 · 교육방법 · 매체, 평가방법선정
Step 5. 학습자용 교재 · 교수자용 매뉴얼 · 학습자료개발
Step 6. 자원 배분 · 강사 섭외 · 장소 선정
Step 7. 마케팅과 홍보
Step 8. 프로그램 운영
Step 9. 평가 및 보고서 작성과 활용

Step 1 활동지: 프로그램개발 타당성 분석-개발 필요성 검토 및 추진여부 결정

1단계에서는 프로그램개발을 하는 데 있어서 왜 이 프로그램이 개발되는지에 대한 필요성 검토 후 개발의 추진 여부를 결정하는 단계이다.

이 단계에서는 유사프로그램의 유무를 확인 후 차이점을 분석하는것, 개발하는 과정에 있어 장애요인은 무엇이며, 프로그램이 개발된 후에 나타나는 예상효과는 무엇인지에 대해 분석을 하여 본다.

• 프로그램의 주제: 조를 구성한 후 토의를 통해 관심주제를 선정한다.

프로그램개발의 전 과정을 실습하기 위해 각 조는 반드시 프로그램으로 개발될 수 있는 주제를 정하도록 한다.

<table>
<tr><td rowspan="3">프로그램 필요성</td><td>사회적 요구</td><td></td></tr>
<tr><td>기관(조직)의 요구</td><td></td></tr>
<tr><td>개발자의 요구</td><td></td></tr>
<tr><td>프로그램개발의 궁극적 목적</td><td colspan="2"></td></tr>
<tr><td rowspan="3">기존 유사 프로그램의
존재 여부와 차이점,
차별화 방안</td><td>유사프로그램 존재 여부</td><td></td></tr>
<tr><td>유사프로그램과의 차이점</td><td></td></tr>
<tr><td>차별화 방안</td><td></td></tr>
<tr><td rowspan="2">프로그램의 장애요인과
기대효과</td><td>장애요인</td><td></td></tr>
<tr><td>기대효과</td><td></td></tr>
</table>

Step 2 활동지: 상황분석

2단계에서는 프로그램개발에 필요한 기관환경분석/외부환경(지역사회)/ 잠재적 학습자 분석을 파악하는 일이 필요한 것이다. 예를 들면, SWOT분석기법을 통하여 기관내부의 강점(S: Strength)과 약점(W: Weakness)을 파악하고 외부환경의 기회요인(O: Opportunity)과 위협요인(T: Threat)을 파악함으로써 기관의 내부/외부의 상황분석을 할 수 있다.

1. 프로그램 실시 기관의 조직 분석

여기에서는 기관의 설립 및 운영 목적, 기관의 주요사업, 시설 현황 및 강점과 약점 등을 분석할 수 있다.

영역	강 점(S: Strength)	약 점(W: Weakness)	해결방안
행 정			
조 직			
재 정			
프 로 그 램			

2 기관 외부환경분석

여기에서는 기관외부의 환경변화에 대하여 기회와 위협 등을 분석할 수 있다.

환경변화 요인	기 회(O: Opportunity)	위 협(T: Threat)	대응방안
지역적 요인			
환경적 요인			
사회·문화적요인			
재정적 요인			

환경변화 요인	기 회(O: Opportunity)	위 협(T: Threat)	대응방안
타 기관과의 연계			

3. 잠재적 학습자 집단 분석

여기에서는 잠재적 학습자 집단에 대한 기본적 특성을 분석한다.

목표집단의 특성	분석 내용
연령층	
참여 예상 인원 수	
성 별	남: 여:
교육수준	중졸: 고졸: 대졸: 대학원졸:
잠재적 학습자 간의 유사점 및 차이점	• 직업 • 연령 • 학력 • 성별 • 사회적 역할 • 사회경제적 수준
프로그램 참여목적(동기)	
목표집단의 과거 유사한 교육경험 여부	

Step 3 활동지: 요구분석 및 요구의 우선순위 결정

3단계에서는 요구분석 및 우선순위를 결정하는 단계이다. 이 단계에서는 요구분석 방법은 어떤 기법으로 할 것인지, 조사범위는 어느 지역까지 할 것인지 등에 대해 결정을 한다. 또한 요구의 우선순위를 결정하여 최종적인 요구가 확정되는 단계다.

우선순위 결정이란 요구분석을 통하여 얻게 되는 수많은 아이디어(요구)들을 실시기관의 한정된 자원(시간, 예산 등)과 여건을 고려하여 일정한 기준에 따라 그 순위를 결정하는 것을 의미한다.

구분	내용
1. 요구조사 대상	
2. 요구조사 기법 결정	
3. 요구조사 절차 결정	
4. 요구조사 기법 제작	
5. 요구조사 실시	
6. 요구조사 결과 정리	
7. 요구들 간의 우선순위 결정	

Step 4 활동지: 프로그램 설계

4단계에서는 요구의 우선순위에서 최종적인 요구를 목표로 전환하여 프로그램목표를 설정하고 기술한다. 또한 개발하는 프로그램 학습목표 달성을 위한 설계를 하는 단계로 학습목표에 적합한 학습내용을 선정하고 이것을 수행하기 위한 적합한 교육방법 및 매체와 평가방법을 선정한다.

〈목표, 프로그램 내용, 교육방법, 매체, 평가방법 선정 설계 활동지〉

1. 확정된 요구에 대한 교육목표(최종목표, 중간목표) 진술
2. 각각의 목표를 실현하는 내용, 활동, 소요시간
3. 선정된 프로그램 내용 및 활동을 실현하기 위한 교육방법
4. 선정된 프로그램 내용 및 활동을 실현하기 위한 학습매체
5. 선정된 프로그램 내용 및 활동을 평가하기 위한 평가방법

Step 5 활동지: 학습자 교재, 워크북 및 교수자 매뉴얼 개발

5단계에서는 학습자에게 적합한 학습자용 교재 및 워크북을 개발하고 교수자용 매뉴얼을 개발하는 단계이다.

1. 학습자용 교재 개발

2. 학습자용 워크북 개발

3. 교수자용 매뉴얼(교수학습지도안) 개발

4. 학습자료 개발(PPT 등)

Step 6 활동지: 자원배분

6단계에서는 인적자원, 물적자원, 재정자원을 배분하는 단계이다. 인적자원이라 하면 강사나 보조강사, 운영직원 등을 말하며, 물적자원은 강의실이나, 기자재 등을 들 수 있다. 재정자원에서는 총 수입내역과 총 지출내역, 그리고 최소 참가 인원을 예상하여 손익분기점 분석을 통하여 수강료 결정을 할 수 있다. 또한 전체 프로그램을 운영하기 위한 일정표를 작성한다.

〈자원배분을 위한 활동지〉

1. 강사 선정

2. 담당자 선정

3. 교육장소 선정

4. 시설 설비선정

5. 총 지출내역

6. 총 수입내역

7. 수강료 결정

Step 7 활동지: 마케팅과 홍보

7단계에서는 효과적인 마케팅을 위해서 마케팅 전략 수립과 구체적인 홍보계획을 세우는 단계이다.

구체적으로 홍보대상을 정하고 홍보기간은 언제로 할 것이며, 홍보는 어떤 기법을 통해서 할 것인지에 대해 정하는 단계이다.

1. 홍보대상

2 홍보 방법선정

3. 홍보지역과 게시장소

4. 홍보 기간

5. 홍보자료 제작

6. 홍보예산

Step 8 활동지: 프로그램 운영

8단계에서는 효과적이고 효율적인 프로그램 운영을 위해 효과성이나 목표달성 여부에 대한 판단 및 더 좋은 프로그램개발과 개선을 위한 기반 제공을 하기 위하여 평가를 실시한다. 또한 보고서를 작성함으로써 관계자에게 정보를 제공한다.

1. 체크리스트(교육전, 교육 당일, 교육종료)

2. 본 교육프로그램과 관련한 운영담당자 역할

    1. 교육생

    2. 강사

    3. 운영 준비물

    4. 기타

Step 9 활동지: 평가 및 보고서 작성

9단계에서는 프로그램의 효과성이나 목표달성 여부에 대한 판단 및 더 좋은 프로그램개발과 개선을 위한 기반 제공을 하기 위하여 평가를 실시한다. 또한 보고서를 작성함으로써 관계자에게 정보를 제공한다.

1. 평가

   1) 평가목적

   2) 평가방법 및 평가도구 제작

   3) 평가시기

2. 보고서

   1) 보고대상

   2) 보고시기

   3) 보고서내용

참고문헌

강은이(2017). 평생교육기관의 서비스마케팅에 의한 군집화와 특성 분석. 동의대학교대학원 박사학위 논문.

권대봉(2006). 성인교육방법론. 서울: 학지사.

______(2017), 평생교육의 세가지 지평. 박영스토리.

권두승(2000). 성인학습 지도방법의 이론과 실제. 서울: 교육과학사.

권두승 외(2009). 평생교육경영론. 경기: 교육과학사.

권인탁, 임영희(2017). 평생교육경영론. 서울: 학지사.

기영화(2001). 평생교육 프로그램 개발. 서울: 학지사.

김선희 외(2004). 기업교육프로그램 개발의 실제. 경기: 서현사.

김용현(2009). 평생교육방법론. 서울: 법원사

김용현, 김종표, 문종철, 이복희(2014). 평생교육 프로그램 개발론. 경기: 양서원

김종표 외(2009). 평생교육방법론. 서울: 양서원.

김진화(2001). 평생교육 프로그램개발론. 서울: 교육과학사.

김재일, 김규배, 김동태, 김문섭, 김용철, 한웅희(2018). 마케팅. 서울: 박영사

반병길, 임채운, 김광규, 손준상(2000). 마케팅 관리. 서울: 박영사

배호순(1994). 프로그램 평가론. 서울: 원미사.

양병찬 외(2001). 평생교육 실무핸드북. 충남지역평생교육정보센터.

오혁진(2003). 평생교육경영학. 서울: 학지사.

오혁진(1996). 학습자 지향적 마케팅 전략에 관한 기초 연구. 평생교육연구, 2(1), 25-59.

오인경・최정임(2005). 교육프로그램 개발 방법론. 서울: 학지사.

윤옥환(2017). 평생교육프로그램개발 이론과 실제. 경기: 양서원.

이성호(2009). 교육과정론. 경기: 양서원.

이종승(2009). 교육, 심리, 사회 연구방법론. 경기: 교육과학사.

이재현, 정민재, 이재훈, Sky lab(2016). 강파워포인트 작업의 7원칙. 서울: 영진닷컴

이해주, 최운실, 권두승(2002). 평생교육 프로그램 개발. 서울: 한국방송통신대학교출판부.

이화정, 양병찬, 변종임(2005). 평생교육 프로그램개발의 실제. 서울: 학지사.

전주성, 임경미, 김미자(2016). 교육복지 프로그램개발의 이론과 실제. 경기: 공동체.

정민승, 허준(2016). 평생교육 경영론. 한국방송통신대학교출판문화원

차갑부(1999). 성인교육방법의 탐구. 서울: 양서원.

최은수, 김미자, 윤한수, 진규동, 임정임, 최연희, 이재남(2016). 평생교육 프로그램개발론. 경기: 공동체

허혜경 외(2007). 평생교육학 개론. 서울: 창지사.

현영섭(2011). HRD 핵심지식. 고려아카데미컨설팅출판부.

황정규(1998). 대학교수와 성적평가. 한국대학교육협의회, Vol 102, p.14-19.

Babbie, E. (1998). *Survey research methods(2nd ed.)*. Belmont. CA: Wadsworth.

Boyle, P.G. (1982). *Planning better program*. New York: McGraw-Hill Book Company.

Boone, E.J. (1985). *Developing Programs in adult education*. Englewood Cliffs. NJ: Prentice-Hill

Brinkerhoff, R. O. (2003). *The success case method: Find out quickly what's working and what's not*. San Francisco: Berrett-Koehler.

Caffarella, R.S. (1994). *Planning programs for adult learners*. San Francisco: Jossey-Bass Publishers.

Druck. Peter F. (2010). 피터드러커의 다섯가지 경영원칙(윤영애 역). 고양: 아시아코치센터

Ferrell, O. C. Michael D. Hartline, George H. Lucas, David Luck. (1999). *Marketing strategy*. Fort Worth: The Dryden Press.

Gibbs & Knapp (2002). *Marketing higher and further education*. London: Kogan page.

Kirkpatrick, D. L., & Kirkpatrick, J. D. (2006). *Evaluating training programs: The fourlevels(3rd ed.)*. San Francisco: BK.

Kirkpatrick, D. L. (1967). *'Evaluation of Training' In R. Craig, & L. Bittel(eds.), Training and Development Handbook*. New York: McGraw Hill.

Kirkpatrick, D. L. (1959). Techniques for evaluating training programs. *Journal of American Society of Training Development, 13*(3), 21-26.

Kirkpatrick, D. (1994). *Enaluating training programs: The four levels*. San Francisco: Berrett-Korhler.

Kowalski, T. J. (1988). *The Organization and Planning of Adult Education*. State University of New York Press.

Neimi, J. A., & Nagle, J. M. (1977). *"Learners, agencies, and program development in adult and continuing education.", Langerman, P. D., & Smith, D. H. (eds.). Managing adult and continuing education programs and Managing staffs*. Washington DC: National Association for Public Continuing and Adult Education.

Nicholls, A., & Nicholls, A. H. (1978). *Developing A Curriculum: A Practical Guide(2nd ed)*. London: George Allen & Unwin.

Ferrell, O.C. Michael D. Hartline, George H. Lucas (2002). *Marketing Strategy*. Harcourt College Publishers

Philip Kotler & Gary Armstrong (2017). 안광호, 유창조, 전승우 역. 마케팅원리. 시그마프레스.

Phillips, J. J. (1997). *Return on investment in training and performance improvement programs*. Burlington, MA: Butterworth-Heinemann.

ncs 학습모듈 https://www.ncs.go.kr/unity/th03/ncsResultSearch.do

https://mn.kbs.co.kr/news/view.do?ncd=4135732

https://infomon.tistory.com/21

https://blog.socialmkt.co.kr/201

찾아보기

(인명)

권두승 ······ 31
김진화 ······ 18, 52, 53
몰스테인과 스마트 ······ 31
반병길 ······ 212
시멀리(R. Simerly) ······ 198
시장 차별화 ······ 213
오인경 ······ 77
오혁진 ······ 198
이성호 ······ 14
이종승 ······ 254
이해주 ······ 41, 52
코왈스키(Kowalski) ······ 52
테일러(R. Tyler) ······ 38
허혜경 ······ 17, 29
현영섭 ······ 75
호울 ······ 29
Boone ······ 69
T. Kowalski ······ 23

(ㄱ)

가격(Price) 전략 ······ 209
가격책정 ······ 198
가르치는 기술 ······ 162
강의실 구성 배치 ······ 229
강점(S: Strength)과 약점(W: Weakness) ······ 64
개발(Development)단계 ······ 47
개발과정상의 요인 ······ 23
개발주체에 ······ 24
개발형 프로그램 ······ 25
개인성향 장애요인 ······ 32
개인적 차원 ······ 19
개인중심 교육방법 ······ 113
개인학습자의 변화 ······ 21
결과분석 및 보고 ······ 90
결과평가 ······ 243
경비 산정 ······ 190
경쟁기반 ······ 210
계속성 ······ 111
계열성 ······ 110
고객가치기반 ······ 209
공공평생교육기관 ······ 188
공동으로 개발된 프로그램 ······ 24
과정평가 ······ 245
관찰 ······ 252
관찰법 ······ 79
광고와 판매촉진 ······ 211
교・강사 ······ 162
교보재 자료 ······ 146
교수 방법의 특성 ······ 112
교수・학습 방법 ······ 111
교수자 ······ 156
교수자용 매뉴얼 ······ 134
교수자의 열정 ······ 163
교수체제설계
(Instructional System Design: ISD) ······ 45
교안의 형태 ······ 140
교안작성법 ······ 135

교육 및 학습가능성 ········ 109
교육결과 측정 ········ 45
교육기법 ········ 111
교육기법 적용 ········ 45
교육내용 ········ 110
교육방법 분류의 준거 ········ 113
교육보조물 ········ 133
교육요구 파악 ········ 44
교육운영자 ········ 159
교육운영자의 조건 ········ 159
교육의 체계도(roadmap) ········ 43
교육장소 ········ 178
교육장치 ········ 111
교육접근방식 선정 ········ 44
교육필요도 ········ 92
교육효과 지속 ········ 45
구두발표 ········ 124
구조적 질문지 ········ 254
구조적 측면 ········ 19
구체성 ········ 135
국가 프로그램 ········ 24
금전적 자원 ········ 183
기관 및 조직체적 요인 ········ 23
기관분석 ········ 64
기관이나 조직 프로그램 ········ 24
기관형 프로그램 ········ 25
기능(skill)개발 ········ 116
기영화 ········ 157
기자재 ········ 229
기자재 선정 ········ 178
기회요인(O: Opportunity)과
위협요인(T: Threat) ········ 64
기획(Planning) ········ 52
기획력 ········ 164

(ㄴ)

난이도 ········ 92
내용 구성 ········ 147
논리성 ········ 136
논술형 시험 ········ 122
능률성 ········ 109

(ㄷ)

다양성 ········ 109
단순화 ········ 148
단일 프로그램 ········ 28
도입단계 ········ 138
동기부여단계 ········ 138

(ㅁ)

마케팅 믹스 4P ········ 208
마케팅 절차 ········ 202
마케팅의 절차 ········ 201
마케팅환경 ········ 199
매핑(mapping) ········ 69
면담법 ········ 79
명확성 ········ 135
목적/목표 ········ 102
목표 설정 ········ 147
목표지향형 ········ 30
문제해결 시나리오 ········ 121
문화분석 ········ 69

물적 자원 ········· 176
민간평생교육기관 ········· 188

(ㅂ)

반응평가 ········· 243
백지식 교안 ········· 140
변화 적응력 ········· 163
변화창출 전략 ········· 21
보고 대상자 ········· 270
보고서 활용방안 ········· 271
보고서의 형태 ········· 269
보고시기 ········· 270
분석(Analysis)단계 ········· 47
분석도구의 선정 ········· 78
비구조적 질문지 ········· 255
비선형적 접근방법 ········· 39
비영리형 평생교육기관 ········· 188
비통합적 접근방법 ········· 41
빈도 ········· 92

(ㅅ)

사란식 교안 ········· 141
사례연구 ········· 122
사회계층화 ········· 69
사회적 차별화 ········· 69
사회체제분석 ········· 69
산출물 리뷰 ········· 252
산출평가 ········· 246
삼란식 교안 ········· 141
상품차별화 ········· 213
상황분석 ········· 64
상황적 장애요인 ········· 32
상황평가 ········· 245
서술형 시험 ········· 122
선형적 접근방법 ········· 38
설계(Design)단계 ········· 47
설문조사법 ········· 78
소셜미디어 마케팅 ········· 199
손익분기점 ········· 192
수업상황 ········· 117
수익형 평생교육기관 ········· 188
수행 리뷰 ········· 252
시각자료 개발 ········· 148
시장세분화 ········· 204
신문 및 방송매체 ········· 218
실용성 ········· 109, 135
실행(Implementation)단계 ········· 47

(ㅇ)

애플 키노트 ········· 146
여가 · 취미 프로그램 ········· 27
역할연기 ········· 123
연속 프로그램 ········· 28
예산수립 ········· 186
오리엔테이션 ········· 172
요구 사정의 출처 ········· 77
요구분석 실행 ········· 90
요구분석의 ········· 74
요구조사의 대상 ········· 76
요구조사의 범위 ········· 76
요인 ········· 23
우선순위 ········· 91

우편물 ··· 217
운영담당자의 역할 ··· 233
워크북 ··· 132
원가기반 ··· 209
유통전략 ··· 210
유통정책 ··· 198
의도적 계획 ··· 15
의사결정과정 ··· 22
의사결정중심 ··· 244
이란식 교안 ··· 141
이미지화 ··· 149
이윤주의 ··· 192
인구통계 ··· 203
인선위원회 ··· 169
인쇄 및 홍보물 ··· 217
인스타그램 ··· 219
인적자원 ··· 157
인터뷰 ··· 252
일관성 ··· 149
일지/저널 ··· 123
임무 ··· 159

(ㅈ)

자기평가 ··· 252
자료분석 ··· 266
자료수집 시기 ··· 265
자료수집 지침 ··· 266
자문위원회 ··· 57
자발성의 원칙 ··· 108
자원확보 및 배분 ··· 156
잠재적 학습자 분석 ··· 68
재정확보방법 ··· 188
적응 기제 ··· 21
적합성 ··· 108
전개단계 ··· 138
전문지식 ··· 162
전화 ··· 218
절차적 측면 ··· 19
점진적 개혁과정 ··· 22
정보 수집 ··· 147
정보 장애요인 ··· 32
정보수집 및 학습자 행동분석 ··· 202
정보형 프로그램 ··· 25
제품(Product) 전략 ··· 208
조직 및 기관적 차원 ··· 20
조직화된 지식 ··· 15
종결단계 ··· 139
종합 프로그램 ··· 28
종합적인 과정 ··· 22
좋은 인간관계 ··· 163
주의집중 ··· 147
주의집중단계 ··· 138
주제와 관련성 ··· 148
중간학습목표 ··· 104
중요도 ··· 91
지식(knowledge)이해 ··· 115
지역분석 ··· 203
지역사회개발 프로그램 ··· 27
지역사회의 변화 ··· 21
지역사회적 차원 ··· 20
지역중심 교육방법 ··· 114
직업교육 프로그램 ··· 27

질문지 ······ 252
질문지의 성격 ······ 254
집단중심 교육방법 ······ 114

(ㅊ)

참여동기 ······ 29
창의력 ······ 164
체제분석적 접근방법 ······ 41
촉진전략 ······ 211
촉진정책 ······ 198
총괄평가 ······ 241
최종학습목표 ······ 104
추리력 ······ 164
측면 ······ 19

(ㅋ)

커리큘럼 ······ 16
커뮤니케이션도구 ······ 211
컬러화 ······ 149

(ㅌ)

타당성 분석 ······ 54
태도(attitude)변화 ······ 116
통찰력 ······ 164
통합 프로그램 ······ 28
통합성 ······ 110
통합적 접근방법 ······ 40
투입평가 ······ 245

(ㅍ)

평가 ······ 124
평가(Evaluation)단계 ······ 47
평가도구 개발 ······ 258
평가도구는 ······ 251
평가모델 ······ 242
평가방법 선정 ······ 257
평가의 목표 ······ 242
평가의 척도 ······ 164
평가자 질문 ······ 122
평가자 체크리스트 ······ 123
평이성 ······ 136
평정척도형 ······ 255
포지셔닝 ······ 207
포트폴리오 ······ 121
표적시장 ······ 204
표현력 ······ 164
프레지 ······ 146
프로그래머(Programer) ······ 18
프로그래밍(Programing) ······ 18
프로그램 ······ 14
프로그램 관리자 ······ 156
프로그램 마케팅 ······ 198
프로그램 목표 ······ 103
프로그램 설계자 ······ 156
프로그램 평가자 ······ 156
프로그램개발의 특성 ······ 21
프로그램기획 ······ 53
프로그램설계 ······ 100
프로그램의 목표 ······ 101

(ㅎ)

학습결과 ······ 16

학습경험 ······ 15
학습내용 ······ 16
학습도구 제작 ······ 44
학습매체 ······ 146
학습목표 ······ 103
학습비 결정 ······ 191
학습자의 특성 ······ 117
학습지향형 ······ 31
학습집단 매핑 ······ 204
학습평가 ······ 243
학습환경 ······ 228
한글과컴퓨터 한쇼 ······ 146
합목적성 ······ 108
핵심집단 회의법 ······ 80
핸드아웃 ······ 132
행동양식 자료 ······ 203
행동평가 ······ 243
행위동사 ······ 105
행위적 측면 ······ 19
형성평가 ······ 240
형식 ······ 254
홍보(publicity) ······ 211
홍보매체 ······ 215
홍보방법 ······ 215
홍보의 5단계 ······ 214
홍보의 내용 ······ 213
홍보의 원칙 ······ 212
환경분석 ······ 65
환경분석(SWOT)을 ······ 64
활동지향형 ······ 30
효과적인 결과보고 전략 ······ 271

(ABC)

ADDIE모형 ······ 45
DACUM(Developing A Curriculum) 모형 ······ 43
IMPACT 훈련 모형 ······ 44
Kirkpatrick의 4수준 평가모델 ······ 243
MS파워포인트 ······ 146
SNS: social network service ······ 218

저자소개

이복희 | 교육학박사

백석대학교 사회복지학부 교수
백석대학교 대학원석사과정 및 박사과정 지도교수(평생교육전공)
백석대 평생교육 · HRD 연구소 소장
한국평생교육HRD학회 부회장, 한국성인교육학회 부회장
한국평생교육총연합회 이사, 한국평생교육학회 이사
전)국가간행물윤리위원

| 주요 저서 |

평생교육방법론(공저), NCS기반 교수법(공저)
명강의 실전교수법(공저), 청소년교육론(공저)
직업기초능력: 자기개발능력(공저), 대인관계능력(공저) 등

유인숙 | 교육학박사

사)평생학습을실천하는사람들 이사장
재)경기도평생교육진흥원 비상임이사
사)한국평생교육사협회 부회장
전)오산대학교 실용사회복지학과 겸임교수
한국평생교육HRD학회 이사

| 주요 저서 |

기획, 삶과 지역을 바꾸다!(공저)
성인문해교과서 초등과정(공저)

[개정판]
평생교육 프로그램개발론

1판 1쇄 발행 — 2020년 3월 2일
2판 1쇄 발행 — 2023년 8월 15일

저 자 - 이복희 유인숙
발 행 인 - 강철원
발 행 처 - 양성원
주 소 - 경기도 파주시 검산로 173번길 29-20
전 화 - 031-946-3861(代)
팩 스 - 031-946-3864
이 메 일 - tnwpub@naver.com
홈페이지 - tnwpub.co.kr
출판등록 - 2015년 8월 31일 제 2015-000211 호

ISBN 979-11-6126-525-4

정가 20,000원